JN115354

国際ビジネス法務のベストプラクティス

法律英語習得から契約・交渉までの実践スキル

岩田合同法律事務所　David WALSH　著

田子真也　監修代表

別府文弥・岩田圭祐　監修

日本加除出版株式会社

は じ め に

　本書はいわゆる「法律」そのものの解説書やハンドブックではない。国際ビジネスに関わる人を広く対象にした「ビジネス書」である。日本企業の活動は，国境を越え，言語や文化の異なる多種多様な国の企業と取引をすることが避けられなくなっている。ややこしい法律問題や意味不明の法律用語の記載された契約書は弁護士や法務部に任せておけばよい，という発想は既に過去のものになってきている。国際ビジネスの世界では，現場最前線の交渉担当者から会社の意思決定を行う経営層まで広く，一定の法的素養が求められるようになってきており，このような素養を身に着けることが優れたビジネスパーソンの条件となりつつある。

　本書は，ニューヨークの大手法律事務所でアソシエイトとして勤務した経験があり，かつ，日本における企業法務を専門に扱う法律事務所の草分け的存在である岩田合同法律事務所で20年以上ものコンサルティング経験を有する筆者が，大学の法学部，ロースクール（法科大学院），法律事務所での通常勤務だけでは習得することのできない，国際商事契約のドラフティングや契約交渉の知識や秘訣（Part 1, 2），外国のクライアントや外国人弁護士と協働する際のベストプラクティス，法律英語スキルの習得方法等（Part 3）について，分かりやすく解説した「ビジネスの入門書」である。英文契約書の解説本や交渉術の書籍は多数存在するが，本書は，米国人の視点から，日本企業が海外の企業と取引をするに当たって知っておかなければならない基本的事項を深く掘り下げ，自身の豊富な経験に基づいて解説した点に他の書籍には見られない特徴がある。将来国際ビジネス法務に関わることを希望する学生，国際ビジネス法務に携わる弁護士，企業の法務部員だけでなく，ビジネスパーソンにも読んでいただきたい。

　言うまでもなく，国際ビジネスに関わる人には，基本的な法分析能力，コミュニケーション・スキル，ドラフティング・スキル，交渉能力，海外の法制度に関するある程度の知識が必要とされる。しかしそれだけでは世界の企業と伍してビジネスをしていくには不十分である。国際基準に沿っ

たドラフティング・スキル，高い英語力，国際取引に適用される一般的な法令等についての理解に加え，外国の文化やビジネス慣習，それらが国際ビジネスに対して与えるインパクトについても理解しておく必要がある。このような観点から，本書は一貫して，（主として）欧米と日本のビジネス・カルチャーの違いを意識した記述となっている。

　読者の皆様にとって，本書がキャリアを通じて国際ビジネスの分野におけるリーガルセンスを磨くことの端緒になるのであれば，望外の喜びである。

　　　2020年 1 月吉日

David WALSH

目　次

目　次

Part 2 国際ビジネス契約の交渉

International Commercial Contract Negotiations

Part *3*　外国環境での法律実務

Practicing Law in the Foreign Environment

第**10**章　翻訳者・通訳者との協働 ─────────── 160

おわりに～法とあなたの将来

付　録

Part *1* 国際ビジネス契約

The International Commercial Contract

第 1 章

国際ビジネス契約とは

Understanding the International Commercial Contract

　国際ビジネス取引に関わる弁護士や法務部担当者の業務のうち，その多くは，国際ビジネス契約の構築（structuring），ドラフト（drafting），交渉（negotiating）が占めている。本章では，このうち，国際ビジネス契約の構築，ドラフトに焦点を当て，国際ビジネス契約とは何か，どのようにしたらレベルの高い国際ビジネス契約書を構築，ドラフトすることができるのかについて，述べたい。

1 国際ビジネス契約の特徴

　契約は二者以上の当事者が締結した書面による約束で，両当事者が意図する取引に関し，契約当事者相互間の権利および義務を規定するものである。

　国際ビジネス契約の特徴は，
① 契約当事者が異なる国を拠点とする企業間で締結され，国境を越えて製品が販売・配送されるなど，国境を越えた要素を持つことが多い，
② 国際ビジネス契約のほとんどは，英語で契約書がドラフトされ，典型的には英米法的アプローチ（Anglo-American approach）に基づくものが多く，日本企業間の契約書よりも，長く，かつ，詳細な内容が規定される場合が多い，
という点に見られる。

2 コモン・ローとエクイティ

　国際ビジネス契約書には，以下のような救済条項を見かけることがある。

Remedies

　Except as otherwise expressly set forth in this Agreement, a party's remedies set forth herein are not exclusive and are in addition to any and all other remedies available <u>at law or in equity</u>, none of which shall be deemed as waived by virtue of a party's exercise of any other remedy.

救済手段

　本契約書に明確に別途規定されない限り，当事者の救済手段は本契約書に記載されたものに限定されず，<u>コモン・ロー（普通法）又は衡平法上あらゆる救済手段</u>に追加して認められるものであり，これらの救済手段はいずれも，他の救済手段の行使により放棄されたと看做されるものではない。

　ここでいう"at law or in equity"（コモン・ロー（普通法）又は衡平法）とはどのような意味であろうか。

　英米法（Anglo-American Law）はコモン・ローとエクイティとから成る法体系である。コモン・ローとエクイティとはかつて英国に存在した法制度である。コモン・ローは「普通法」，エクイティは「衡平法」などとそれぞれ訳される場合があるが，「憲法」や「民法」のような特定の法律ではなく，法制度の名称である。英国にはコモン・ローとエクイティという異なる2つの法制度が併存し，それぞれ別々の裁判所で運用され手続も異なるものであった。しかし，その後，「コモン・ローとエクイティの融合（merger of law and equity）」が行われ，裁判所の手続も1つに統合され，現在では英文契約書の基となる英米法という1つの法体系にまとめられている。

　英米法に基づく救済には，コモン・ロー上の救済とエクイティ上の救済があるが，この契約に定める当事者の救済は，コモン・ロー上の救済とエクイティ上の救済を排除するものではない。一般に，「コモン・ロー上の救済」とは金銭による損害賠償（金銭賠償：monetary damages）のことであり，「エクイティ上の救済」とは特定履行（specific performance）や差止

命令による救済（injunction）などをいう。ただし，エクイティ上の救済を認めるかどうかは裁判官が広範な裁量を有し，差止命令は元来エクイティの救済手段であるためコモン・ロー上の救済が不十分な場合に限るといった「補充性の原則」（equity follows the law）がある。

 In Focus

「英米」契約書モデルの起源

　英国は，産業革命の先駆けであり，近代的な契約法を開発した最初の国となった。産業革命によって複雑で大規模な事業に関する取り決めが要請されるようになり，その結果，必然的に，より複雑な契約をもたらした。この複雑さはまた，英国が開発したコモン・ロー制度の産物でもあった。契約に関する規律が大陸法（Civil Law）のシステムよりもコモン・ロー（Common Law）システムの方が弱かったため，契約当事者は比較的自由に契約を締結することができた。

　英国は，近代的金融の発展の最前線にあり，ロンドンは長い間，世界で最も重要な金融センターの１つであった。このため，欧州復興開発銀行（The European Bank for Reconstruction and Development）をはじめとする多くの国際金融機関は，英国コモン・ローの契約原則を用いた契約書モデルを採用した。これらの金融分野における契約書は，準拠法がコモン・ロー以外の国でも，また大陸法の国々でも，関連する国内取引に採用されるようになった。

　第二次世界大戦後の米国の経済的・政治的支配は，長く，かつ，詳細な書面による合意に重点を置いた契約書のアプローチを強化することとなった。英国が国際金融，保険，国際海上輸送等の分野で大きな影響を与えたのに対し，米国は反トラスト法やインサイダー取引規制等の証券法分野，プロ・パテント政策による知的財産権等の保護の分野で大きな影響を与え，英米の契約モデルは名声を勝ち得ることができた。その結果，世界最大の法律事務所は何十年もの間，米国又は英国籍の法律事務所が占めることとなったばかりか，少なくとも国際ビジネス契約の分野において，英米の契約書モデルは，大陸法の国々の法律家の間でも広く採用されるようになった。

3 日本と現代国際ビジネス契約

　次に，日本のビジネス契約書に目を転じる。日本は，明治時代に大陸法モデルを採用して近代的な法制度を整備したものであり，当時の日本の契約書の方式は伝統的に英米方式とは大きく異なっていた。

　歴史的に日本の国内契約書は極めて短く，シンプルであった。たとえば，2頁又は3頁の長さで，いくつかの空欄を埋めれば完成するような，標準的な貸付契約書（loan agreement）を締結しており，大手商業銀行でさえ，かつては，数万円から数千万円の顧客に対する貸付に，これらの標準的な貸付契約書が使われていることは珍しいことではなかった。

　これは，契約に対する大陸法（Civil Law）的なアプローチ，日本における統一的なビジネス文化や商習慣の存在（uniform business culture and business customs），そして，おそらく最も重要なのは，日本社会における高い信頼関係と社会的結束（high degree of trust and social cohesion in Japanese society）によるものであった。日本の著名な法律学者は，契約法の西洋的な概念は，法的権利と義務に対する人的関係と信頼を重視する伝統的な日本人の性格に完全には適していないことを示唆している。たとえば，『日本人の法意識』において，民法学者・法社会学者の川島武宜博士は「伝統的な日本の法意識においては，権利・義務は，あるような・ないようなものとして意識されており，それが明確化され確定的なものとされることは好まれない」，「日本人は法律や契約を単なる建前だととらえる傾向にあり，現実の問題は話し合いや人間関係で解決に至ると考えたがる」と述べている。

　しかし，特に1970年代から1980年代にかけて，日本の大手メーカー，商社，メガバンクがグローバルビジネスに挑戦した。これらの企業や金融機関の多くは，時には苦い経験を通じて，複雑で近代的な英語の契約書の理解を深めていった。また，大手メーカーも，海外に製造工場を建設し，サプライヤーの追従を促した。このようにして，多くの日本企業が，国際的なビジネス・法環境，国際ビジネス契約書に次第になじむようになっていった。

　その結果，今日の日本企業は，複雑な国際ビジネス契約の理解度や国際

的な契約慣行への順応度合い応じて，国際ビジネス契約書への対応も様々なものとなっていった。

英米型の英文国際ビジネス契約書（Anglo-American-style of international commercial contract）は，長く，かつ，詳細な場合が多く，理解が難しいため，特に，国際ビジネス契約書になじみの薄い一部の日本企業は，往々にして，以下のようなアプローチをしがちである。

① なるべく短く，詳細でない契約書を締結することを重視し，あいまいな表現で済ませようとする。

② 契約締結後は契約書をファイル・キャビネットにしまってしまい，契約締結後に契約書の規定を参照することはほとんどない。

③ 誠実協議の条項を契約書に挿入し，契約締結後に何か不都合があった場合には，相手方に対し，両当事者の権利義務又は取引内容の変更を求めようとする。

④ 契約で定められた権利の行使に躊躇したり，反対に，相手方から契約書に定められた正当な権利を行使された場合に，驚いたり，それが不合理であるとしてこれを拒もうとする。

しかし，このようなアプローチは，いずれも国際ビジネス契約の本質を正しく理解しないか，国際ビジネス契約に使用される英語の理解力が不足していることから起こる現象であるが，契約違反による多額の損害賠償請求を受けることなどにもつながりかねない極めて危険なものである。

４ 近代的かつ複雑な国際ビジネス契約の意義と重要性

国際ビジネス契約に対する英米法的アプローチは，大陸法的アプローチ（Civil Law approach）の下では必ずしも必要とされていなかった多くの規定を契約書に盛り込むことにつながったことは否定できない。しかし，このような影響がなくても，国際的な取引を規律する契約書は，以下の理由から，国内取引にのみ適用される契約書よりも，必然的に長く，かつ，詳細なものとなる。

すなわち，国際ビジネス契約の場合には，契約当事者間に以下のような幾つかのギャップが存在する。これらを埋めるためには，契約書は，必然

的に，長く，かつ，詳細なものとならざるを得ない。

① 契約上の紛争の解決に用いられるシステムを含む異なる法システム
（differing legal systems, including those systems used in settling contractual disputes）

② 国によって異なる，あるいは地域によって異なるビジネス慣習や基準（differing country-specific or regional business customs and standards）

③ 異なる経済的・政治的システム，宗教，歴史，言語に基づく違いなど，異なる文化的態度や考え方（differing cultural attitudes and ways of thought, including differences based on different economic and political systems, religion, history and language）

国際ビジネス契約書をドラフトする者は，このようなギャップを埋めるために，当事者の権利義務，契約履行の手続およびルールを明確に定めなければならない。

5 国際ビジネス契約書を作成する際に忘れてはならない3つの重要な視点

(1) 契約書は，「ビジネスの羅針盤」である

契約書は，ファイル・キャビネットにしまわれた単なる業務上の書類の1つではない。契約書は，ビジネスをどのように行うか，どちらの方向に導くか，契約当事者にどのような権利義務が発生するかを規定する「ビジネスの羅針盤」である。万が一進路を見失ってしまった場合にも誤った道に逸れずに，本来のビジネスの目的に立ち返るためのものである。そうであれば，将来どのようなことがビジネスで起こり得るか，どのような権利を取得し義務を負うことになるのか，イマジネーションを最大限に働かせ，起こりうる事象を契約書に落とし込む必要がある。

このように，国際ビジネス契約の主たる機能は，契約当事者の「ビジネスの羅針盤」となることである。この機能は，対象取引がどのように実施されるべきか，また，一定の状況下で当事者の権利および義務がどのように変化するかについて，契約当事者により確実な予測を提供するものであ

る。契約書は，当事者の権利および義務について明確な理解を契約当事者に提供し，また，両者の関係について将来において起こり得る事象に対する予測可能なレベルを達成するために，常にガイドブック又はルールブックとして活用されなければならない。契約書作成の目標は，当事者間の紛争を回避又は減らし，そして究極的には紛争解決を図り，ビジネスの目的を達成することである。

(2)　契約書は，将来のリスクを図る物差しである

　国際ビジネス契約のドラフトおよび交渉の段階は，将来起こりうる重要な事象および予見可能なリスクに対する適切な解決策を探求し，相互に決定する最良の機会である。

　契約書のドラフトおよび交渉の段階は，相互の当事者が折り合うことのできる部分を容易に発見することができ，歩み寄ることが期待される時期である。将来発生する可能性が高い紛争の解決方法又は解決のために両当事者が使用する基準やガイドラインを交渉することは，当該取引についての両当事者が置いている基本的な前提条件および当該取引に対する期待を明確にし，調和させることに役立つ。

　実際に問題が発生してしまうまでこのような議論をしない，もしくは延期することは，当事者が不満を抱いている状況に至ってから行われる交渉になるため，非常に困難をもたらしやすい。このような議論を先延ばしするやり方は，しばしば，契約当事者相互間に満足のいく結論を得る機会を減少させ，後により困難で時間のかかる交渉を抱えることになり，また，当事者が協力して前進することをより困難にする可能性がある。

　こうして締結された契約書は，将来のリスクを図る物差しとしての機能を持つことになる。

(3)　契約書は，紛争解決の指針である

　国際ビジネス契約書の機能は，当該取引および契約に関連して紛争が発生した場合に，裁判官や仲裁人に明確な指針を提供することである。

　すなわち，国際ビジネス契約書には，不幸にして紛争が発生した場合に，裁判官や仲裁人による恣意的な判断がなされず，両当事者の（当初の）意

図と可能な限り合致するような判断を下してもらうことを確保する機能がある。

　ただし，国際ビジネス契約のドラフトおよび交渉に当たって，紛争となった場合には訴訟又は仲裁で解決すればよいと安易に考えてはいけない。国際紛争となってしまった場合には，弁護士費用等莫大な費用がかかり，解決は極めて困難で，不利な判断が下されるリスクが高いことに留意すべきである。

　上記(1)〜(3)で述べた国際ビジネス契約の性質・機能とその重要性に鑑みれば，取引の成立を急ぐあまり，不用意に契約書に署名してはならないことは当然である。厳しいタイムプレッシャーの中で行われるビジネス交渉において，契約書の内容が膨大だからといって，契約書の各条項を十分に検討し交渉せずに，契約書にサインしてしまうことは絶対に避けなければならない。

**ケース
スタディ
No.1**　　**FOBと検収のトラブル**

　ある日本企業（以下「N社」という。）は，外国企業（以下「G社」という。）との販売店契約締結に当たり，長くて複雑な英語の契約はできる限り避けたいと考えていた。社長同士が懇意であったこともあり，複雑なルールや義務を契約書で規定するよりも，相互の信頼に基づく良好な関係の構築さえしておけば問題が解決できると考えた。

　N社は顧問弁護士に対して顧客が相手方に販売する部品の出荷条件は「FOB」（Free on Board＝本船渡し）とすることを指示したが，両当事者間では出荷条件に関する議論は完了していなかった。N社は交渉を依頼した弁護士に「必要があれば，後で変更できる」と伝え，出荷条件について記載がないまま契約を締結することを急がせた。N社が販売する部品は，すぐに酸化（劣化）するため，納入後は速やかに製品に部品を組み込むことが重要であり，G社において納入後速やかに部品の受入検査を完了し，不具合を報告してもらうことが重要であった。しかし，N社は，弁護士が反対の助言をしたにもかかわらず，早期の契約締結を優先し，迅速な検査および検査報告書の提出に関する曖昧な原則（vague principles on "prompt" inspection and reporting）のみを契約書に含めることに同

意した（以下「本件契約書」という。）。

　ところが，取引開始後に検査トラブルと製品欠陥トラブルが発生するようになった。G社の受入検査報告書の提示は，部品の配送のたびに時間がかかるようになってきた。N社は，G社が当該部品を組み込んだ自社製品の製造を遅らせるよう要求されており，予定どおりのペースで部品が使用されなかったため，酸化した部品を返却する方法として，検査報告書の提示を遅延させているのではないかと疑った。

　その後，G社は出荷条件の問題を提起してきた。最近，G社では，新任のプロジェクトマネージャーが元プロジェクトマネージャーと交代し，契約交渉に臨んできた。契約書に署名した後，N社の契約担当者はG社の元プロジェクトマネージャーとの間で，口頭でG社がN社に出荷費用を支払うことに同意していたが，正式に契約書を修正したことはなかった。G社の新任プロジェクトマネージャーは，先の口頭での合意を破棄し，今後の出荷費用の支払いを拒否し，N社に既に支払った出荷費用の返済を要求してきた。

　N社は，G社から受けた製品欠陥のクレームや出荷費用の要求が予期していなかった程大きかったことからこれを拒絶したところ，G社は，既に納品された出荷分について，支払いを停止するに至った。

　このような事案において，残念ながら，出荷条件について記載がないまま締結された本件契約書は，これらの問題を解決するためにほとんど役に立たなかった。

　もし国際ビジネス契約の性質を正しく理解し，出荷条件や迅速な検査および検査報告書の提出に関する事項について交渉し，その結果を反映させた正しい契約書を締結していれば，このような事態を避けることができたはずである。

第 2 章

国際ビジネス契約の構築方法
Structuring the International Commercial Contract

1 国際ビジネス契約のドラフティング

　国際ビジネス契約のドラフトをする場合，契約書を英語で一からドラフトする作業は大変骨の折れる作業であることや時間的プレッシャーから，まずは契約書のひな型又はモデル・ドラフト契約書を取得し，マークアップ（mark-up）の方法によりこれを修正することだけで済ませたいという衝動に駆られる。しかし，最良の国際ビジネス契約書を構築するための方法として，以下のステップを踏むことを推奨する。

　われわれは，国際ビジネス契約の構築・ドラフトに関して，「ベスト・プラクティス」（best practice）を確立し提唱することが可能であると確信し，この章では，そのためのベスト・インターナショナル・プラクティス（Best International Practice）を提唱する。これは，契約書ドラフトに関する厳格なルールを提唱するものではなく，むしろ，国際ビジネス契約の構築とドラフトのためのアプローチに焦点を当てたものである。ここで提唱するアプローチは，契約構造を体系化し，既存の契約書案を利用して，取引を最大限成功に導けるような，高度で洗練された契約書を作成することを意図している。

　以下，契約書のドラフトを開始する前にとるべき2つのステップについて説明する。

2 ステップ1─契約チェックリスト（The Contract Checklist）の作成

　ドラフトの開始前に，とるべき2つのステップがある。

(1)　契約チェックリストの作成

　第一に，国際ビジネス取引に従事する者は，契約書ドラフトのための主要な国際取引のカテゴリーごとに，包括的なチェックリスト（以下「契約チェックリスト」という。）の作成を推奨する。

　契約チェックリストには，契約書のひな型をマークアップする作業を開始するために必要な論点を記載しなければならない。契約チェックリストは，より大きな本質的な問題からより詳細な問題へと移行するように構成すべきであり，少なくとも，契約の範囲に関する事項，契約でカバーされるであろう取引に関する重要な条件，取引のすべてのロジスティクスをカバーするルール，一般条項（boilerplate provisions），および取引又は当事者に影響を及ぼす可能性のある様々な法的問題を記載しなければならない。もちろん準拠法に関する事項も含まれる。チェックリストの作成方法に定説はないが，時間の経過とともに当該取引に関して起こりうる事象を予測しつつ項目をまとめる方法を提案する。

　チェックリストは取引類型ごとに作成されるべきものであるが，参考までに，売主であるメーカーから依頼を受けた案件について，二当事者者間による独占販売店契約書に係る契約チェックリストの「I. 取引の範囲」（完成版）に関する部分を抜粋して以下に紹介する（なお，本書付録Iに残りの部分の契約チェックリスト（簡略版）全体を紹介する）。繰り返しになるが，契約チェックリストの内容に定まった形式はなく，これらは，あくまでに参考のために紹介するものである。

【契約チェックリストのサンプル】

契約チェックリスト―「I. 取引の範囲」

I. 範　囲		
A．当事者	1．販売店の非代理店としての地位を明確にする。	
	2．売主及び販売店は，関連当事者か。	➡　はいの場合，移転価格の問題はあるか。（➡付録IのチェックリストⅦ.F.参照） ➡　いいえの場合，当事者が独立当事者であること等を明確にする。

		3．販売店は，第三者と協業することを認められているか（アフターセールス等のための契約地域内での販売）。	➡ はいの場合，売主は，第三者の選定／資格を承認，管理しているか。（➡付録ⅠのチェックリストⅣ.J.およびⅣ.K.参照）
B．本製品	1．本契約の対象となる本製品の種類はいくつか。		
	2．上記本製品は，添付書類に記載されているか。		
	3．本製品は，売主の標準製品であるか。	➡ いいえの場合，仕様，機能等はどのように決定されるのか。いずれの当事者が管理するのか。 ➡ いずれの当事者が，変更された本製品の権利を保有するのか。	
	4．販売店は，本製品のカスタマイズ／変更を要求することができるか。	➡ はいの場合，仕様／価格を決定する仕組みは何か。	
	5．仕様は契約書に規定されているか。		
	6．本製品の予備部品／修理部品はどのように取り扱われているか。		
	7．売主は，本製品の製造を自由に中止することができるか。		
	8．売主は，本製品のリストを変更することができるか。	➡ はいの場合，変更する条件／仕組みは何か。	
	9．販売店は，記載された本製品の販売を中止することができるか。	➡ はいの場合，どのような条件／仕組みか。	
	10．売主は，販売店に対し，第三者の製品を販売しているか。	➡ はいの場合，保証にどのような影響を及ぼすか。（➡付録ⅠのチェックリストⅢ.A.参照）	
		注：販売店のPOが拘束力を有する場合，注意が必要である。（➡付録ⅠのチェックリストⅡ.B.参照）	

	11. 本製品は他の製品に組み込まれているか（部品として使用されているか）。	➡	はいの場合，売主の保証範囲を明確に定めなければならない。
		➡	ブランド，商標等はどのように取り扱われるのか。
C．独占権	1．売主は，独占権の付与と引き換えに何を受領するか。	（➡付録ⅠのチェックリストⅣ.参照）	
	2．売主は，1つ以上の本製品の独占権を無効にすることができるか。	➡	はいの場合，独占権を無効にする条件／仕組みはどのようなものであるか。
	3．独占権の例外はあるか。	➡	売主は，契約地域で，直接又は間接的に販売することができるか。
		➡	売主の顧客又はその他の第三者が契約地域内で本製品を販売する場合，売主は販売店に対して責任を負うか。
		➡	売主は，契約地域における本製品の不正な販売の中止を義務付けられているか。
	4．販売店又はその顧客による契約地域外での本製品の販売に関して，販売代理店に対する制限は設けられているか。	注：当該法域の独占禁止法等の競争制限法の確認が必要。	
	5．独占販売契約を解除する売主の能力に制限はあるか。	注：一部の法域では，独占販売契約を解除するために，売主に対し，販売店を「買い取る」，すなわち，〇年分の利益等を支払うことを義務付けている場合がある。	
D．契約地域	1．契約地域は，どのように定義されているか。国別か，地域別か。		
	2．売主は，契約地域の定義を変更することができるか。売主は，1以上の国／全地域又は一部の地域に対する独占権を無効にすることができるか。	➡	はいの場合，契約地域を無効化／限定する条件／仕組みはどのようなものか。

E．期間	1．本契約の当初期間はどのくらいであるか。	
	2．結果に関わらず，期間は自動更新か。	
	3．売主は，販売実績の低迷に基づき，期間を短縮できるか。	➡　はいの場合，期間を制限する条件／仕組みはどのようなものか。
	4．いずれの当事者も，他方当事者による違反がない場合でも，自由に（事前通知をもって）本契約を解除することができるか。	➡　はいの場合，解除の条件／仕組みはどのようなものか。（➡本チェックリストI.C.5.および付録IのVI.A.に基づく注記参照）

　契約書のドラフト作業においては，今まで経験のない新しい取引に直面することもある。そのたびに，そのような取引内容を文書化するための最善の方法や，国内外の法的問題の考慮の要否を調査する必要がある。このような法律的検討（legal considerations）についても，後述のとおり契約チェックリストに落とし込む。時には，この調査の一環として，入手可能な類似取引に関する契約書のひな型又はモデル・ドラフト契約書をレビューするという方法も有効である。このような取引類型ごとの契約チェックリストは，各自の経験・研究を踏まえて完成させていくものであるが，実務慣行や適用法令（国内・海外）も変わっていくことから，随時見直しが必要となることは当然である。

　なぜ，契約書のドラフト作業にすぐに入らず，わざわざ面倒な契約チェックリストを作らなければならないのであろうか。以下では契約チェックリストを使うメリットを挙げてみたい。

　①　取引の全体像を理解し，契約書の条項の漏れを防ぐことができる

　チェックリストを作成することによって，契約の「全体像」を理解し，このビジネスの目的や期待をよりよく理解することができる。たとえば，販売代理店契約の締結によって当該販売店に独占的販売権を与えるのか，それとも非独占的販売権を与えるにとどまるのか，販売テリトリーをどこにするのか，最低購入数量の条件を設けるのか，もし一定の最低水準の製品が販売できなかった場合に販売店との契約を終了させる権利をもつのか，

15

などの点はビジネスの全体像を理解してはじめて定めることができる。

　また，チェックリストを作成することによって，契約書の条項の漏れを防ぐことができる。

　②　ビジネスに対する理解が深まる

　契約チェックリストを作成することによって，ビジネス，業界，ならびに取引の詳細および関連する製品に関して，より普遍的に見直す機会が得られる。各取引には固有の論点があるが，契約チェックリストの議論を通じて，これらの論点の理解を深めることができる。依頼を受けた弁護士も，クライアント企業との議論を通じて，当該プロジェクトに関するビジネスに対する理解を深めることができる。

　③　契約時のポジションを見失うことを防ぐことができる

　契約チェックリストを作成し，クライアント企業との議論を通じてメモを残すことによって，ドラフト時および交渉開始時の企業のポジションが明確になり，交渉が長期化した場合等に，どの程度当初のポジションから譲歩したのかを確かめることができる。また，後述 **Part 2**「**交渉**」で述べるように，交渉が停滞したような場合に，それを打開する方法を見出すためには，原点に立ち戻ることがしばしば重要である。このような場合，契約チェックリストは当該プロジェクトのドラフト時および交渉開始時におけるポジション並びに取引の本質を見極めるのに役立つ。

　④　スケジュール，予算等が把握できる

　契約チェックリストを作成することによって，取引のスコープや複雑さを理解し，契約書作成に費やす時間を把握することがある程度可能となる。これにより，弁護士費用等の概算を把握し，予算化することもできる。また，契約構築の初期段階で取引のスコープや複雑さを理解することによって，当該プロジェクトを遂行するための現実的なタイムスケジュールを計画することができる。

(2)　契約チェックリストの概要

①　取引の範囲

　契約チェックリストの最初の主要なカテゴリーは，「取引の範囲」（scope of the transaction）である。取引の範囲は，契約書の全体像および契約書に記

載される取引の全体的なパラメータを表す。上述したサンプル契約チェック
リストを例にとれば，クライアント企業（メーカー）が対象製品を複数
の国からなるテリトリーに販売する販売店（又は代理店）に対して独占的
販売権を付与する内容の販売代理店契約書のチェックリスト作成に当たっ
ては，クライアント企業にとって如何にこの契約が価値の高いものあって
重要なものであるかを判断するために，以下の項目を挙げるべきである。

　□　何人の当事者が契約に署名し，契約における各々の役割は何か。

　□　対象製品は何か，契約書の有効期間に当該製品や製品リストにどの
　　　ような条件やメカニズムで変更が加えられるのか。

　□　独占的販売（代理）権の条件は何か。

　□　契約期間中の販売地域（territory）はどこか，また，どのような条
　　　件やメカニズムで変更することができるか。

　□　当事者はお互いにどの程度のコミットメントを負うか。たとえば，
　　　販売代理店は，在庫の販売促進・マーケティング，在庫の保持，最低
　　　購入金額の充足，アフターサービス等の義務を負うか。誰がその費用
　　　を負担するか。販売業者が競合品を取り扱うことができるか。メー
　　　カーは流通業者に対してマーケティング資料・翻訳の提供等の支援義
　　　務を負うかなど。

　□　通常の想定では契約期間はどの程度となるか。

　特に，これらの基本的な問題を考える際，弁護士は「ブレインストーミ
ング」型アプローチ（brainstorming-type approach）を用いて広く考えるべ
きである。たとえば，契約当事者を検討する際，他の影響を受ける当事者
や関係者も考慮すべきである。代理人を利用するか，販売やアフターサー
ビスを他社にアウトソーシングするか，もしそうであれば，品質管理等の
観点から顧客にどのような影響を与えるのであろうか，販売代理店は子会
社又は親会社であるか，あるいは関連会社であるか等を広く検討する必要
がある。

　②　主要な取引条件

　第2の主要なカテゴリーは，主要な「取引条件（key transaction
terms）」である。このカテゴリーに含まれる主な取引条件は，「タームシー
ト」（term sheet）に記載される条件，たとえば，価格，製品の種類，仕様

（仕様を変更できるか，製品の製造中止・改良ができるか等），保証内容（保証救済，制限，保証期間，製品責任問題，リコール等），知的財産権侵害等に対する補償（indemnity），終了条件，支払保証などの条件と類似する。これらの論点は，契約の一般的な解釈に照らして，常に考慮されるべきであるが，「1つの条件があらゆる場合に適合する」わけではない（there is no "one size fits all"）。たとえば，販売代理店に販売する商品の価格を固定することは，1年間ないし2年間といった期間が厳格に限定された契約では妥当であるかもしれないが，たとえば，5年以上のより長い契約期間の場合には，契約書案に何らかの価格調整メカニズムを付け加えないと（もちろん期間は製品の性質に依拠するものであるが），メーカーに深刻な悪影響を及ぼす可能性がある。

　③　ロジ周り

　第3のカテゴリーは「ロジスティクス」（logistics）[1]と呼ばれる。発注（ordering），引渡し（delivering），受入検査（receipt inspection），請求金額の計算方法（calculating invoice price）（必要に応じて為替変動を管理する計算式を含む），通知（notifications）などのロジスティックを理解し，正確に文書化するよう努力することを強く推奨する。FOB（Free On Board＝本船渡し）やCFR（Cost and Freight＝運賃込み条件）など，国際商業会議所（International Chamber of Commerce：ICC）が策定した貿易条件の定義であるインコタームズ（Incoterms）[2]の基本的な用語は理解しておく必要がある。

　ロジスティックは，検討が不十分なために当事者間でしばしば紛争が引き起こされやすい分野である。製品を検査する方法は何であったか，どちらの当事者が運送中の製品の滅失・毀損等の危険を負担するか等は，契約書のドラフト段階で紛争を明確にしておくことで将来の紛争を回避することができる場合が多い。

　これらのロジスティクスの論点の多くは，関連する業種や取引の対象と

1）市場のニーズやタイミングに合わせて的確に資材調達・生産・配送・保管を行うための物の流れ，サービス，関連情報

2）国際商業会議所（ICC）が制定した貿易取引条件とその解釈に関する国際規則（International Commercial Termsの略）

なる製品によって大きく異なることがある。このため，当該製品に関する当該取引が，取引の製造，引渡し，請求，支払い，又はその他の側面に関してどのような条件が必要とされるか，どのような制限を受けるか等について，契約チェックリストを通じて十分な検討を行うことが重要である。すべての取引が「標準」商品の取引と考えることは重大な誤りである。たとえば，金などの大量の貴金属で製造される製品は，特殊な方法による発注および請求書の規定を必要とし，「欠陥」製品の返品などに特別な考慮を払わなければならない。放射性物質，輸出が制限される製品，腐敗しやすい食品，医薬品などは，人体環境に対する影響等，特に注意を要する製品の例である。チェックリストを通じて，顧客の業界および取扱品目の特性を知ることが重要である。

④　法律的検討

最後に，チェックリストには，国内および潜在的に発生しうる国際的な法律上の論点を網羅すべきである。このカテゴリーには，製品に対するリスクや所有権の移転（passing of risk and title to the products），知的財産権の取扱い（handling of IP rights），秘密保持（confidentiality），準拠法（governing law），管轄権，（jurisdiction），不可抗力（force majeure）などの基本的な法的論点，いわゆる一般条項（boilerplate provisions）や，「契約管理」（contract administration）の問題が含まれる。契約又は取引に適用又は影響する可能性のある外国法域の法律および規制（独占禁止法上の懸念など），当該製品が現地の法令等に適合しているかどうかなどは，ここではサブカテゴリーになる可能性がある。

批判的な視点—The Critical Perspective—

　国際取引を行う会社は，取引の成功の見込みについて楽観的かつ熱心であることがある意味で「仕事」と言える。そうすることで，顧客は自社で取引を「売る」ことができ，取引を成功させるための社内のモチベーションとモメンタムを生み出すことができる。したがって，会社は，たとえ無

意識であっても，取引の潜在的な問題を十分に考慮することに消極的になりがちである。一方で，契約書のドラフトや契約上の紛争を解決することについて経験が豊富な弁護士は，これらの経験を通じて，契約が必ずしも当事者の計画どおりに円滑に履行されるとは限らないことを十分に認識している。加えて，弁護士は，一般に，クライアント企業と同じように取引の成功に「コミット」するわけではなく，このため，より客観的な物の見方をすることもできる。このような経験と客観性をもって，取引における潜在的，合理的に予見可能かつ重大な落とし穴やリスクを批判的にレビューし，クライアント企業にそれらを知らせることは，弁護士の基本的な責務である。

　重要な思考スキルを身につけるための1つの方法は，契約の対象となる取引の様々な側面に関する仮説を立て，「もしそうなったら？」という質問（"what if" questions）を通じて，これらの仮設を「反転」（flipping）して考えることである。

　たとえば，取引の成功が，顧客の製品の一定の最低数量の販売業者への恒常的な販売に基づいている場合，いくつかの「仮に」の疑問を想定することができる。「もし注文が短期間で中断されたらどうだろうか」，「2か月で25％削減することがあるか。6か月間では，半分まで削減することがあるか」，「急激に注文量が増加した場合はどうなるか」，「もし最初2か月は非常に多く，その後の2か月間，6か月間はかなり少なかったらどうであろうか」，「このような状況は，顧客にどのようなリスクをもたらすであろうか」，「アイドリング・ファクトリーの問題（idle factory problems）はあるか」，「デリバリーやキャッシュフローの問題がないか」，「注文を平準化すべきか」，「販売代理店に予定された購入スケジュールを維持するよう要求すべきか。それは公平なのか，可能なのか」，「販売代理店に在庫を維持することを要求すべきか」等々である。

　しかし，究極的には，これらがクライアント企業にとっての問題であるか否かは，当該取引に対するクライアント企業の期待に依存するものである。国際ビジネス契約に関わる弁護士はこのことを明確に理解しなければならない。

3 ステップ2 ―批判的な視点

　契約チェックリストの検討が完成したら，いよいよ契約書のドラフトを開始することになる。

　これまで，契約書のドラフトに当たり，大局的な視点からより詳細な視点へと移行し，再び大局的な視点へと戻ることの重要性について述べてきたが，ここでは，取引の分析に重要なアプローチをもたらす二番目に重要な視点である批判的な視点（the critical perspective）について検討する。契約チェックリストに基づき，会社が企図する取引において潜在的なリスクを特定し，契約書の最初のドラフトの過程においてこれらのリスクをどのように取り扱うかを決定すべく，批判的な視点を用いるべきである。

　①合理的に予見可能かつ重大な潜在的リスク（reasonably foreseeable and significant potential risk）を構成する基準を決定することは容易ではなく，当該プロジェクトに関わる業種，製品の種類等によるところが大きいが，販売代理店の地域を構成する国の法制度，事業環境，政治的安定性等の要因にも大きく依存する。また，②危険の発生確率が小さくても，大きな悪影響を与える可能性のあるリスク（large impact/low occurrence risk），反対に，③悪影響度は中程度であっても，合理的には発生可能性のあるリスク（medium impact/medium occurrence risk），④影響は小さくても発生可能性の高いリスク（low impact/high occurrence risk）についても，検討すべきである。

　販売代理店の信用不安・倒産，製造業者における原材料費の急激かつ大幅な上昇，販売する製品のリコール又は地域における製品に関する知的財産権の有効性に関する事項は，いずれも上記②の「危険の発生確率が小さくても，大きな悪影響を与える可能性のあるリスク」（large impact/low occurrence risk）の例である。医療製品又は自動車の運転者の制御に使用される製品のメーカーに関してこれらの製品の不具合に起因する人身傷害又は死亡事故の発生などもこのカテゴリーに含まれる。上記③の「悪影響度は中程度であっても，合理的には発生可能性のあるリスク」（medium impact/medium occurrence risk）の例としては，取引に関連する通貨の為替相場の大幅な変動（たとえば，米ドルと日本円間）による利益や損失が挙

げられる。また，予知された固有の欠陥率で欠陥品を返品する必要性など，上記④の「影響は小さくても発生可能性の高いリスク」（low impact/high occurrence risk）の場合は，あらかじめリスクが認識されているため，費用対効果の高い検査方法（cost-effective method of inspection）や欠陥を確認する方法，および交換品の納品にかかる費用の適切な配分等を契約書のドラフトに盛り込むことで対応することができる。

　注意を喚起すべきリスクを決定することと，取引に関する期待を理解することは密接に関係する。このようなクライアント企業の期待を知ることによって，弁護士は，短期的および長期的に取引の目標を達成するのに実質的な影響を及ぼす可能性のあるリスクをよりよく特定することができる。その上で，クライアント企業と弁護士は，協議の上，どのようにリスクを配分したいか，およびこれらのリスクを軽減又は排除するための条件又はメカニズムが存在するかを判断することになる。

全体像の視点—The Big Picture Perspective—

　英語では，「視点」（perspective）や「適切な視点」（proper perspective）の重要性について話し合うことが多い。ここで通常意味されるのは，何かをより広い文脈に関連付けて見ることによって，物事の重要性，位置，機能を，全体的にあるいは少なくともより広い視点から理解し，物事のより客観的かつ現実的な比較や評価ができるようにすることが重要だということである。このような視点を「全体像の視点」（the "Big Picture Perspective"）と呼んでいる。

　ほとんどの人は，新しい事業の開始時には，全体像を見ることができる。しかし，「全体像の視点」の真の鍵は，創造的で柔軟な方法で前進し続けるために，また，重要な細部が失われないように，あるいは必要に応じて自らの方向性を変えるために，再び全体像に立ち戻る能力である。

　「全体像の視点」は，自分が感情的に関与しすぎたり，特定の立場に過度にコミットしたりしないようにするためにも使うことができる。われわれの経験では，企業は，時として，プロジェクトに多くを注ぎ込み，個別

の問題の成功や失敗に感情的に関心をもつようになり，一歩引いて（step backして）全体像の視点で見るということができなくなることがある。ここは弁護士の出番であり，弁護士がより大きな視点で様々な論点の相対的な重要性（comparative importance）についてアドバイスをすることになる。

国際ビジネス契約のドラフト
Drafting the International Commercial Contract

1 ひな型契約・モデル・ドラフト契約書の活用

　契約書のドラフトは，取引の概要，当事者の想定や期待を確認し理解した上で，1つ又は複数のひな型契約書又はモデル・ドラフト契約書を選び出し，そのマークアップ（mark-up）をすることが多く，よほど特殊な取引に関する契約でない限り，何らかの契約書式を使用せずに，一から契約書をドラフトすることは稀である。クライアント企業も，通常，法律事務所のパートナーやアソシエイトがゼロから契約書をドラフトする，すなわち "reinventing the wheel"[1] をする費用を負担しようとは考えないであろう。

In Focus
モデル・ドラフト契約の標準化がもたらすもの

　1990年代からしばらくの間，とりわけ大規模な法律事務所は，契約書の標準化，および弁護士のドラフト作業の合理化を目的として，様々な種類の共通取引のモデル・ドラフト契約を標準化するプロジェクトを立ち上げた。このモデル・コントラクト・コンセプトは，法的問題を理解し，AI，コンピュータ・テクノロジー，インターネットの可能性を把握した起業家によって採用され，「DIY」（Do it yourself）型自動契約書の作成を可能とし，伝統的な法律専門家に大きな挑戦をもたらした。

　このようなサービスが非常に競争力のある価格で利用できることを考えると，ブランクを埋めるのみの標準的で単純な「バニラ」モデルの契約書（"vanilla" model draft contract）を作成する弁護士は，今後はますます，より知識があり洗練された法務サービスを理解するクライアント企業からは高く評価されないであろう。

---

1) 英国の諺「車輪の再発明」：広く受け入れられ確立されている技術や解決策を知らずに（又は意図的に無視して）同様のものを一から作ること。

2 契約書のひな型・モデル・ドラフト契約書の使用上の注意点

　一流の法律事務務所によって作成され，アップデイトされたひな型又はモデル・ドラフト契約書の広範なデータベースにアクセスできない限り，このような方法は，以下のような潜在的な問題があることを認識すべきである。

①　ひな型又はモデル・ドラフト契約書は，利益の反する取引の「相手方」のためにドラフトされたものかもしれない。たとえば，取引のクライアント企業が製造業者であるにもかかわらず，ひな型又はモデル・ドラフト契約書は販売代理店用にドラフトされたものかもしれない。

②　ひな型又はモデル・ドラフト契約書は，過去の取引に関する当事者間の種々の交渉を通じて修正された後のバージョンであるかもしれない。その場合，条項の多くは，それぞれの状況に特有の理由で両当事者が行った妥協，譲歩およびトレードオフ（契約成立のために望まない条件を受け入れること）を反映したものであり，必ずしも適切なものとは限らないかもしれない。

③　ひな型又はモデル・ドラフト契約書は，適用法の変更等を反映するために更新された最新のバージョンではないかもしれない。

　したがって，契約書のひな型又はモデル・ドラフト契約書を使用する場合には，以上の潜在的な問題を認識し，マークアップは，注意深く行われなければならない。契約書の全体を見ずに，ひな形やモデル・ドラフト契約書に過度に依存したり，契約書の規定の文言に細心の注意を払わずに，「軽微な」修正で済ませようとしてはならない。

ケース
スタディ
No.2

「間違った」モデル・ドラフト契約書原案データの利用

　ある法律事務所は，数年前に，クライアント企業が海外に所在する買主に特定の製品を供給することを目的とする国際ビジネス取引の契約書のドラフト（以下「旧ドラフト」という）をクライアント企業に提供した。同法律事務所は，相手方が第三国に位置することもあり，種々のリスクが想定されたことから，クライアント企業を保護するための多くの特別な規定を挿入することを提案した。

　数年後，同じクライアント企業は，別の海外企業と取引を行うことになり，旧ドラフトを利用し，契約書をマークアップの方法によりドラフトした。同クライアント企業は今回も同じ法律事務所にドラフトのレビューを依頼した。

　ところが，契約書のドラフトを見ると，この新しい取引では，クライアント企業は売主ではなく，買主の立場であった。それにもかかわらず，同クライアント企業は，旧ドラフトに盛り込んだ売主を特別に保護するための規定をそのままドラフトに残していた。これらの規定を残すことは，相手方（売主）に著しく有利になってしまうものであった。

　このように，過去の契約書のひな型やモデル・ドラフト契約書を使用するときには，当事者のうちのいずれの立場でドラフトされたものかを慎重に判断する必要がある。

3 契約書用語および一般的なドラフトのルール

　国際ビジネス書における標準的な各構成部分の用語については，以下の表を参照されたい。契約交渉は，書面のやりとりや面前での交渉だけでなく，電話会議やSkypeなどのテレビ会議を通じて行われることも多い。そのような場合，契約書の記載の中で特に協議したい部分を指で指して示すことができないこともある。そのような場合には，契約書の用語を正しく理解し使用することが重要になる。以下に紹介する契約書の用語を正しく理解し，これに慣れておくことが交渉を有効に進めるための前提となる。

Traditional Contract Outline Example	General Terms	More Specific Terms
		Title
XYZ AGREEMENT		
This XYZ Agreement, (this "Agreement"), is made as of ------- - ---, 20---, (the "Execution Date"), by and between Company A, a company organized and existing under the laws of M and having its registered office located at ---------, ("ACo"), and Company B, a company organized and existing under the laws of N and having its registered office located at ------------, ("BCo"; and each of ACo and BCo, a "Party" and collectively, the "Parties").	Front of the Contract	Opening Paragraph/ Introductory Clause/ Premise
WITNESSETH		
WHEREAS, ACo produces a variety of products ······; and WHEREAS, BCo desires to ·······························; and WHEREAS, each of ACo and BCo desires to ······················ in accordance with the terms and conditions set forth herein,		Preamble/ Recitals/ Whereas Clauses
NOW, THEREFORE, the Parties hereby agree to abide by the following terms and conditions, acting in good faith.		Lead-in
Section 1.　xxxxxxxxx 1.1　yyyyyyyyyy 1.2　zzzzzzzzzzzz	Body of the Contract	[Definitions]

第３章　国際ビジネス契約のドラフト

27

Section 2.　　xxxxxxxxx 2.1　yyyyyyyyyy 2.2　zzzzzzzzzzzz …… Section 13.　　Miscellaneous 　　　　　　　Provisions 13.1　Governing Language 13.2　Notices 13.3　zzzzzzzzzzzz	Body of the Contract (continued) - - - - - - - - - - - - -	Operative Provisions/ Substantive Provisions - - - - - - - - - - - - - - Boilerplate Provisions/ Standard Provisions
IN WITNESS WHEREOF, the Parties have duly executed this Agreement as of the Execution Date.	- - - - - - - - - - - - -	- - - - - - - - - - - - - -
Company A By: _____ Name: John Smith Title: President & CEO Company B By: _____ Name: Ichiro Tanaka Title: Representative Director/ President	Back of the Contract	Signature Block
Attachment I:　XXXXXXX Attachment II: YYYYYYY		- - - - - - - - - - - - - - Attachments/ Exhibits/ Schedules/ Annexes

　契約の各構成部分には，その構成部分に適用される機能および規則がある。簡単に述べると，以下のとおりである。

(1)　表題（Title）

　表題は，単に契約名である。

　契約名は単純であるべきだが，あまり単純すぎてもいけない。たとえば，

Agreementという表題だけでは不十分である。たとえば，Distributorship Agreement（販売店契約書），License Agreement（ライセンス契約書），Sales and Purchase Agreement（売買契約書）等，契約の主題が分かる程度には記載しなければならない。

　契約書の表題は，法的効果は持たず，契約の参照に資する効果しかもたない。

　表題の各キーワードの頭文字は大文字で表示される（ただし，the, ofなどの単語は大文字にしない）。「専門用語」(legalese, jargon)，「略語」(acronyms)，「造語」(coined words) で，一般的に受け入れられていない用語の使用は避けるべきである。

　表題の最後に「契約」という用語を使用する。たとえば，Agreement for the Establishment of a Joint Venture という表題よりも Joint Venture Agreement（合弁契約書）という表題を使用する。

　先の契約を修正する契約については，修正契約書に番号を付け，修正される契約書を参照する（たとえば，Second Amendment to the Distribution Agreement）。原契約を修正し，書き換える場合には，その旨を明らかにする（たとえば，Amended and Restated Confidentiality Agreement）。

⑵　オープニング・パラグラフ (Opening Paragraph)

　冒頭のパラグラフは，契約の当事者，その住所（任意），および契約日に関する非常に基本的な情報を提供し，容易に参照できるようにしている。この部分を頭書き（Premise）と呼ぶこともある。

　冒頭の段落は，契約の定義（たとえば，this Agreement, this Distribution Agreementなど），契約日，契約当事者の名前，および定義を含む完全な一文でなければならない。Thisで冒頭の段落の文章を開始する。文の動詞は，be動詞（is [dated [as of]] and is [between].）でなければならない。伝統的な文法上のルールは，between が二者間の契約の場合に用いられ，among が三者以上の契約当事者の場合に用いられていた。しかし，最近，どちらの場合も between が使用可能となり，推奨されるようになった。

　日付は次のように記載する。2017年10月 1 日の場合，the 1st day of October, 2017という古くて長い表現ではなく，October 1, 2017と表現する。

10/1/2017又は1/10/2017という表現も混乱するので避けるべきである。契約締結の理由，契約が対象とする取引の種類など他の情報は，Opening Paragraphには記載しない。

　各署名当事者の正式な会社名を使用する。保証人のみとして行動するなど，契約に限定的な役割を担う法人は，冒頭の段落で「この規定のみに関して」（with respect to only specified provisions,）と記載し，契約の前文，主体および署名欄において当事者の役割を明確にする。ある当事者が契約において二重の役割を担う場合，各役割に対して 2 回記載する。たとえば，Summertime Bank, Ltd., （in its individual capacity as a Lender and not as Administrative Agent, a "Lender"）, Summertime Bank, Ltd., （in its individual capacity as administrative agent for the Lenders and not as a Lender, the "Administrative Agent"）（（和訳）サマータイム銀行がレンダーとしての資格による場合で，エージェントとしての資格によらない場合には「レンダー」と定義し，エージェントとしての資格による場合で，レンダーとしての資格によらない場合には「エージェント」と定義する。）と記載する。

　「関連会社および完全子会社を含む」（including its affiliates and wholly-owned subsidiaries）など他者を当該契約に組み込む文言は使用しない。また，一方の当事者が他社のために契約を締結しているという文言（たとえば，Party X is executing this Agreement on behalf of its parent company 又は Party X and Party Y enter into the agreement on behalf of themselves and their Affiliates （（和訳）「Xは親会社を代理して契約を締結する。」又は「XとYは自社及びその関連会社を代理して契約を締結する。」等）を使用しない。このような記載は当事者間の法律関係・法律効果を不明瞭にし，権利義務関係に対する理解の混乱の原因となる。もし多くの当事者間の関係を説明する必要がある場合には前文（Recitals）で行うべきである。

(3)　前文（Recitals）

　契約締結の背景又は対象となる取引の概要を記載した部分である。契約書が短い場合や "Recitals" に記載する背景事情が契約書の理解に資することがない場合には記載しない。

　前文はRecitals又はPreamble又はWhereas Clausesという単語で表現さ

れる。１つ又は複数のパラグラフを使用して，契約および対象取引に関連する背景事情のみを記述する（describe only the background that is relevant to the contract and subject transaction（s））。

　複雑な契約の場合で契約内容や取引内容を理解するのに必要な場合には，説明パラグラフを使用することができる。上述のとおり，親会社，子会社等の当事者間の関係については，契約および対象取引に関連する範囲で記載することができる。

　一般的に契約の目的に関連する場合や同一当事者間に存続する関連取引（simultaneous and related transactions）についても記載することができる。

　前文に「見出し」を記載する必要はなく，他の導入言語を使用する必要もない。

　特に，WitnessやWhereasといった古風な言葉はなるべく避ける。

　また，いかなる場合も，義務，禁止，又は契約当事者の権利および義務を設定，定義又は制限する内容を記載してはならない。これらの事項は法的効力を持たせるために契約書の中核部分（main body of the contract）に記載する。

(4)　リードイン（Lead-in）

　リードインは，読者を契約書の本文に「導く」（leads）ための単一の極めて単純な一文である，たとえば，The parties hereby agree to abide by the following terms.（（和訳）当事者は，以下の条件に従うことをここに合意する。）などと記載される。約因（consideration）がなければ契約としての強制力をもたないというコモン・ローの約因理論から，約因条項とも言われる[2]。古代「コモン・ロー」由来の用語に言及する必要はない（たとえば，for good and valuable consideration，など）。同様に，契約書の本文に

2）約因（consideration）とは，英米法の概念で，契約に法的拘束力を与えるために必要とされるものである。「約因」は，契約が価値の交換により成立しなければならないという一見単純な概念である。もちろん，その詳細は多少複雑であり，法域ごとに異なる。契約を執行可能なものにするために十分な価値を構成するものについては様々な規則がある。たとえば，一方の当事者が，金銭の支払と引き換えに，契約上の約束がなければ自由に行うことができる何か（例えば喫煙）を行わないと約束することは，十分な価値の交換とみなすことができる。多くのコモン・ローの法域においては約因要件により，贈与の約束は，たとえ書面によるものであっても，拘束力を有する契約とはみなされない。

おいても，以下のような古い用語の使用は避ける（たとえば，Know All Men by These Presents, Party of the First Part, Party of the Second Part等）。

(5)　中核部分（Operative Provisions）

取引の内容，当事者の権利義務等契約書の中核部分を指す。Operative Provisionsについては重要なので，後記4で詳細に後述する。

(6)　署名欄（Signature Block）

署名欄は，契約当事者の代表者の署名のためのスペースを提供し，各署名者を氏名および法人代表者の場合は会社内の権原により特定する。署名当事者が契約書とは別の「副本」（counterpart）頁への署名が，PDFファイル等の電子文書が電子メール等により提供された場合には，その署名の有効性について留意が必要である。拘束力のある署名に関する規則は変更される可能性があり，法域によって異なる条件を有する可能性がある。

(7)　添付書類（Attachments）

慣習により，添付書類（Attachments, Exhibits, Schedules, Annexesなどの用語も使用される）は，署名欄の後に契約の末尾に置かれる。添付書類も契約書の一部だということからすれば，このことは非論理的に見えるかもしれない。これは，契約書の正式な修正手続を経ることせずに，添付書等をより簡単に変更，修正，補足することの便宜から認められた慣習である。このアプローチは，ほとんどの法域における法律専門家によって履践されている。

4　契約書の中核部分（Operative Provisions）について

言うまでもなく，この部分が契約書の中で最も中核的な部分であり，典型的にはこれらの事項はより簡易なタームシート（term sheet）に記載される事項である。この部分は当事者の基本的な権利義務が規定され，ルール，ロジスティックスや期限等が規定されるところである。このため，ひな形契約書又はモデル・ドラフト契約書のマークアップや修正のほとんど

は，契約書のこの部分に関して行われる。

　上述したとおり，「契約書はビジネスの羅針盤」であるから，将来どのようにビジネスを行っていくか，各当事者の権利義務がどのようになるのか，という点を想像して国際ビジネス契約書をドラフトしなければならない。このような規定に基づいて契約書の中核部分には各当事者の基本的な権利義務が詳細に記述され，取引に係るロジスティクスが記載される。契約書の中核部分は，契約の対象となる取引や対象物の種類や性質によって，契約書ごとに最も大きく異なる部分でありばらつきがあるため，この部分のドラフトのルールを一般化して述べることは難しい。しかし，以下の3点は指摘したいと思う。

(1)　用語の定義

　国際ビジネス契約では，しばしば契約書の中核部分（Operative Provisions）の冒頭に定義セクションを設け，重要な概念や契約書を通じて使用される主要な用語をすべて定義する。冒頭部分で基本的な用語を定義した上で，セクション又はサブセクションだけで使用されるその他の用語は，そのセクション内で定義する方法もある。さらに，冒頭部分では定義せずに，最初に用語が出てきたところで定義をする方法もある。定義した用語は，定義された用語であることが分かるように，Productのように冒頭の文字を大文字で表記する場合が多い。ここで留意すべきは，定義をする場合には将来他の人が契約書を読むことを常に意識する必要がある。定義する単語は必要以上に多くないこと，複雑な用語を用いないことが望ましい。

　一般に言われていることであるが，条件等が付された用語を定義する場合には，定義の後ではなく，定義よりも前にその条件を記載すべきである。

　以下の2つの用語の定義における差は何であろうか？

　　例1：　All products manufactured by the Supplier on the basis of the Specifications and sold by the Supplier to the Distributor during the Term, (collectively, the "Products" and each such product, a "Product"), are …….

　　例2：　All products manufactured by the Supplier, (collectively, the "Products" and each such product, a "Product"), which are based on the Specifications and sold by the Supplier to the Distributor during the Term, are ……．

例1では，仕様書に従ってサプライヤーから販売店に対して契約期間内に販売された製品のみが契約書で定義されたProductsに該当するが，**例2**の場合には必ずそうとはいえない。契約当事者の意思が「仕様書に従って契約期間内に販売された製品」であれば（おそらくそのような趣旨の場合が多いであろう），**例1**のような定義の仕方をする必要がある。

　一方の当事者が他方の当事者に対して，又は，他方の当事者のために，製品を販売，製造し，又は，開発することを内容とする契約に関しては，契約の主題である製品の説明および定義（description and definition of the product）から始まる。また，当該条項には，両当事者が対象製品の追加又は対象製品の仕様の変更に関して従うべきルールを含めることができる。他の基本的な概念も同様に取り扱うことができる。たとえば，当事者が活動する領域（territory）および契約期間中の該当テリトリーの拡大又は縮小に関するルールを定めることがある。このような変更は製品の定義等がなされた後に生じるものであるが，契約書をドラフトする者は定義規定がそのような場合（Product，Territory等）もすべて包含するように規定しなければならない。

In Focus
製品の販売に関する契約における仕様書と契約書

　製品の販売に関する契約では，どのような品質の製品を販売，製造又は開発するのかが最も重要である。したがって，この種の契約に係るトラブルでは，製品の品質に関する紛争が最も多い。買主は契約で定められた品質の製品が納められていないと主張し，売主は契約で定められた品質の製品を納めたと主張するのである。この場合，仕様書（specification）をどのように定めるかが重要である。将来の紛争を回避するために，契約当事者間で仕様書の内容について十分に協議し，できれば仕様書は，契約書の末尾に添付するか，契約当事者の合意により作成し，それぞれがサインするくらいの慎重さが必要である。

（仕様書を用いた品質保証の例文）

> Seller warrants to Buyer that at the time of delivery, Products, will comply with specifications agreed upon by the Parties.

(2)　契約書の構成について

　国際ビジネス契約では，用語の定義又は基本的な条件および概念の定義に続いて，取引の履行過程において生じる事象や手続について，論理的に分類し，通常の発生順序に従って，条項又は規定（Section, Article, Clause 等の用語が使用される）に定めることが一般的である。典型的な製品の販売契約においては，商品の発注（ordering）・受諾（confirming the order）・梱包・引渡し・受入検査の手順（packaging・delivery・receipt inspection of the products），保証条項（the terms of the warranty provisions）・報告手続（procedures for reporting），不良品（defective goods），支払条件（payment terms）などが見られる。関連する手続および懸案事項は，一般的に，関連するトピックのセクションの中で扱われる。具体的には，（為替レートや遅延損害金の問題については，典型的には，「支払」の条項の中で取り扱われる。

　その次に，当事者の権利義務に直接関わる，債務不履行や瑕疵担保責任に係る条項，製造物責任等の規定が設けられるのが通例である。これらの条項のドラフト・解釈は，法律の専門家である弁護士によるレビューを受けることが望ましい。

　そして最後に，後記5で説明する一般条項が来るのが通例である。

(3)　分かりやすい契約書を

　契約書のドラフトをする弁護士は，クライアント企業が積極的に契約書を参照し，熟知することができるように，わかりやすい契約書の作成を心掛けるべきである。後に参照しやすいように分かりやすい見出しを付けるのも一案である。また，文章は短く，かつ簡潔でなければならない。さらに，契約書のドラフトに当たっては，受け身（passive sentence）の表現は避けなければならない。明確で一貫性のある言葉を使って，各規定の機能

を明確にしなければならない。heretofore, theretoなどの契約書に頻繁に登場する専門用語（legalese）を避けるべきである（文言や言語の問題については，**Part 3 第9章**で詳しく取り上げる）。

(4)　精密な契約書を

　最後に，契約書には，具体的で実践的で効果のあるロジスティクスと手順が具体的に記載されている必要がある。曖昧な表現や抽象的な表現で，結局のところ，契約内容を実行できない規定では意味がない。日本のものづくりの強みの1つは，内容や精密さへのこだわりだとよく言われている。日本人のこうした素晴らしいものづくりの習慣を契約書のドラフティングでも活かすべきである。

　一例を挙げる。クライアント企業（買主の立場）は，相手方売主から要求され，出荷日から15日以内に各商品の出荷に係る受領検査報告書の提出をする旨の規定を挿入した契約書のドラフトに同意するように求められた。また，ドラフトでは，タイムリーな報告を怠った場合には，顧客/買主が商品を受け入れたことを意味する（たとえば，商品の数量に異議を唱えなかった，又は，××の欠陥に異議を唱えなかった場合）とされていた。この契約書ドラフトによれば，売主は，商品が売主の母港において船舶に引き渡された時点で出荷したものとみなされた。クライアント企業は，貨物をクライアント企業の港に引き渡すのに通常は7日程度であるため，この規定に同意する用意があった。しかし，出荷プロセスを批判的かつ実務的に考慮すると，そのような期限が買主に十分な時間を与えないものであることが容易に分かる。すなわち，出港は様々な理由で遅延する可能性があり，航海時間は様々な理由で延長される可能性がある。また，商品は様々な理由で一定期間税関に拘束される可能性がある（顧客は15日間を営業日又は営業日に制限することで少しは対抗できたかもしれないが，根本的な問題解決にはつながらない）。商品が荷送人に引き渡された時点で売主の出荷責任は終了していたかもしれないが，これは必ずしも受領検査報告書の提出期限を設定するための適切な起算点とはならなかった。契約書のドラフトに当たっては，このような懸念についても思いを致し，精密な契約書を作成する必要がある。

The Mental Toolbox

具体的な視点—The Concrete Perspective—

　契約の「全体像」の視点については既に述べた。最良の大局的な見方は，幾分曖昧で，詳細なものではない。たとえば，軍事大将は，戦争における主要な戦略を立案する際に，個人については特に考慮しない。一般的に死傷者数を考慮するが，個人について検討することはこの段階では非現実的である。一方で，具体的な行動を計画する際には，部隊や武器の状況，戦場の地形，天候などの詳細を知っておく必要がある。

　同様に，特に契約書の本文の中核部分（Operative Provisions）をドラフトするに当たっては，「森」から「木」に移行し（＊），細部が最も重要となる。弁護士は，クライアント企業が運営する業界の慣行，ビジネスの詳細，および特定の取引をどのように実行するかの詳細を知っておくべきである。ドラフトに当たり，チャートや図表を用いて，後方支援活動や手続上の措置や事象の具体的な要素を明確に視覚化した上で，クライアント企業との間で生じる様々な質問を確認することも有効である。たとえば，船舶による貨物の船積みに関する規定をドラフトする際，起草者は，以下の図および疑問を検討することができる。

①売主の倉庫→②積込港→③船上→④船舶港→⑤関税　⑥買主の工場

①　　　　　②　　　　　　③　　　　④　　⑤　　　⑥

―売主の引渡しはどこで，いつ完了するか。
―危険負担はいつ移るか。
―買主は製品の所有権をいつ取得するか。
―どの当事者が荷送人および保険者を選択するか。
　誰が船積み/保険料を支払うか。
―保険の受益者はどちらであるか。損失引当金のリスクに見合ったものか。
―どのような出荷書類が必要で，どのような機能があるか。

　契約書をドラフトする弁護士は，上記をクライアント企業に確認するこ

とによって，たとえば，依頼人が要求したIncoterm®2010規則が，実際には，依頼人が取引において使用する実際の出荷方法に適したものであるかを確認することができる。

＊　英語でよく知られている「木を見て森を見ず」（A person can't see the forest for the trees.）という格言がある。つまり，その人は細かい部分（木）に集中しているので，全体像（森）を見ることができないことのたとえである。上記の例では，これには反対に，意図的に詳細な部分に焦点を当てることの重要性を述べている。

5　一般条項について

(1)　ボイラープレート条項とは何か

　契約書のBody of the Contractの最後の部分は，一般条項又はボイラープレート条項（Boilerplate Provisions）と呼ばれるもので構成されている。Boilerplateという用語は，ボイラーを製作するための圧延鋼板のことであるが，ボイラーの製造銘板が浮き出し文字で構成された金属板であった。これが，新聞社が新聞印刷レイアウトに挿入するためにくり返し使用することができる「標準的な」記事やロゴ，物語などの鉄製の原版と類似していた。このため，その後，「ボイラープレート」は，標準的なテキストを意味するようになり，契約書の場合には，対象取引の性質にかかわらず，標準化され，あらゆるタイプの契約に使用される規定（一般条項）を意味するようになった。

　一般的に，法律で定められた規定に当事者が依存できる大陸法の国々（Civil Law countries）では，ボイラープレート条項の必要性は相対的に低いといえるが，国際ビジネス契約の世界においては，以下の2つの理由により，これらの国々でもボイラープレート条項が使われている。すなわち，1つ目の理由は，既に述べたように，国際取引のための英米の契約書モデルが普及していることが挙げられる。2つ目の理由は，法律で定められたデフォルト・ポジション（default position）を拒絶したい当事者が，特定の事項に関する合意をより明確に規定することを希望するためである（もちろんそのような合意の効力が事後的に裁判所や仲裁人によって否定される場

合もある）。

(2)　一般的なボイラープレート条項

一般的に見られるボイラープレート条項には以下のものがある。

① 紛争解決規定（Dispute resolution provisions）
- ・準拠法（Governing law）
- ・裁判管轄（Jurisdiction）
- ・仲裁（Arbitration）
- ・累積的救済手段/救済手段の選択（Cumulative remedies/Election of remedies）

② リスク配分規定（Provisions allocating risk）
- ・補償（Indemnity）
- ・不可抗力（Force Majeure）

③ 秘密保持・通知規定（Confidentiality and notification provisions）

④ 契約当事者および第三者に関する規定（Provisions relating to the contracting parties and third parties）
- ・譲渡および委任（Assignment and delegation）
- ・承継人と譲受人（Successors and assigns）
- ・第三受益者（Third-party beneficiaries）
- ・再委託先の活用（Use of subcontractors）

④ 契約の管理および解釈（Contract administration and interpretation）
- ・変更および権利放棄（Amendment and waivers）
- ・契約の分離（Severability）
- ・完全合意条項（Entire agreement clause又はMerger clause）
- ・副本の署名（Counterpart signatures）
- ・準拠言語と翻訳（Governing language and translations）

(3)　ボイラープレート条項についての誤解

ボイラープレート条項について，明白でありながら誤解されがちな2つの点について注意喚起をしておきたい。

①　ボイラープレート条項の重要性

　第1に，ボイラープレート条項は，契約当事者にとって，また契約で意図される取引の成功にとって，契約書の中核部分（Operative Provisions）と同様に重要である。しかし，残念ながら，契約書を読み進んで行きながらボイラープレート条項が出てくると，多くの人が契約書を読まなくなり，一部の弁護士でさえ，ボイラープレート条項はそれほど重要ではないと考えている。

　しかしながら，これらの規定は，対象取引の履行に関する一般的な規則を定め，契約の管理に関する基本的な規則を定め，契約当事者間に紛争が生じた場合には，裁判官又は仲裁人の望ましい契約解釈を導くためにも重要である。

　準拠法（Governing law）の変更又は仲裁手続（Arbitration）と訴訟手続（Jurisdiction）との比較は，紛争の結果に180度異なる結果をもたらす可能性すらある。

　また，補償（Indemnity）又は不可抗力条項（*Force Majeure*）[3]の不十分なドラフトは，不利な状況が生じた場合，危険負担の配分および結果として生じる損害を著しく変更させる可能性がある。

　さらに，変更および権利放棄（Amendment and waivers）条項などは，あまり必要性を見いだせないと考えられがちであるが，過去の裁判例で一方当事者の何らかの行為（不作為も含む）によって，予想できなかったような契約上の権利の変更又は放棄が認められて損失を被ったという苦い経験等を踏まえて設けられるに至っているのである。国際ビジネス契約における一般条項は長年に亘る契約事例の積み重ねから生み出されてものであり，軽視してはならない。

3）ICCは "ICC Force Majeure Clause 2003" を発表しているが，数多くの不可抗力事由が掲げながらも，これを援用する当事者に過剰な保護は与えてない。https://iccwbo.org/publication/icc-force-majeure-clause-2003icc-hardship-clause-2003/ ただし，近時は気候変動の影響による大震災や台風等の自然被害だけでなく，テロ等のリスクも高まっており，不可抗力条項の明確化の必要性は高くなっているといえる。

【参考】訴訟，国際仲裁，国際調停の比較

	訴　訟	仲　裁	調　停
強制力 （国内）	ある	ある	ない
強制力 （国外）	２国間条約等が締結されていれば，効力が及ぶことがある。	外国仲裁判断の承認及び執行に関する条約（いわゆるニューヨーク条約）に基づき，約150の国や地域に及ぶ。	ない
公開性	ある	ない	ない
判断権者	裁判官	仲裁人。当事者が選任手続に関与することができる。	当事者が選任手続に関与することができる。
上訴の可否	上訴できる。	上訴できない。	上訴できない。

第3章　国際ビジネス契約のドラフト

②　ボイラープレート条項の個別性

　第２に指摘する注意点は，ボイラープレート条項は少数の例外を除いて標準化されていると思い込んでしまうリスクである（たとえば，どの国の法律が準拠法となるかは熱心に交渉されるが，規定の内容そのものは交渉されることが少ない）。実際，秘密保持（Confidentiality）条項，不可抗力（*Force Majeure*）条項などにおいては，ボイラープレート条項は，大きく異なる可能性があり，そしてその差異は，両当事者の権利および義務ならびに契約の重大な違反の可能性（これは潜在的に，契約の終了および違反当事者の重大な損失につながるリスクがある）に実質的な影響を及ぼす可能性がある。

　同様に，補償（Indemnity）条項についても，被補償者に実質的に有利な，以下のような極めて単純な補償規定のドラフトを作成することもできる。

　　A Company shall indemnify and hold harmless B Company and its directors, officers, employees, agents, stockholders, affiliates, subcontractors and customers from and against all allegations, claims, actions, suits, demands, damages, liabilities, obligations, losses,

41

settlements, judgments, costs and expenses (including without limitation attorneys' fees and costs) which arise out of, relate to or result from any act or omission of A Company.

....

　A会社は，A会社の作為又は不作為に起因し，関連し，又は起因するすべての申立て，請求，訴訟，要求，損害，責任，義務，損失，和解，判決，費用および経費（弁護士費用および経費を含むが，これらに限定されない）について，B会社ならびにその取締役，役員，従業員，代理人，株主，関連会社，下請業者および顧客を補償し，免責するものとする。

　大規模なM&Aや組織再編に係る契約書における補償（Indemnity）条項については，契約書の数ページを占める補償規定が含まれているか，たとえばSPA（Stock Purchase Agreement）や契約添付書類（Attachments）に規定したり，別個の付属契約（Separate side agreement）が締結される場合もある。

　より複雑な補償規定においては，以下のような事項に留意すべきである。場合によっては，以下のような補償規定用のチェックリストを作成することが有用な場合もあろう。

●被補償者（Indemnitee(s)）：
　□ 補償は相互であるか，一方的であるか。
　　　Is the indemnity mutual or unilateral?
　□ 被補償者は単独か，又は複数（多数）か。
　　（被補償者の取締役，役員，従業員および代理人など）
　　　Is there a single indemnitee, or are there multiple indemnitees?
　　（For example, the directors, officers, employees and agents of the Indemnitee?）
　□ （契約の署名者ではない）契約当事者でない被補償者が1人以上いるか。
　　　Is there one or more non-party indemnitees (not signatories to the contract?)
　□ 関連法の下での契約当事者でない被補償者（第三者受益者）の法

的地位および権利は何か。

What are the legal position and rights of non-party indemnitees（third-party beneficiaries）under the relevant law?

● 防御義務（Duty to Defend）：

☐ 防御する義務はあるか。

（防御の義務は，補償義務とは別個の義務である）

Is there a duty to defend?

（The duty to defend is a separate obligation from the indemnity.）

☐ 防御の仕組みやルール（告知，防御を行う当事者など）は何か。

What are the mechanics and rules for defense,（such as notification, the party controlling the defense, etc.）.

● 損失（Losses）：

☐ どのような種類の損失を補償しているか。

What types of losses are being indemnified?

☐ 直接請求および第三者請求は，補償の対象となっているか。

Are direct claims and third-party claims covered by the indemnity?

● 例外（Exceptions）：

☐ 補償義務は，補償者の過失又は契約違反のみに起因する請求に限定されているか。

Is the indemnity obligation limited to claims arising only from the indemnitor's negligent actions or breach of contract?

☐ 被補償者の重過失・故意に起因する損失等を補填しないか。

Is the indemnity obligation limited to not cover losses, etc., arising from the gross negligence or willfulness of indemnitee?

● 独占権（Exclusivity）：

☐ 補償は，補償の対象となる損失・クレーム（表明・保証違反，契約違反等による損失・クレームを含む）に対する排他的な救済となっているか。

Is the indemnity the exclusive remedy for the losses and claims that are covered by the indemnity,（including losses and claims from breach of representations and warranties, breach of contract, etc.）?

● 制限（Limitations）：

　　□ 補償請求の対象となる事項の制限や請求期間の制限があるか。

　　Is there a time limit on the event that gives rise to the indemnification claim or a time limit prior to which a claim must be made?

　　□ 補償範囲が異なる場合に期間制限も異なるか。

　　Are there different time limits for different aspects of the indemnity coverage?

　　□ 補償総額に上限があるか。特定のカテゴリーに属する損失に関する最初のクレーム又はすべての請求について，損害賠償額が一定金額を超えた場合に，この一定金額を超過した金額を補償金額とするバスケット条項やハードル条項があるか。

　　Are there any limitations on the total indemnification amount, such as a cap? Are there limitations such as baskets or hurdles for the first claim, the first claim relating to a particular category of losses or for every claim?

　　□ 派生的損害，間接的損害又は逸失利益は含まれているか。

　　Are consequential damages, indirect damages or lost profits included?

⑷　完全合意条項

　完全合意条項（Entire agreement clause 又は Merger clause）は，米国法上の口頭証拠準則（Parol Evidence Rule）[4] を確認し，具体化するためのものである。すなわちこの準則は，契約当事者の最終合意の内容を文書化した書面内容を，それに先立つないしはそれと同等の合意についての他の口頭ないし文書証拠を用いて変更ないしそれに付加してはならないという原則である。この準則によれば，契約当事者としては契約書をいったん作成したからには，合意はすべて契約書に書き込まれており，これまでに取り交

4）Parol Evidence Rule とは，contract（契約書），deed（捺印証書），will（遺言書）等について，書面化された合意内容ないし意思内容と異なることを，他の口頭証拠又は文書証拠を用いて説明するのを許さないという準則をいう。田中和夫「英米契約法（新版）」（昭和40年）171 頁，砂田卓士『イギリス契約法（改訂版）』（昭和63年）152 頁，田中英夫編集代表『英米法辞典』（平成 3 年）623頁。なお，アメリカ法における Parol Evidence Rule については，樋口範雄『アメリカ契約法』（平成 6 年）152頁以下を参照。

わされた通信，引合い，口頭の合意，交渉中の文書，表示等はすべて排除される。完全合意条項は，このような原則を契約書面に条項として具体的に表したものであり，英文契約書においては，末尾に一般条項の1つとして置かれることが多い。

　これにより，後日，外部の証拠を持ち出して，契約文言の客観的意味とは異なる意味だと立証することができなくなる。この条項に対しては，交渉過程における営業担当者のリップサービス等が契約内容にならないというメリットがある一方で，契約書の検討がいい加減な場合や，契約交渉で弱い立場にあって交渉過程も加味して欲しいような場合に安易にこの条項を入れてしまうと，予想外の大きな損失を招くとの指摘もなされている。

　いずれにせよ，国際ビジネスの契約書は，その特徴として長く詳細にわたる傾向があり，しかも契約解釈において伝統的に文理解釈が中心である英米法を前提としている以上，完全合意条項は，明確性とそれに伴う迅速性を重んじるビジネスの現場において，それなりの経済合理性を有することは否定できないものと思われる。

第 4 章

契約書ドラフトを交換するときの留意点
Marking and Exchanging Contract Drafts

1 なるべく早い段階で弁護士の関与を

　通常は，一方の当事者が最初の契約書のドラフトを作成し，クライアント企業との間で最終決定した後，相手方当事者の弁護士に送付される。弁護士がドラフト交換に関与するタイミングとしては，以下のとおり様々な場合が想定される。

① 関連する当事者間でこれまでほとんど（又はまったく）接触がなく，相手方が今回の契約書のドラフトではじめて具体的な取引条件を提示してきた場合

② 関連する当事者間でこれまで（弁護士同席の有無を問わず）取引に関して数回事前協議をしており，今回の契約書のドラフトでは，協議してきた条件の一部又はすべての結果が反映されている場合

③ 関連する当事者間で従前取引に関するより広範な協議を重ねており，今後の交渉の下地となる条件や「原則」（拘束力の有無を問わず）について合意されている場合[1]

　クライアント企業が取引についてその相手方と協議を重ね，協議内容が拘束力を有すればするほど，ドラフトする最初の契約書において，弁護士は，より強い拘束を受けることになる。そこで，弁護士ができるだけ早い段階で取引についての助言をクライアント企業に行う機会を持つことが重要である。弁護士の助言を受ける最初の機会は，クライアント企業が重要な問題について意思を固め，自社の取締役会に取引条件を報告し，又は相

---

1) この合意は，覚書（Memorandum of Understanding），同意書（Letter of Intent），「Heads Of」タイプの文書（当事者を代表するグループ長が書面による条件又は意図に署名し，頭文字で署名し，又はその他の方法で同意した場合），又は別の名称のその他の書面（拘束力の有無を問わない），又は基本条件や今後の交渉の方向性に関するやり取りや了解事項の形を採る場合もある。その後，合意事項が拘束力を有するとみなされる程度に応じて，それまでの合意を反映させた契約書をドラフトする必要がある。

手方に約束（具体的には，覚書（MOU）や同意書（LOI）等の書面での拘束力を有する約束）を行う前であることが望ましい。これらのいずれかがなされてしまった後では，弁護士は，契約等の条件面で問題を発見した場合でもクライアント企業と共に条件や状況を改善することは難しくなるであろう。

2　契約書のドラフトを修正する（Redline／Blackline）

　契約書に関する交渉では契約書の修正箇所を示したドラフトを相手方の弁護士と交換することが一般であるが，いろいろな弁護士と協議すると，そのような修正を施してやり取りするための適切な方法は，当初想像していたほど簡単なものではないことが分かる。適切なルールとはどうあるべきか，すなわち，「redlining」（又は修正版にマークする，また妙なことだが「blacklining」としても知られる）に使用すべきソフトウェア，ドラフトの保存および他の当事者とのドラフトのやり取りに使用すべきファイルの種類，このプロセスにおいて弁護士が負うべき責任などについて，相当の議論が行われているが，明確に受け入れられているルールは存在せず，常識に委ねられていると言っても過言ではない。本書では，以下の方法を推奨したい。

3　Wordの「変更履歴」（Track Changes）を使用したRedlineプロセス

　経験上弁護士がドラフトをやり取りする際には，MicrosoftのWordプログラム（又は互換性のあるAppleのソフトウェア），および直近にやり取りされたドラフト以降に対するすべての変更をマークするために「Track Change」機能を使用するのが通常である。Track Change機能は，文書における変更を追跡する（又は文書の比較版を作成する）合理的に有効な方法である。2名以上の関係者が文書の次のバージョンに変更を加える場合，改訂版（次のWordバージョン）の管理担当者を1名定め，この管理担当者

がすべての変更を取りまとめることを推奨する。その担当者が直近のバージョンに対する手書きのmark-upsを受け取り，新しいバージョンにすべての変更を加え，すべての改訂がTrack Change機能を用いて適切にマークされているようにする。これにより，すべてのredliningがTrack Change機能において一色で表示された状態が保たれるだけでなく（これを容易に行う方法は他にもあるが），さらに重要な点としては，その担当者がすべての変更について適切にredlineが作成され，一貫した矛盾のないものとなるよう確認する責任を負う。

　変更履歴が付いた改訂版ドラフトのWordファイルは，相手方の弁護士に送付せず，そのWordファイルのPDF文書（メタデータを表示しない同様の形式）を作成する方が良いと考える。そして，変更履歴を表示したPDFファイルと併せて，変更履歴を反映させた契約書ドラフト（「クリーン版」）のWordファイルを相手方に送付する。すなわち，変更履歴が表示されたPDFファイルとクリーン版のWordファイルの2つのファイルが相手方に送信されることになり，相手方はこのWordファイルを使って次の作業を行うことになる。これによって修正記録はPDFファイル文書でのみ表示されている状態になる（つまり，Wordファイルでは変更の比較箇所（redlining）が反映されている状態である）。

　PDF文書を使用する理由として，一方の当事者の関係者らにおける修正プロセスがどのように行われたかについて，相手方がWord文書から手掛かりを得ることができないようにすることがある。また，相手方が作成する次の修正版のベースとなるべき，当方の修正を組み込んだクリーン版のWordファイルを送付することにより，これまでの修正履歴およびメタデータが蓄積されないようにすることができる。各PDF文書は，一方の当事者による1回の変更のみを表示し，Wordファイルは，相手方当事者による次の段階の変更のベースとなるようにする。各修正版PDFファイルに対し明確に特定可能な名前を一貫して付けることにより（たとえば，「IG Revised Version – Oct 4, 20xx」など。IGとは当事務所の省略形である），修正の各段階の記録に容易にアクセスできるようになる。

　Wordの修正履歴（「Track Change」機能の使用に対して批判の声があることは認識しているが，この機能を適切に使用することは，手作業での

ハイライトやその他のマーキングなどの自動化されていない変更表示方法より合理的に正確で，確実に良い方法であると考える。たとえば，Track Change機能を使うと，自動のナンバリングや同定機能で問題が起こることがある。この場合は，クリーン版でナンバリングと書式上の問題を修正し，カバーレター／電子メールにおいて，これらの修正をPDFファイルとは別に行ったがクリーン版のWordファイルでは表示されていない旨を相手方に説明する。間違いは，その文書の作成者のミスにより発生することが多い。

 ## Track Changes使用の比較版作成時にしてはならないこと

WordのTrack Changes使用時における作業者のエラーを回避するため，「してはならない行為」を以下に挙げる。

① 文書修正中，Track Change機能のonとoffを切り替える。

　　書式上およびその他の理由でこれを行う人もいるが（上記で述べた通り，ナンバリングなど），時間に限りがあるときに文書の修正で頻繁にこれを行うと，変更履歴に誤りが生じる場合がある。

② Track Changeの比較版作成において，複数の修正版からの履歴を残す（弁護士がすべての変更を組み込まず，各バージョン後にredliningを削除しないため）。

　　複数の修正を含むことで，ほとんど読むことができなくなるほど契約書が長くなる。交渉中に行われたすべての変更の把握を望む弁護士もいるかもしれないが，どこかの時点で，これが役に立つ機能ではなく，邪魔でうっとうしいものとなる。

さらに次に掲げることも，「抑圧的な（controlling）」又は不相応な行為の例であり，ゆえにこれらの行為もまた推奨しない。

③ すべての修正記録を新しい修正版に組み込まない

　　一方当事者が他方当事者に対し，（ここで提案されているPDFファイルではなく）Track Changeによる比較箇所を含む直近の修正版ドラフトのWordファイルを送付する場合，Track Change機能を使い自身

の変更を加える前に，修正のたびに，同意する修正箇所のみを新しいファイルに組み込み，同意しない変更を組み込まないケースがある。つまり，このドラフトにはすべての変更が組み込まれていない。その結果，相手方当事者は，新しい修正版とこれまでのバージョンとを手動で比較するか，別の比較用ソフトウェアを使用しない限り，どの変更が承諾され，又は拒否されたのか分からないことになる。これは，比較版作成において不公平で思慮のない方法である。

④　受領した修正版に基づいて次の修正版を作成していない。

修正版のドラフトに対応する際，相手方当事者から受領した「クリーン版の」Wordファイルのドラフトではなく，自身のそれまでのドラフトに基づき，修正を行い，比較版が作成されるケースがある。この行為も，上記の修正ごとの変更の組込みと同様に問題であり，相手方当事者は，承諾された変更箇所と拒否された変更箇所を把握するために文書の比較版を作成しなければならない。これも，不公平で思慮のない方法である。

⑤　契約書のドラフトのPDFファイルのみを相手方に送付する。

相手方当事者によっていかなる修正も行われないようにすることは，「承諾するかしないかしかない（take it or leave it)」という攻撃的なメッセージの表れとなり，相手方当事者が文書に追加の修正を行いたい場合にはPDFファイルをWordファイルに変換しなければならない。相手方当事者がPDFファイルのみを送信する正当な理由が存在することもあるが，契約書のドラフトをPDFファイルでのみ受領した場合，交渉プロセスを公正かつ公平に進めたいという希望を示すため，修正版ドラフトのWordファイルの送付を速やかに要求することを勧める。

5　その他のRedliningに関する注意点

上記は，簡単な一般常識に基づく，最も一般的に使用されているソフトウェアを使用するに当たり推奨される方法を提示しているに過ぎない。より高度な技術知識を有していれば，契約書のドラフトの比較版作成のために別の種類のソフトウェアを勧める弁護士もいる。これにはWorkShare

Compare（旧DeltaView），DocuCollab，Change-Pro等がある。契約書の
ドラフトをやり取りするすべての当事者間で容易に文書を共有し，読み，
修正することができ，比較版が正確でありさえすれば，いずれのソフト
ウェアでもよいと考えられる。

　Wordの Track Change機能であれ，その他の比較版作成用ソフトウェア
であれ，契約の相手方当事者の弁護士に対し，使用したいredliningプロセ
スの概要を説明し，反対がないかどうかを確認するための簡単なメモを送
付することが有用かもしれない。ただし，このことがいたずらに争点とは
ならないように，法的なコメントおよびその他のコメントを（Wordのコメ
ント機能を使い）契約書のドラフトに直接記載すべきか，カバーレターや
電子メールに詳細を記載すべきかどうか等についても，また相手方当事者
の弁護士と柔軟に協議するべきである。

6　Redliningは正確に　―相手方が正確にやっていることを前提としないこと

　結局のところ，正確に作成されたドラフトの比較版を送付することは専
門家としての義務ではなく礼儀の問題である。クライアント企業が最終的
に署名した書類について，相手方当事者が正確にマークしなかった変更に
起因する問題が生じた場合，クライアント企業はその責任の所在を弁護士
に求める可能性が高いだろう。少なくとも，弁護士の信用は損なわれるだ
ろう。よって，修正版作成時に正確にredlinedされたドラフトを提供する
よう努力すべきだが，相手方当事者も常に同様の対応をしていると思い込
んではいけない。

　そこで，相手方当事者の弁護士の評判を調べることも必要になる場合が
ある。信頼のおける弁護士でさえ，うっかりミスをする可能性は常にある。
相手方当事者からの比較版が正確かどうか，時々「スポットチェック
（spot checks）」を行うようにする。全く疑いがなければ，表示されている
変更が正しいかどうか，自身の直近のドラフトと両者の直近のドラフトの
比較版を別途作成する。もしそれができそうになければ，署名直前の交渉
のまさに最後の段階で多少の時間を割き，最終版と最初の修正版又はドラ

フト版との比較版を作成し，すべての変更が行われているかどうか再度確認するようにする。最低でも，重点的に交渉したクライアント企業にとって優先度の高い論点に関する記述は確認し，最終版に含まれるすべての修正が正しいかどうかを確認する。

7　修正版作成に関する考察

　弁護士が自らドラフトした文書，特に契約書に誇りを感じるのは当たり前のことである。同時に，随所に少し変更を加えることによって他の弁護士がドラフトした契約書を改善できると弁護士が感じるのも当然のことである。しかし，決して忘れてはならないのは，完璧な契約書のドラフトは存在しないということと，弁護士がよりよいと思われる契約書にするために互いのドラフトの修正に多大な時間を費やす場合，クライアント企業はそのような法的サービスに対してまでも弁護士費用を支払うことは望まないということである。修正作業においては，形式上のものと実質的なものとを線引きしてこれを行わなければならない。

　その修正が文章又は条項の意味又は解釈に影響を及ぼす場合に限り，修正を行うべきである。修正作業では，以下を自問する。「この修正は文章／条項の意味を変更するものか？」「修正しなければ文章／条項は不正確か，又は文法が誤っているか？」答えがNoであれば，その修正は不要の可能性がある。一貫性は重要であり，古い用語を排除することもよい。最初のドラフトを草案する場合，上記のルールに従うべきである。だが，相手方が作成した契約書のドラフトを修正する場合には，自身の修正範囲とのバランスを探る必要がある。つまり，自身の修正が重要な又は具体的な問題に関連していなければならない。この場合，自身の修正を正当化する準備が必要である。また，相手方の変更が書式又は形式上のものにすぎないと思われる場合には，その弁護士に対し，変更の意味および重要性について気軽に尋ねるべきである。そして，文章又は条項の変更に当たることが証明されない場合には，修正を受け入れないことが適切であると考える。意味や重要性に欠ける変更の場合には，言語は変更されるべきではない。さもないと，両者はクライアント企業にとって無益な時間を多く費や

し，クライアント企業に余計な弁護士費用を請求していることになる。

　最後にもう1つ。次の修正版の送付が本当に必要かどうか，今一度検討してみることも必要である。しばしば忘れられているが，相手方に電話をかけ，今抱えている問題点について相手方と話すこともできる。場合によっては，修正版をもう一度やり取りするより，電話で相手方の考えを確認し，適切な文言について合意に達することで多くの時間と労力を節約することができることもある。

8　最後に　─文書を外部に送信する前に

　文書を電子メールで外部に送信する前に，常に留意すべき3つの事項がある。

① 　Track Change機能を用いた文書を送信する場合，送信前に再度文書を開き，すべての変更を文書に取り込み，変更が正しく反映されているかどうか少なくとも文書の修正箇所だけでも目を通す。Track Change機能を「on」にした状態で文書を読むと間違いを見つけにくい。Track Change版に戻すにはback buttonをクリックし，見つけた誤りを修正する。これで文書の送信準備が完了した状態となる。

② 　文書を電子メールに添付し，送信する準備ができた後，忘れずに再度各文書を開く。そして，文書とバージョンが正しいことを確認する。最近変更した文書の場合，変更したことを覚えている最後の変更又は修正の箇所を見て，その変更が文書に含まれ，正しく記載されているかどうか確認する。この作業によって，直近の変更が正確に文書に保存されていること，間違ったバージョンを送信しようしていないことを確認する。

③ 　送信ボタンを押す前に，「to」および「cc」に含まれる各電子メールアドレスを確認する。かつてのように郵便配達員が受領者の郵便受けに届けた時代とは違い，送信ボタンを押せば，宛先が記載されているすべての人の手元に書類が届く。異なる宛先に異なる書類を送信することは，犯しうる，より深刻な誤りのうちの1つである。

④ 　プロジェクトによっては，情報漏洩防止の観点から，添付ファイル

パスワードを付することが要求されている。最後にパスワードが付されているかどうか確認しよう。

9 まとめ

　国際ビジネス取引の中で契約書が占める役割は大きい。国際ビジネス契約に関わる者は，国際ビジネス契約の構築（structuring），ドラフト（drafting）の基本的な事項を理解することが不可欠である。この章で記載したコツ（Tips）が国際ビジネス契約の"best international practices"をマスターすることに役立つことを願っている。以下は，Part 1 のまとめである。

Part-**1**

Takeaways

＊International commercial contracts will require a higher level of complexity and detail.

　国際ビジネス契約は，複雑で詳細なものである。

＊It is important to have your clients appreciate and utilize the contract after signing.

　国際ビジネス契約は契約締結した後もクライアント企業が国際ビジネス契約を理解し，有効に活用できることが重要である。

＊Begin structuring a contract draft starting from a "big picture perspective" by using a comprehensive contract checklist.

　包括的な契約チェックリストを活用し，まずは全体像の視点から契約書の構成を練ることが重要である。

＊Balance the client's optimism regarding the success of the contemplated transaction(s) with your own "critical perspective."

　クライアント企業の当該取引に対する楽観的な期待値は，法律専門家の批判的な視点をもってバランスを取らなければならない。

＊Be cautious in choosing and using a model contract draft when undertaking the mark-up.

　契約書のひな型の選択と利用には注意し，マークアップは慎重に行わなければならない。

＊Understand the terminology for and roles of each part of the contract.

　契約書の文言と各章の役割を理解しなければならない。

＊Draft the operative provisions of the contract in such a way that the document will be understood and useful for your client.

　契約書の主要部分はクライアント企業が理解し使いやすいようにドラフトしなければならない。

＊Don't underestimate the importance and potential complexity of the boilerplate provisions.

一般条項の重要性と潜在的な複雑さを軽視してはならない。

Part *2* 国際ビジネス契約の交渉

International Commercial Contract Negotiations

第 5 章

国際ビジネス契約の交渉の基本概念
Basic Concepts for Negotiating International Commercial Contracts

　国際ビジネス契約の交渉における法律実務では，クライアント企業を代理して効果的に交渉を進める能力と，契約書をドラフトし，修正し，解釈する能力が，成功のための2つの柱である。もっとも，日本人の契約交渉担当者および弁護士にとって，高圧的な日本人以外の交渉相手（時として英語ネイティブである）と英語で契約交渉を行うことは，国際ビジネス契約交渉における法律実務の中で非常にチャレンジングかつ困難な部分かもしれない。しかし，生まれながらの交渉人は存在しない。弁護士を含む大半の者にとって，法的問題を英語で交渉するためには，学習と経験が重要である。本章では，国際ビジネス契約の交渉に関する基礎的な事項をお伝えしたい。

　契約交渉担当者又は弁護士は，そのキャリアの中で，1対1の交渉から複数の当事者・会社間による交渉まで，様々な国際ビジネス契約の交渉に関わることがあるであろう。日本国内又は海外で顔を合わせて交渉することもあれば，電子メールや電話会議による交渉もあるであろう。当事者が予備的な協議を始めるために顔を合わせ，その協議に招待されることもあれば，契約当事者間で既にタームシートを交換し，あるいは一方の当事者が交渉開始前に協議用に契約書のファーストドラフトを作成している場合もあるであろう。本章では，一方当事者が他方当事者に契約書ドラフトを提供した後に行われる二者間での対面交渉を主に取り上げるとともに，交渉の基本概念や，交渉の成果にマイナスの影響を与えかねない文化的障害やその他の障害について検討する。

　異文化間の交渉については，過去40年以上に亘り，数多くの研究，論文，著書のテーマとなってきた。これらからわれわれは重要な原則を学ぶことができる。ただし，忘れてはならないのは，国際ビジネス契約の交渉は，状況や交渉スタイル，交渉担当者の人間性が異なるため，1つとして同じ交渉はないということである。交渉は必ずしも「教科書通りにいく」とは

限らず，契約交渉担当者および弁護士は交渉において常に高い柔軟性を保つ必要がある。

　本章では，まず最も一般的に受け入れられている交渉理論の概要を確認することから始めたい。

 基本的な交渉理論および用語

　交渉について調査し，また実際に交渉に関与するに当たり，交渉に関する数多くの英語表現に触れることになるため，その意味や使い方に慣れておく必要がある。

(1)　「パイ」,「配分的交渉」,「統合的交渉」

　研究者や実務家はよく「パイ（pie）」という用語に言及する。この用語は，最終的な合意の結果として生じる「価値（value）」を意味し，その価値をアップルパイやチェリーパイといったパイに見立てているのである。パイを大きくできない場合，すなわちクリエイティブな交渉によって各当事者が受け取る取引の全体価値を増やせない場合,「固定されたパイ（fixed pie）」と呼ばれ，当事者は取引の全体価値をどのように分け合うかという交渉を行うことになるが，当該交渉は「パイの切り分け（slicing the pie）」と呼ばれる。二当事者者間の交渉において，一方が大きい方のパイを取ると，他方には小さい方のパイが残されることになる。このことから，固定されたパイに関する交渉は「ゼロサム・ゲーム（zero-sum game）」や「ウィン／ルーズ交渉（win/lose negotiation）」と呼ばれている。交渉に関する研究において，ウィン／ルーズ交渉は「配分的（distributive）交渉」と呼ばれている。

　配分的交渉の典型的な例は，二当事者間の中古車売買における価格交渉である。売主は理由を並べてより高い価格で販売しようとする一方，買主は価格を下げようと車の問題点を指摘するかも知れない。こうした取引は固定されたパイにおける取引に該当する。仮に一方当事者が100ドルの値上げ又は値下げに成功すれば，他方は100ドルの「損失」を負うことになる。

　一方，交渉の当事者がクリエイティブな交渉によって「パイの拡大（grow the pie）」を行うことができる場合，一方当事者が相手方当事者のパイを奪うことなく，大きなパイを手に入れることができる。どちらの当事者も利益を得るため，こうした交渉は「ウィンウィン（win-win）」と呼ばれ，交渉に関する研究において，「統合的（integrative）交渉」と呼ばれている。

　統合的交渉の例として，休暇の計画を立てているカップルを見てみよう。翔太は休暇中に身体を動かすのも悪くないと考えつつ，五つ星ホテルに滞在してギャンブルを楽しみたいと考えて，米国東海岸有数のカジノで知られているニュージャージー州のアトランティックシティへの旅行を提案した。一方，葵は，素敵な場所での食事には反対でないものの，ギャンブルよりもキャンプやハイキングの方がよいと考え，米国西海岸で有名な国立公園であるカリフォルニア州のレッドウッド国立公園への旅行を提案した。ここで 2 人が自分の「立場（position）」だけを主張すれば，東海岸のニュージャージー州対西海岸のカリフォルニア州というウィン／ルーズ交渉になる。1 人が勝ってもう 1 人が負けるか，そうでなければ膠着状態に陥る。しかし，2 人が自分の本来の「利益（interests）」に着目すれば，よりクリエイティブな解決策を導き出せる可能性がある。米国中部のラスベガスに行けば，高級ホテルに滞在して多少ギャンブルを楽しみつつ，美味しいレストランで食事を楽しむことができるし，足を延ばしてグランドキャニオンでハイキングを楽しむこともできる。翔太も葵も，自身の主要な利益および副次的な利益を（完全ではないとしても）ほぼ得ることができ，2 人の休暇の全体としての価値が高まるだろう。

　両者が自分の提案した立場に固執するのではなく，その立場を支える利益，すなわち当事者が真に希望し必要としているものは何かに着目することが，双方がある程度満足し，取引の全体価値を高める解決策を見出すためのポイントとなる。こうした交渉を行うには，各当事者が，相手方の希望や要求するものに関する情報をより多く入手することが必要となる。

　中古車の売買取引の例でもう一度見てみよう。中古車の購入を考えている者は，使っていない高級ゴルフクラブセットを持っていた場合，売主が大のゴルフ好きであることを知っていれば，中古車の値下げと引き換えに

ゴルフクラブセットを渡すことを交渉材料として提示することができる。これによってパイは大きくなり，両者が取引の結果に満足する確率は高くなる。最終的には，中古車の販売価格を決める必要があり，売主の利益となる中古車の客観的価値より高い価格か，買主の利益となる客観的価値より低い価格というパイの切り分けが生じるが，ゴルフクラブセットを交渉材料に加えることで，売主は不要になったゴルフクラブセットを処分して中古車の値引きを受け，買主は欲しかったゴルフクラブセットを手に入れることができるという付加価値が生じるため，両者にとってより満足のいく合意になるだろう。

⑵ 「協力的／協調的交渉人」対「競争的交渉人」

　多くの著者および専門家が，大多数の人が，交渉する際に「協力的交渉人（cooperative negotiators）／協調的交渉人（collaborative negotiators）」又は「競争的交渉人（competitive negotiators）」のいずれかに分類されると考えている。前者は互いの利益を見据えて統合的交渉を行おうとする一方，競争的交渉人は，自分の利益の最大化を追求し，より敵対的なアプローチを用いる。以下の表は両方のタイプの特徴をまとめたものである。

カテゴリー	協力的／協調的交渉人	競争的交渉人
交渉開始時	交渉開示時の提案として現実的な提案を提示する	交渉開示時の提案として大げさな提案を提示する
態　度	礼儀正しい，誠実，オープン	敵対的，不誠実，閉鎖的
戦　術	・情報開示を進んで行う ・脅しに訴えることはほぼない ・譲歩を厭わない ・根拠に基づく問題解決を試みる	・自身の情報をほぼ開示しない ・頻繁に脅しを用いる ・一方的に譲歩することはない ・相手を操ろうとする
ゴール	・双方の利益の最大化 ・双方にとって合理的な結果を追求	・自己の利益の最大化 ・一方的な結果に満足

第5章

国際ビジネス契約の交渉の基本概念

61

米国弁護士に関するある初期の研究において、[1] 当該研究への参加者の65％の弁護士が協力的交渉人に，24％の弁護士が競争的交渉人に分類された（残りの11％はどちらのカテゴリーにも属さなかった）。また，参加者は，より効率的な交渉人は協力的交渉人であると感じた。

他方，他の研究者は[2] 結果に関して言えば競争的交渉人の方がより大きな成功を収めるものの，合意に至ることができず交渉が失敗に終わるリスクもより多く負っていると主張している。研究者によると，交渉において交渉者の両方が競争的交渉人の場合，交渉は競争的になり，両者ともが協力的交渉人の場合，交渉は協力的なものとなるという。しかし，交渉者のタイプが異なる場合，協力的交渉人は，相手方（競争的交渉人）につけ入られないよう，否応なく競争的な姿勢で交渉に臨まなければならない。

② *Getting to Yes* ―原則立脚型交渉

(1)　ハーバード流交渉術　―イエスを言わせる方法

交渉について書かれた英語の本の中で最も有名かつ頻繁に引用されているのは，*Getting to Yes*[3] である。この本は，ハーバード大学の交渉術プロジェクトに携わっていたRoger Fisher およびWilliam Uryによって，初版が1981年に発行され，後にBruce Paxtonが3人目の著者として加わり，1991年と2011年に改訂版が発行されている。本著は36の言語に翻訳され，全世界でミリオンセラーとなった。本著の中で著者らは，出版当時に支配的であった，交渉術とは各当事者が立場を確立し，自身の立場に立って討

1) Charles B. Craver, "Negotiation Styles: The Impact on Bargaining Transactions"; Journal of Dispute Resolution, Vol. 48, (April 2003), (available from the Social Science Research Network at: http://ssrn.com/abstract=1003448).
2) 競争的な交渉人に好意的な見方については，A. S. Rosette, J. M. Brett, Z. Barsness and A. L. Lytle, "Cross-cultural E-mail Negotiations,"(available at: http://ssrn.com/abstract=959034); John Camp, "Start with NO…The Negotiating Tools that the Pros Don't Want You to Know,"(Crown Business, 2002) など参照。一方，上述のCraverは，"Competitive/Adversarial advocates generate more nonsettlements (than cooperative/problem-solving negotiators)"と指摘している。
3) Roger Fisher and William L. Ury, "Getting to Yes: Negotiating Agreement Without Giving In" Penguin Books,(1981). 邦訳：ロジャー　フィッシャー，ウィリアム　ユーリー，翻訳：岩瀬大輔，「ハーバード流交渉術―イエスを言わせる方法」，三笠書房（2011/12/10）。

論を行い，相手の立場に反論し，最終的に妥協を行い合意に至るものであるという考え方を覆す画期的な概念を提案した。この概念は「原則立脚型交渉（principled negotiation）」と呼ばれ，交渉の際に5つの原則および一般的なルールに従うことで，交渉およびビジネス上の関係を効果的に進められるというものである。

⑵　5つの原則

*Getting to Yes*の5原則の概略は以下のとおりである。

①　人と問題を切り離す

当然のことながら，共同事業の鍵となるのは人間関係であることは明らかだが，ここでのポイントは，人的な要素と特定のビジネス又は法的問題とを切り離すことである。多くの理由から，個人に対する攻撃は必ず避けなければならない。相手がどれ程信頼できない，準備不足で不適格な人物であっても，その人物の主張が真っ当である限り，そうした人物に関する評価は無関係である。信頼などの人間関係に関する重要な問題と，契約交渉とは切り離して考える必要がある。

②　立場ではなく利益に着目する

一方の当事者が提案・主張している立場よりも，その立場の根拠となる利益，すなわち当事者がその立場に立っている理由の方が重要である。多くの場合，いかなる立場も問題を解決する方法のうちの1つのみを表しているにすぎない。利益の検討に立ち返ることによって，両当事者の希望により良く合致する結論に至るための異なる視点を提供することが可能になる。

③　双方の利益のために選択肢を生み出す

相手方当事者の利益や考え方を理解するために相手方当事者に質問をし，意見に注意深く耳を傾け，協調的な雰囲気の中で交渉を進めることで，各々の立場に固執するのではなく，クリエイティブな代替案を模索し，双方の利益のパイを大きくすることが可能となる。

④　客観的な判断基準に依拠する

両当事者がなかなか合意に達しない場合，両当事者を公平な解決策に導くことができる客観的な基準を見つけようとすることが有用であり，これ

によって，議論の焦点を見失った，あるいは単なる脅しに陥るような交渉を避けることができる。

⑤　BATNA（最善の代替的選択肢）を認識しておく

交渉担当者に特に強調しておきたいのはBATNA（Best Alternative to a Negotiated Agreement）の重要性である。交渉担当者は，「他に選択肢はなく，どんな犠牲を払ってでも合意に達しなければならない」という考え方に基づき交渉を行うべきではない。このようなアプローチをとってしまうと，交渉力のない当事者にとっての重要な選択肢，すなわち「取引から撤退する」という選択肢が完全に失われてしまい，その結果取引をしない場合より悪い結果をもたらす場合もある。当事者は，交渉開始時から，「これ以上の不利な条件であれば取引から撤退する」という線引きを認識し，必要に応じ，適切な時期にその旨を相手に伝えなければならない。

*Getting to Yes*の5原則は，初版発行以降，批判も含めて様々な意見が交わされているものの，今も広く受け入れられている原則である。たとえば，上記原則②では利益と立場の違いについて簡単に述べたが，こうした違いを理解することは，交渉が行き詰まった際にクリエイティブな選択肢を考え出す際に非常に役立つし，原則⑤のBATNAの概念は，交渉における確立した概念となっている。交渉経験がまだ少ない方には，交渉スキル向上の最初のステップとして*Getting to Yes*の概念を学ぶことを強くお勧めしたい。なお，William Uryは続編となるGetting Past No: Negotiating with Difficult People（邦題：ハーバード流 "No" と言わせない交渉術）を，Roger FisherはGetting Together: Building Relationships as We Negotiate（邦題『続 ハーバード流交渉術―よりよい人間関係を築くために』）を発表している。

他の多くの学者や交渉学のエキスパートが開発した理論モデルやシステムを用いて，ビジネスにおける交渉を分析・説明し，ベストプラクティスを提案することはもちろん可能であるが，交渉理論の紹介に留まる本書では，上記概念の紹介で十分ではないかと考えている。以下では，実際の国際商取引の交渉およびその具体的な問題について取り上げる。

3 国際的な交渉の難しさ

(1) 文化が与える影響

　自国の文化的環境で仕事をしている場合でさえ，良いビジネスパートナーを見つけ，互いに満足できる契約交渉をまとめることは難しいが，交渉相手が言語や文化の異なる海外の交渉相手である場合，合意に達することは更に困難となる。本書Part 1では，国際ビジネス契約の特徴やリスクについて述べたが，取引条件や契約文言の交渉を行う場面では，文化的な問題がより大きな障害となり得る。

　文化とは，一般的に，共通の価値観（何が重要かということについての共通の理解），共通の信条（真実と考えるものについての共通の理解）および共通の規範（こうあるべきだと思うことに関する共通の感覚）に関するものであると言われている。文化は交渉の進め方に対する考え方のみならず，契約に対する考え方まで形成している。たとえば，意思決定，リスクの負担，時間管理，適切な感情のコントロール，形式や手順，チームワーク等が挙げられる。経験上，外国企業は，日本の交渉チームの意思決定のプロセスが不透明で，時間がかかることに不満を持つことが多い。一方，日本人は，日本人以外が迅速な決断を求めて圧力を掛けてくることや，不満や怒りを態度に出すこと等に困惑することがある。いずれの場合でも，両者は自分たちの規範に沿って行動しているだけなのかも知れないが，文化的な許容範囲が異なるため，相手の気分を害してしまうこともある。

　自分が重要かつ「真実」であると信じている規範に他人が従わない場合，人は，自然な，かつ直感的な文化的反応として，相手方のことを不適切な，失礼な，狡猾な，あるいは劣った人であると考えてしまう。なぜなら，誰もが何らかの理由で，自分の文化は他の文化より優れていると信じているからである。こうしたネガティブな反応は，海外で過ごした経験がある人や外国の複数の言語を学んだ人等においては小さくなる傾向がある一方，文化的アイデンティティーが強固で，生活の中で他の文化に触れる機会があまりなかった人の場合，大きくなる傾向がある。

(2)　日本人文化の交渉に与える影響

　日本人は伝統的に際立った文化的な特徴を有しており，それは言葉と歴史によって更に強化されている。日本の書き言葉は世界で最も難しい言語の1つであり，島国であることから，日本人は，歴史的に外国の出来事から自国を最大限遮断することができるという恩恵（あるいは呪縛）を享受してきた。他の諸外国とは対照的に，日本は歴史的に日本人以外に国が支配されたことが殆どない。小学校にアジア系，ヒスパニック系，アフリカ系の同級生がいるアメリカ人，電車で1〜2時間も移動すれば言語や食事の異なる外国に行けるヨーロッパ諸国の人々，少数民族が多く漢民族間でも地域による違いが大きい中国人，多くの民族的な違いのあるアフリカ人と比較して，日本人は一般的に，日常生活の中で「文化的」な違いに遭遇する機会が圧倒的に少ない民族である。日本にも少数民族は存在するが，目立った活動を行うアメリカのマイノリティーグループや，スペインのバスク人・カタルーニャ人，中国やミャンマー，タイのイスラム教徒等とは対照的に，活動は表立っていないように感じられる。

　日本人の自国の文化に対する強い誇りと文化的アイデンティティーは，異なる文化での経験の少なさと相俟って，欧米諸国の価値観に由来する規範が支配的な国際ビジネス契約の交渉において，日本人に不利に働く場合がある。交渉では，発言は直接的で，質問は鋭く，即答が求められ，ロジックは時に冷厳に見える場合がある。これらは全て日本の伝統的なコミュニケーションスタイルや問題解決方法とは正反対のものであるため，日本人は無意識のうちにネガティブな反応をし，又は，相手方に対してネガティブな評価をしてしまう場合がある。

　その一方で，ある研究によれば，[4] 日本人は交渉において文化的な違いに相当程度適応することが可能であるという。いずれにしても，交渉に当たっては，文化的バイアスを認識するよう努力し，否定的なステレオタイプ化や関係悪化につながり得るような，文化的な価値観，信条，規範等に

---

4) Wu Liu and Leigh Anne Liu, "Cultural Intelligence in International Business Negotiation"; SSRN Electronic Journal, (May 2006), citing an earlier study by J. M. Brett and T. Okumura, "Inter- and Intracultural Negotiation: U.S. and Japanese Negotiators"; Academy of Management Journal, Vol. 41.

基づいたネガティブな相手方の評価を避けるよう努力するべきである。

ケース
スタディ
No.3

Getting Tough, Not Angry

　著者が参加したある交渉において，当方（売主側）から相手方（開発途上国に設立された子会社）に対し，相手方の親会社（先進国に所在）の保証を要求する協議を行っていたときのことである。長く厳しい交渉の中で，この点が最後に残った重要な論点であった。相手方の弁護士は，こちらの要求の理由に対して，厳しく論理的な反論をしてきた。その指摘は鋭いもので，個人的にはその口調はプロフェショナルなものであった。

　すると，驚いたことに，こちらの交渉チームのうち年次の高い担当者が立ち上がり，大声で怒りに満ちた口調で反応した。そのコメントは，合理的というより感情的なものだった。この担当者の英語スキルは高かったが，国際ビジネス契約の交渉経験には乏しかった。普段は優しい口調のこの担当者が突然怒り始めたことに相手方チームのメンバーは皆驚いているようだった。この出来事のため，最後に残った重要な論点に関するディスカッションが中断してしまった。

　このセッションの後，私は，当該担当者と話をし，同人の対応には２つの文化的な問題が関わっている可能性があると考えた。

　第１に，担当者は，相手方の議論が当方への直接かつ個人的な攻撃であると解釈していたが，その解釈に私は全く同意できなかった。担当者は交渉で疲弊していたか，フラストレーションを感じていたのかもしれないが，激しいが理論的な議論と，怒気を含む個人的な攻撃を区別できていなかった。担当者は，交渉において，議題についてのみ話している限り，討論が激しい場合でも個人的な攻撃と受け取るべきでない（なお，実際にその場において個人的な攻撃はなかった）ということを理解していなかった。

　第２に，この担当者は，自身の発言が他人にとって非常に感情的で個人的なものに聞こえていたことに全く気付いていなかった。担当者は，自身の意図が，相手方と同じように当方から相手方の議論に強く反論する点にあったと答えた。私が担当者は大声で話しており，怒気を表していたと伝えると，担当者は驚いていた。担当者は，会議室で自身の回答が相手方にどのように聞こえるのか，理解出来ていなかったのである。

　なお，公正の観点から念のため述べると，外国語で話す際に，失礼や不

> 適切に聞こえる可能性があることを把握できない場合があることは日本人に限らず世界共通である（特に感情的になった時には珍しいことではない）。

(3)　国際ビジネス契約の交渉が最適な結果に至らないその他の理由

　文化的要因が国際ビジネス契約の交渉担当者にとって地雷となり得ることは上記のとおりであるが，交渉の成果に影響を与えるのは文化だけではない。多くの人は，交渉の成否は会議室の中で何が起こったかで決まると考えており，ベスト・ディールを確保するために長年を掛けて獲得した専門的な交渉スキルと優れた論理展開や話術を駆使できる経験豊富な交渉担当者次第だと考えている。しかしながら，文化的要因を別にしても，交渉担当者が最適な結果を達成するのに苦戦したり，失敗したりする理由の大半は，むしろ実際の交渉が始まる前に会議室の外で起きたことに起因していることが多い。

　交渉が困難になる理由を，以下のリストにまとめた。

In Focus

国際ビジネス契約の交渉が最善の結果に到達できない理由

　交渉チームが以下に該当する場合，最善の交渉結果を得ることは困難になる。

① 交渉の目的を明確にしていない
② 代替案，選択肢，優先順位について準備していない
③ 最初のオファーが低すぎる
④ BATNAを設定していない
⑤ 相手方の交渉の目的および利益を理解していない
⑥ 相手方の期間と意思決定に関するアプローチを理解していない
⑦ マーケットおよび競合他社を理解していない
⑧ 自分の優位性を認識し，それを伸長させ，戦略的に活用することができない
⑨ 意思決定権限者および権限を明確にしていない
⑩ 適切な交渉チームを組織せず，個人の役割を適切に設定していない

---

⑪ 価値を創造することができない（パイを大きくできない）

⑫ 時間的なプレッシャーから，計算を正しく行わず，判断を急ぐ

⑬ 問題の優先付けを行わない

⑭ （相手方が異なる期待をしている可能性がある場合に）意思決定方法・権限・タイミングについて相手方に伝えていない

⑮ 信頼ある良好な関係を築くために早く譲歩しすぎる

⑯ 状況的に必要な場合であっても，十分防衛的な，あるいは攻撃的な対応を取れない

上記に挙げた障害は，国内の相手方との交渉にも当てはまるが，国際ビジネス契約の交渉の場合に，リスクがより高まる。

 4 契約交渉担当者および弁護士の役割

　契約交渉担当者および弁護士は，国際ビジネス契約のドラフトやレビューにおいて，契約法その他の法律上の問題に関し，自身の知識に頼らなければならず，また，合意内容を当事者双方が理解でき，かつ適用される準拠法の下で執行可能な契約を作成するためにいかなる点に関して海外の弁護士から助言が必要なのかを見極めなければならない。もっとも，交渉における契約交渉担当者および弁護士の役割は，時として法律知識や厳密な意味での法律スキルに限られない。

⑴　従来の（限定的な）契約交渉担当者および弁護士の役割

　弁護士は，クライアント企業が交渉段階又は契約書のドラフトの段階で弁護士に課す行動範囲の制約を受け入れつつ，クライアント企業の最善の利益を確保できる方法を見つける必要があるが，これは必ずしも容易ではない。クライアント企業が契約交渉において弁護士のサポートを求めない理由は，以下のように数多く存在する。

・　取引の規模と弁護士費用が見合わない，又は，それ以外の予算的な問題がある。

・　取引の主な条件については全て当事者間で既に合意しており，必要なのは微調整のみであると考えている。

- 　交渉に弁護士が同席することで議論に悪影響を与えるかもしれないと考えているか，相手方が交渉への弁護士の同席を望まない意向を有している。
- 　自社内のプロジェクトメンバーへの信頼，従業員の育成を行いたいという思い，自社の従業員の方が取引に詳しくよい仕事をするのではないかという考え，弁護士は交渉に実質的な価値を付加できないという考えなどから，自社の従業員のみで契約交渉を行う方がよいと考えている。

　比較的シンプルで小規模な取引の場合，上記理由の多くはもっともなものである。しかし，こうした取引でも，取引が潜在的に複雑になるおそれがある場合や，クライアント企業にとって一定のリスクを伴う場合には，注意が必要である。実務ではしばしば，①弁護士がクライアント企業から契約書のファーストドラフトの作成を依頼された後，②当事者間の交渉が弁護士抜きで行われ，その交渉に従ったクライアント企業又は相手方によって契約書の修正が行われ，③当該修正版について弁護士がレビューを再度依頼されることがあるが，このような進め方には以下の様々な問題がある。

　第1に，弁護士は，交渉に同席していなかったため，交渉結果が契約書の修正文言に正確に反映されているか確信を持つことができない。この場合，弁護士としては，クライアント企業が契約書の修正文言および当該修正の影響を理解していることを確認し，また，当該修正が合意内容を正しく反映していることを確認することが重要となる。しかし，修正に関する当事者間の実質的な合意がある場合，この段階で修正文言について弁護士が異議を唱えることは，重大な事項でない限り難しい。こうしたシナリオにおいて弁護士にできる最善のことは，クライアント企業にとって不利益な譲歩や妥協となり得る交渉をクライアント企業が開始する前に注意を喚起することであろう。

　第2に，クライアント企業が，契約書の法律に関連する規定，特に一般条項（boilerplate provisions）について，その重要性を理解していない場合に問題が生じる。たとえば，ある実例では，クライアント企業が交渉において準拠法を日本法から相手方の所在国法に変更することに合意してし

まったため，同国の弁護士に助言を求めることが必要となり，その結果，同国法上の問題が土壇場になって浮上したということがあった。別の例では，クライアント企業と相手方の両方が満足するよう，クライアント企業が日本法と相手方の所在国法の両方を準拠法とし，両国の言語の契約書をいずれも正本とすることに合意してしまったということがあった。後者の例では，当該契約に関する紛争が生じた場合，いずれの法域で当事者が訴訟等を提起するか，裁判官又は仲裁人がどちらの言語の契約書を使用するかによって当該紛争がどのように処理されるかが大きく異なってしまうことは言うまでもない。

　第3に，契約書の修正は，クライアント企業が認識していない契約書のメカニズム上の問題を引き起こす可能性がある。弁護士は，契約書を作成する際，クライアント企業の利益を保護する，又はクライアント企業が懸念を有する問題に対処するためのメカニズムを組み込む場合がある。しかし，クライアント企業が契約書に組み込まれたメカニズムを十分に理解していない場合や，契約書の異なる部分が相互に関連し合っており，契約書のある部分を変更すると他の部分に影響を及ぼすことを理解していない場合がある。以下では，実例に基づくケース・スタディを紹介する。

ケース スタディ No.4　契約の相互関連性

　X法律事務所は，ある日本企業（以下「N社」という。）から，東南アジアの相手方企業（以下「G社」という。）に製品を供給する取引を行うに当たり，契約書のドラフト作成の依頼を受けた。N社は，われわれに契約書に記載すべき条件を連絡する中で，N社がG社からの強い要望を受けて，Nへの発注の一切には拘束力があり，N社は発注を受けた製品を全て出荷しなければならないことに同意したと述べた。N社の取締役会はこの要望に同意する代わりに，1月当たりの受注数量の上限を設けるとともに，G社に請求書の支払期日を15日以上過ぎても未払いがある場合，G社からの受注を拒否できる規定を設けることを要求した。また，N社の取締役会は，法務部に対し，G社との取引残高を3か月分の最大受注量の合計相当に留めるよう指示する一方，当該制限は契約書に明記しないよう述べた。

　上記指示を受け，Ｘ法律事務所は，製品の受注・出荷および支払いについて，以下のようなプロセスを契約書に規定した。

①　Ｇ社は毎月5日（5日が営業日でない場合，翌営業日）までに発注書を提出し，Ｎ社は当月末までに製品を製造・出荷する。

②　支払期限は製品出荷の45日後とする。たとえば，ある月の初めに受注し，月末に出荷した製品の代金は翌々月の15日が支払期限となる。

③　その結果，ある月に出荷した製品の代金が翌々月の月末までに支払われない場合，Ｎ社はその翌月以降受注を拒否する権利を有することになり，自動的にＮ社が希望するＧ社との取引残高の水準が維持される。

　ところが，その後Ｎ社は，Ｘ法律事務所のサポートを介さずに契約交渉を行うことにした。交渉終了後，Ｎ社が契約書の修正を行い，両当事者が署名する直前にＸ法律事務所に契約書の最終確認を依頼した。当該契約書案を確認したところ，Ｇ社から要請があった場合，Ｎ社は最長で60日間製品を保管し，出荷を延期する義務が含まれていることが判明した。Ｎ社によれば，Ｇ社が保管スペースを確保できないとのことであり，一定の保管料等をＧ社がＮ社に支払う旨約束したこと，Ｎ社は保管スペースに余裕があったことから，これに合意したとのことであった。

　しかしながら，Ｎ社は，当該保管・出荷延期規定に関する譲歩によって，取引残高を制限するための上記プロセスが機能しなくなるおそれがあることを認識していなかった。すなわち，ある月の製品の出荷が延期された場合，当該製品に関する支払期限も延期される結果，Ｇ社との取引残高が取締役会の指定した数量より膨らんでしまうおそれがあった。Ｘ法律事務所がこの点をＮ社に指摘したところ，契約書の再交渉が必要となり，当初予定していた契約締結期限を徒過してしまった。

(2)　契約交渉担当者および弁護士の役割の拡大

　より複雑な国際ビジネス契約の交渉担当者および弁護士の役割は，法律知識や法律スキルの提供のみならず，いわば general contractor になることである。複雑な取引においては，関与者，専門知識，分析，ロジスティクス等の諸要素が関与するため，全ての作業をスケジュール通りに完了させ，関与者の全員が正しくその機能を発揮し，全員の情報共有を確保することがより困難になる。法務部員又は弁護士は，時としてこうした状況下

でマネジメントを行うのに最もふさわしい立場にある。また，比較的単純
な国際ビジネス契約の交渉担当者および弁護士は，交渉内容と契約の具体
的な文言とを結びつける必要から，交渉における発言のハンドリングを行
うことが適切である。契約交渉担当者および弁護士は，「全体像」および
交渉目的に目を配りながら，最適な交渉成果を達成するための潜在的な障
害についても併せて認識しておくことが望ましい。

　多くの契約交渉担当者および弁護士が，自らの法律知識が取引の成功に
とって最も重要だと考えるかも知れないが，交渉段階にあるクライアント
企業の多くは，契約交渉担当者および弁護士を，単なる取引の法的側面に
関する交渉の担当者としてだけではなく，交渉のプロフェッショナルであ
り，時にはチームを交渉のゴールまで導き，相手方と良好でプロフェッ
ショナルな関係を維持しつつ，有用で公正な合意に導く交渉のマネー
ジャーとして期待している。国際ビジネス契約の交渉担当者および弁護士
は，こうした期待に応えられるよう，熱心に案件に取り組むことが求めら
れている。

　国際ビジネス契約の交渉および交渉準備において，契約交渉担当者およ
び弁護士は以下の全部又は一部を行う必要がある。

　　——クライアント企業の取引に関する前提および期待事項を明らかにす
　　　ること
　　——クライアント企業の戦略立案および交渉に係る優先順位付けの手助
　　　けをすること
　　——クライアント企業が交渉チームを組織する手助けをすること
　　——相手方の行動や発言を分析すること
　　——クライアント企業にとって実現可能な最高の取引を実現するため，
　　　「パイ」を大きくし，クライアント企業の優位性を最大限に活用し，
　　　最もコストのかからない譲歩を行う等，交渉スキルを発揮すること
　以上の多くが，相手方と交渉を行う前の準備段階に関わるものである。
そこで，次章では交渉準備について述べたい。

第 6 章

交渉準備

Negotiation Preparations

1 概　論

　交渉の専門家の多くは，交渉の最も重要な段階は準備であると述べている。実際に，交渉担当者が最適な結果を出すことができない文化的な理由以外の理由を検討してみると，その理由の多くが，両当事者が交渉のためにテーブルに着く前の出来事に関係していることが分かる。また，第5章で検討した文化に関連する問題は，交渉開始前にその存在および影響を把握しておくことにより，最小化することが可能である。本章では，複雑な国際ビジネス契約の交渉に備えるための最善のプラクティスについて検討する。

　効果的な交渉戦略を策定するためには，クライアント企業の立場（ニーズ，希望，期待，目標，取引における提案等）を具体的に理解しておく必要がある。こうした理解のためには，「三角法」を用いる必要がある。すなわち，クライアント企業側からの視点のみでクライアント企業の立場を見るだけでは不十分であり，それ以外の2つの視点，すなわち，商品やサービスその他契約の目的に関する「相場」に関する視点（さらには契約内容の「相場」に関する視点），および相手方当事者からの視点を持つことが必要である。相手方が利用できる市場における他の選択肢および相手方の視点を具体的に把握することによって，初めてクライアント企業が有する優位性を判断することができ，そこから交渉のための有用かつ現実的な戦略を策定することが可能になる。最後に，交渉チームの構成，各チームメンバーの役割，交渉のスケジューリングその他の問題を考慮しなければならない。もし弁護士が複雑な国際ビジネス契約の交渉でクライアント企業を代理する場合（又は会社の交渉担当となった場合），少なくとも以下の事項について検討しておくことが必要となる。

　　①　クライアント企業の立場を把握すること

② 関連市場および取引状況について理解すること
③ 相手方の立場を把握すること
④ 戦略の立案およびBATNAの検討
⑤ 交渉チームの構成
⑥ スケジュールその他事項の準備

　交渉に当たっては，常に柔軟性を備えておくことが必要である。上記の全ての問題についてあらかじめクライアント企業との協議において詳細を詰めることができれば理想だが，時間的制約，予算その他の問題により難しい場合もある。いかなる理由があっても，状況に応じて最善の方法で，柔軟に準備事項の優先付けを行い，時間管理を行わなければならない。

　日本のクライアント企業との交渉準備においては，内部コンセンサスを得るための議論に時間を要してしまい，その結果，本来議論すべき問題に対する準備が不十分に終わることがしばしばある。時には，取引に関連する重要な問題に対するアプローチについて，コンセンサスが形成されたのかさえ定かでないこともある。準備時間がないことは，交渉チームがミッションを明確にすることを妨げ，実際の交渉で混乱や右往左往を招き，結果時間を浪費し，当方および相手方の双方に不満を生じさせることになりかねない。このような場合，交渉担当者および弁護士は十分な交渉準備を行うため，準備時間を確保するよう努めることが不可欠である。しかし，究極的には準備時間を決定するのはクライアント企業であることから，弁護士は与えられた時間の中で全力を尽くす他ない場合もある。

In Focus

自身の立場の過大評価

　多くの人は，視覚とは，脳が目という窓を通して，目の前に存在するものを単に認識することにより成り立っていると考えている。しかし，実際には，脳は目からデータを受け取り，そのデータを解釈して，脳内で全く新しく編集された視覚的ないわば「フィルム」を作り出しているのである。目の焦点は常に動いているにもかかわらず，視覚は安定しているように感じられるが，これは脳がスムーズな「物語」を作り出し，重要と考えられる事項に集中する手助けをするため，ギャップを埋め，幻を生み出しているからである。これが書物で見かける多くの錯視の原因である。

　同様に，脳は，われわれの精神的安定を維持するよう，五感から得られるデータをそのまま知覚するのではなく，解釈することにより，私たちを取り巻く世界を認識している。われわれが世間で行動するには，躊躇いがちになって成功可能性を低くすることがないよう，一定程度の自信を持っていることが重要である。そのため，脳は，心理学者の言う「過信効果」—自分が実際より多くのことを認識していると思い込み，自分や自分に関連する人や物事を，実際より上位に位置付ける—を生み出す。興味深いことに，過信効果は一般人より専門家により強く見られることがある。過信効果は，証券アナリストや医師，弁護士といった専門家のアドバイスにも影響を及ぼしている。本章の文脈で言えば，過信効果は交渉当事者が自社製品やサービスを市場の製品やサービスと比較してどう評価するかに影響を及ぼす。

　また，心理学者が「確認バイアス」と呼ぶものは，誰かがある考えを強く持っている場合，その考えに親和的な情報に優先的に注意が払われ，その考えに否定的な情報が軽視される傾向がある。このように，脳は，われわれが自信を維持し，ストレスや不安を避けるために，ある考えに対するわれわれの信念を補強する働きを持つ。

　しかし，過信効果や確認バイアスが，交渉に対する不合理な期待につながり得ることは明白である。国際ビジネス契約交渉に携わる者は，全体像の視点および批判的な視点を持ち，クライアント企業の立場および相手方への提案内容について客観的な証拠を収集し，必要に応じて，交渉に現実的に備えるために，会社の期待する水準を合理的な水準にするよう努力しなければならない。

② 交渉に当たって検討すべき事項

　以下では，交渉に当たって検討すべき事項（上記1①〜⑥）を詳細に解説する。

(1) クライアント企業の立場を把握すること

　Chapter 1の第2章では，国際ビジネス契約のファーストドラフトを作成するに当たってのチェックリストおよびその活用法について述べた。弁

護士が契約書のファーストドラフトの作成又は相手方から提出された
ファーストドラフトをレビューするに際し，クライアント企業との間で
チェックリストの検討を進めている場合，クライアント企業の立場を把握
するという作業の大半は既に完了しているであろう。すなわち，弁護士は，
クライアント企業の取引に関する期待および目標並びに取引の主要な条件
について既に議論している。もっとも，チェックリストの検討が進められ
ている場合でも，弁護士は更に以下のような取引の背景について詳しく把
握することが望ましい。

- [ ] クライアント企業が許容できる価格，契約期間，対象地域，表明保
  証等の範囲（ただし，クライアント企業が売主側である場合，価格につい
  ては，依頼した弁護士にも下限の開示を望まない場合があることに留意す
  る必要がある。）
- [ ] クライアント企業の相手方との過去の取引実績又は同種若しくは類
  似取引に関する相手方以外との取引実績
- [ ] 本取引に伴いクライアント企業に発生する追加のリスク
- [ ] 本取引に伴いクライアント企業に発生する副次的な利益

　交渉チームは，準備段階において交渉対象，裁量，リスク，報酬，優位
性等についてできるだけ多くの背景情報を学んでおくことで，交渉中の相
手方からの質問対応等のために交渉を中断せずに済ませることができる。
準備段階で内部確認しておくべきような事項について確認するために交渉
を中断すると，交渉の流れを止め，相手方に当方の交渉能力に関する信頼
を失わせるおそれがある。相手方の交渉準備が万全の場合，相手方は交渉
目的を明確にしており，また交渉に関する一定の譲歩や決定を行う権限を
有する者が出席している。こうした場合に，当方が同様の準備を整え，
「ディール」の用意が出来ていないことを相手方が知ると，失望すること
になる。

　弁護士が契約書のドラフトを作成しておらず，かつクライアント企業と
チェックリストを利用してドラフトの確認を行っていない場合，チェック
リストを利用してドラフトを検討し，上記の各問題について協議しておく
ことが望ましい。

(2)　関連市場および取引状況について理解すること

①　関連市場について

　弁護士が，交渉準備段階において，取引における提案内容をクライアント企業と協議する場合，自らの立場を極めてポジティブに捉えるというクライアント企業の傾向に対し，批判的に検討することが重要である。これは，上記で取り上げた「三角法」の概念が必要となる理由の１つである。三角法の第２の視点は，関連する「市場」および「取引状況」の観点から，クライアント企業の取引における提案内容を確認することである。「市場」については，以下の点が検討対象となる。

- □　一方当事者又は全当事者が活動している市場における価格
- □　市場における需給のバランス
- □　クライアント企業および相手方の事業規模
- □　取引対象となる商品やサービスの価値に影響を及ぼす知的財産権その他の問題の状況
- □　取引対象となる商品やサービスの利益率，供給リスク等

　また，契約書のドラフトの内容自体の相場を検討することも考えられる。たとえば，M&A契約に関し，表明保証の範囲・条件が相場に照らしてどの程度であるべきかを相手方と議論することがあるが，表明保証の範囲・条件について相手方からの反論が予想される場合，交渉開始前に，最近のM&A取引契約のドラフトに関する傾向を調査しておき，当方の主張の裏付けを取ることが考えられる。このような外部的・客観的な基準の利用は，**第５章の２**で取り上げた*Getting to Yes*の著者らも推奨するところである。

②　取引状況について

　次に，「取引状況」については，各当事者の立場および取引のタイミングに関する以下の点が検討対象となる。

- □　当事者のいずれが財政面その他の問題を有しているか。
- □　各当事者にとって，本取引がどの程度重要か，どの程度のモチベーションを有しているか。
- □　各当事者の取引のモチベーションおよび交渉の進行に影響を及ぼし得る外部的な要素があるか。

　クライアント企業が，自社の提供する商品やサービスの品質，重要性，

独自性や相手方のニーズについて自信を持ち過ぎていることがあるが，余りに楽観的な見方で交渉に臨むと，戦略立案が疎かになり，望まない結果をもたらすことがある。クライアント企業の視点のみならず，関連する「市場」や「取引状況」といったより客観的な視点から見るプロセスを通して，クライアント企業の立場の相対的な強みや弱みを現実的に分析し，クライアント企業が交渉においてどのような優位性を有するのかを理解することが望ましい。このような過程において，クライアント企業が気付いていなかった優位性に弁護士が気付く場合もある。

(3)　相手方の立場を把握すること

　交渉では，タームシートや契約書のドラフトにおける相手方の立場のみならず，相手方が本取引によって得たいと望んでいる事項をある程度理解して交渉に入ることが，より一層望ましい。このことが，三角法における第3の視点である。弁護士は，クライアント企業の取引に対する真の目標や期待を把握したいと考えるのと同様に，相手方の取引に対する真の目標や期待についても可能な限り知りたいと考えるだろう。また，相手方がクライアント企業およびクライアント企業の提案内容をどのように評価しているか把握することも同様に有用である。たとえば，市場との比較に基づき，供給契約においてクライアント企業が供給する商品やサービスの有利や不利な点に関する客観的な視点を確立していても，相手方である買主の特定のニーズを満たしていない場合，クライアント企業が相手方に対する十分な優位性を確立したり交渉戦略を確立したりすることができないことからも，この点が重要なことは明らかである。

　相手方の情報を得る最善の方法は，シンプルに相手方に取引の目的や需要，希望について質問し，相手方の回答を注意深く聴くことである。適切な質問および注意深い回答の聴き取りが，いかに重要であるかについては，どれほど誇張しても言い過ぎにはならない。適切な質問によって相手方の需要や目標への理解に関心があることを示すことができるし，注意深い回答の聴き取りにより，相手方の立場の背後にある問題に焦点を当て，よりクリエイティブな議論や，交渉のパイを拡大する機会を広げることが可能になる。われわれの描く相手方の需要や希望に関する仮定は誤っているこ

とも多い。適切な質問および注意深い回答の聴き取りを行うことにより，真の相互理解が可能になり，より協調的で統合的な交渉を行うことが可能となる。

相手方の考え方や視点に関する質問は，早期の段階から始めることが可能であり，かつ望ましい。相手方との窓口となるクライアント企業の担当者に，交渉に先立って，相手方が取引において何を重視するかをあらかじめ把握するよう要請することも考えられる。また，交渉の場は，立場に関する応酬のみに時間を費やすべきではなく，交渉をクリエイティブかつ前向きに進めるための情報交換にも時間を割くべきである。たとえば，相手方の関心は主に価格にあるのか，工場の生産能力の活用なのか，長期に及ぶ安定的かつ確実な供給にあるのか，品質や高付加価値にあるのか，あるいはクライアント企業との共同開発にあるのか。相手方が上記の全ての要素が重要であると述べたとしても，これらの要素には優先順位が存在し得る。こうした情報を知ることで，クライアント企業の優位性を確立し，交渉においてより良い提案を行うことが可能になる。

最後に，相手方の立場について考える際，相手方のどの担当者が実際の決定権者なのか（又は決定に当たってのキーパーソンなのか）を知ろうとすることは極めて重要である。交渉のスケジュールを立案するに当たっても，こうした情報を知っておくことは有用である。交渉では，こうしたキーパーソンに対して議論を向けることが必要になる。

(4) 戦略の立案およびBATNAの検討

契約交渉のための戦略策定とは，クライアント企業が有する優位性について判断し，当該優位性を交渉中にどのように利用すべきかを決定し，交渉の着地点を見出すに当たってクライアント企業が交渉事項についてどのような優先順位を持っているかを判断し，相手方とコミュニケーションを図る方法について判断することである。

① 優位性

交渉において，優位性とは，一方当事者が自身にとって望ましい方向に相手方を動かすのに役立つものである。クライアント企業の優位性は，通常，取引で相手方にオファーしている内容にある。たとえば，クライアン

ト企業は独自の製品やサービスを提供していたり，より良い価格や品質を提示していたり，大口の顧客であったり，相手方にとって価値ある評判やブランド名を持っていたりする。また，適切なタイミングで適切なポジションにいることがクライアント企業に優位性を与えることもある。場合によっては，優位性は相手方の資金繰りの問題であったり，心理的なものであったり，過去の関係から培われた信頼関係や自信に基づいていたりする。優位性の形は様々であり，交渉に当たってはクライアント企業にとっての優位性がないか常に確認することが望ましい。

他方で，クライアント企業が優位性をほとんど持っていない場合も現実には存在する。世界有数のメガバンクや事業会社が，市場のどのサプライヤーからでも入手可能な製品やサービスの中から，クライアント企業の製品又はサービスに関心を示すこともあるかもしれない。クライアント企業にとっては，こうした大企業が取引先になることに加え，大量受注を獲得することは大きなメリットであり，引き換えにリスク負担や価格の大幅なディスカウントに応じる価値があるかもしれない。しかし，こうした大企業がクライアント企業に更なる譲歩を求めてきた場合，どのようにアドバイスをするのがベストであろうか。

② BATNAの重要性

第5章で*Getting to Yes*の5原則の1つとして紹介したBATNAは，クライアント企業の優位性がより少ない場合，より重要になってくる。上述のクライアント企業の状況は，BATNAの意義および重要性を明確に現している。BATNA，すなわち最善の代替的選択肢は，仮定的ではあるが合理的なシナリオである。

上記の例を用いると，まず，クライアント企業が大企業との合意に至らず，現況で実現可能な事業展開のため，企業努力を行い，リソースを用いるとした場合，クライアント企業は大企業からの大量の注文に応じることに代えて，合理的に以下の行動をとり得る。

・　大企業に対し大量供給を行った場合には関係を終了しなければならなかった取引先に対し，生産能力の80％を使用して，従前よりクライアント企業に有利な単価での製品供給を継続する。

・　大企業との交渉が終了したことにより，大企業との交渉の際に並行

して交渉中であった新規顧客を獲得することが可能となり，当該顧客からの新規受注のために生産能力の10％を使用する。
・　残りの生産能力を使用して，新規市場を開拓する可能性がある新製品を開発する。

　上記のシナリオは，仮定的ではあるが合理的に実現可能なシナリオであり，クライアント企業が取引を成立させるため，大企業の要求する譲歩に応じた場合のシナリオと比較して，どちらが顧客にとって良いシナリオか比較することが可能となる。各シナリオの収益性とリスク，実現可能性，潜在的なリスクとリターンについて，BATNAを通じて検討することが可能となる。

　大企業との契約が締結される前に会社側にしっかりとした代替シナリオがなければ，クライアント企業は大企業との交渉においてほとんど優位性を持たず，譲歩の限界について境界線を引くことが難しくなる。大企業との取引とBATNAとの比較は難しいかもしれないが，クライアント企業は，これ以上大企業に譲歩した場合，契約を締結しないよりも悪い立場に陥るということを理解することが可能になる。BATNAはこうした境界線を明確にする最善の手段である。

(5)　優先順位

　現実の世界では，交渉によって望むものを全て手に入れることは極めて稀である。通常の場合，何らかの譲歩が必ず必要となる。重要なことは，相手方にとって最大限利益となり，かつ，クライアント企業にとって不利益が最低限になるような譲歩を行うことである。両者は必ずしも一致しない。相手方の要求やニーズに合致しない結果，相手方に大きな利益をもたらさず，クライアント企業にとっても痛みを伴うような譲歩が行われ得ることは想像に難くない。クライアント企業が進んで受け入れることのできる譲歩や，相手方が要求してくることが予想される譲歩について，譲歩した場合のコストを把握し，コストが低いものから高いものに優先順位をつけることが準備段階において大きな意味を持つ[1]。

---

　1 ）譲歩に関する優先順位を付けるのに際し，クライアント企業は自社の要望やニーズの価

もっとも，この作業は大きな第一歩ではあるが，分析の半分にすぎない。相手方が本当に何を望んでいるかを理解しなければ，クライアント企業は真の利益を得ることなく，譲歩するだけになってしまうかもしれない。よい交渉とは，この逆を実現することである。

繰り返しになるが，交渉の相手方に対して質問し，注意深くその回答を聴くことが重要である。交渉の段階では，たとえば，質問を次のように仮定の形で表現することも考えられる。「仮により大きな価格のディスカウントと引換えに，毎月の最低購入数量が固定される取引と，毎月の最低購入数量を設定せず，毎月の取引が一定の数量を超える場合により小さなディスカウントを行う取引では，どちらが貴社にとって望ましいでしょうか？」

もちろん，相手方は，買主として，ディスカウントと毎月の最低購入数量の不存在の両方を望むだろうが，ポイントは，どちらが相手方にとってより重要なのか，すなわち相手方の優先事項は何か，である。仮定的な疑問は，正しく表現されれば，約束や提案とは解釈されるものではなく，一方にとって低いコスト負担で他方により大きな利益をもたらすことにより，両当事者にとってのパイを拡大する一助となるであろう。

(6)　交渉アプローチの選択

弁護士は，交渉準備の一環として，交渉において交渉チームが用いるべきアプローチをクライアント企業と検討することが必要になる。

クライアント企業の中には，強力な優位性を有し，他の取引先を容易に見つけることができることから，重要ではない製品（低利益，低リスク，代替可能な商品）の購入に関する交渉の際に，強硬姿勢をとり，ウィン／ルーズアプローチ（win／lose approach）を採用したいと考えるかもしれない。また，1回限りの取引の場合，クライアント企業は，取引後に相手方との継続的な関係が存在しないため，同様のアプローチを選択する可能性がある。このようなアプローチを用いた場合，おそらく相手方も同様のア

値も考慮しなければならない。主要な要望又はニーズをいくつか放棄するよう要求される可能性もあるため，その相対的な重要性と，当該相手方の要求がクライアント企業にとっての交渉破局要因（deal breaker）になるかどうかを，あらかじめ検討すべきである。

プローチを強いられるだろう。こうしたアプローチによって，取引から得られる最大限の利益を得られるかも知れないが，他方で最終的に契約が締結できなくなったり，相手方の不満から契約後に紛争が発生したりするリスクが存在する。

　われわれの経験では，一般的に，日本のクライアント企業は上記アプローチより合理的で協力的なアプローチをとることを望むことが多い。特に，両当事者が緊密に連携することが求められる場合，今後の両当事者間の関係強化の礎となるように双方にとって有益な合意を希望することが多い。他方，「タンゴを踊るには二人の存在が必要」(It takes two to tango)であり，相手方が同じダンスを踊ってくれない場合にはこのアプローチが機能しない可能性があり，そうした場合には交渉アプローチの修正が必要となる。

(7)　交渉チームの構成

　通常，交渉チームのメンバーを決め，弁護士のチームへの参加の有無や関与の程度を決めるのはクライアント企業である。小規模な取引では，交渉チームは営業部門，製造部門，研究開発部門といった，取引に利害関係を有する部門を代表するクライアント企業の従業員から構成されることが多い。

　大規模M&Aのような複雑な交渉の場合，特定の役割を果たす外部の専門家が交渉チームに加わることが多い。たとえば，ファイナンシャルアドバイザーがバリュエーションや財務デューデリジェンスに関する業務を担い，環境の専門家が汚染された敷地や有害物質の保管施設に関する潜在的なリスクを検討し，国際税務の専門家が各国における税制上のメリットを最大化するためのストラクチャーを構築するといった具合である。

　多くの専門家が関与する更に複雑な交渉においては，クライアント企業によって，法務を含む各専門家の役割や責任，権限が当初から明確に定められていることが多い。そのような定めがない場合，弁護士は，取引に関して，少なくとも自身のチームにおける業務，役割，職務，権限の範囲を自ら確認するとともに，クライアント企業のチームのどのメンバーに報告を行い，どのメンバーから指示を受けるのか自ら確認する必要がある。ま

た，それほど複雑でない交渉においては，弁護士からクライアント企業に対し，役割，職務，権限，報告体制について明確にしてもらうよう要請する必要があるかもしれない。いずれの場合においても，弁護士は，自らの権限や業務範囲を超えることがないよう，可能であれば書面で，明確な指示を受ける必要がある。

　弁護士は，必ずしもそうとは限らないが，時として国際的な交渉を主導するよう求められることがある。これは特に，交渉の当事者が一般的な議論を終え，最新版の契約書のドラフトをリバイズする段階に入った際によく見受けられる。必要な言語スキルを有していることを前提とすると，弁護士にとってこの時点で自らが主導権を握るのは自然な流れだろう。なぜなら，交渉プロセスを終えた後，当事者間の全ての合意，譲歩および交渉を記録して証明し，将来当事者が取引に関する活動を行う際の「ビジネスの羅針盤」となるのが契約書だからである。クライアント企業が相手方と合意した内容を，全て，可能な限り正確に契約書に反映させることは，弁護士の基本的な責任である。交渉を主導しない場合であっても，弁護士は，当事者間の全ての合意を契約書に適切に反映させるために合意内容を明確に理解できるよう，当事者間の協議に参加出来るようにしておく必要がある。

　交渉チームのメンバーのうち見過ごされることが多く，見過ごすとチームの不利益になるおそれがあるのが通訳者である。通訳者は交渉において様々な役割を担う可能性がある。当事者双方が同じ言語を使用せず（国際取引において日本企業がよく直面するケースである），英語等の第二言語も利用できない場合，通訳者は全てのコミュニケーションのパイプになる。時として通訳者は，英語を話すメンバーが行っている交渉の大まかな方向性を，英語を話せないメンバーに対して伝えるためだけにチームに参加する場合もある。いずれにせよ，通訳者の役割は，**Part 3 第10章**でより具体的に述べるとおり，きわめて重要である。ここで重要なことは，交渉チームが相手方とのコミュニケーションに当たって通訳者に依拠する度合いが大きいほど，取引の主要な論点，背景，対象製品・サービス等について，交渉開始前に通訳者に説明する時間を確保することが重要になるということである。多くの人は，通訳者への説明は語彙の説明のみでよいと考えてい

るかもしれないが，そうではない。優れた通訳者は，質の高い通訳を行う
ために，自分が通訳する内容について理解する必要がある。そのためには，
通訳者との準備のための時間を十分に確保するべきである。

(8)　スケジュールその他事項の準備

　スケジュールの設定は重要でないように見えるかもしれないが，特に交
渉チームが相手方の国や文化に慣れておらず，十分に準備できていない場
合，スケジュールの詳細やその他関連事項が思いもよらない方法で交渉に
悪影響を及ぼす可能性がある。

　国際ビジネス契約の交渉期限が設定されている場合，各当事者が所在す
る各国の祝休日が表示されたカレンダーを入手し，1つのカレンダーにま
とめるとよい。複数の国々から複数の当事者が参加している場合，季節に
よっては2カ国以上で連続した祝休日があるために，会議が長期間行えな
い場合がある。相手方が対応可能であることが確実でない限り，フランス
人とは8月に交渉しようと試みないこと。また，敬虔なイスラム教徒との
交渉においては，ラマダン期間中は可能な限り避けた方がよいだろう。

　相手方との交渉に当たっては，交渉当事者間で旅費や渡航の負担が等し
くなるようにすることが望ましい。スポーツの試合の途中でフィールドの
サイドを変えるように，交渉に際して各当事者が相手方のオフィスや都市
を交互に訪問することは，象徴的のみならず現実的な（疲労の軽減などの）
意味を持つ。

　最後に，相手方との会議の前に，可能であれば，正しい敬称や名前の発
音を学ぶよう努力すると良い。相手方が祝休日に交渉している場合には感
謝の意を伝えることが望ましい。相手方がイスラム教徒の場合はハラル，
ヒンズー教徒の場合には牛肉を避ける等，食事の適切な手配を行うことも
必要である。確信が持てない場合は相手方に質問すると，大体の場合，配
慮に感謝されるだろう。日本人は親切なおもてなしで知られているが，プ
ロフェッショナルとしての観点からも，交渉に当たりこうした点に配慮す
ることが望ましい。

　昨今はSkype等の技術の発展により，テレビ会議を実施する機会が増
えているが，重要な交渉をface-to-faceで実施する重要性も失われていない。

In Focus

疲労と認識プロセス

　時差がある場合，飛行機を降りた後に直ちに交渉を行うのは間違いなく理想的でないし，相手方を著しく優位に立たせてしまう可能性がある。私たちの心理状態や態度，判断といった認知能力は，時差ボケ等の身体的な問題によって著しく損われることがある。ある研究によれば，[2] 米国のParole Boards（刑務所の受刑者と面接し，早期仮釈放を認めるかどうかを決定するための委員2～4人で構成される委員会）によって早期仮釈放が認められた割合を調査したところ，圧倒的多数が午前中の早い時間帯と昼食直後に認められたことが明らかになった。一方，昼食前と午後の遅い時間においては，仮釈放が認められた件数は圧倒的に少なかった。この現象は，米国内で広く見られた。

　研究の結果，研究者らは，空腹や疲れ，低血糖がこうした事象の原因である可能性が高いと結論づけた。大多数の人の人生に重大な影響を及ぼすParol Boardsの専門家でさえ，疲労が公正で一貫した決定に影響を及ぼしてしまうことに気付いていない可能性があるのである。

　このことが事実ならば，交渉チームにおいても同様のことが言えるだろう。交渉セッションを綿密にスケジューリングし，交渉をまとめ上げるために譲歩や提案をする最も難しい局面に係るタイミングを慎重に検討する必要がある。必要がある場合には本社と協議する時間を確保するとともに，可能な限りストレスのない環境で最高の決断ができるようにしておくことが望ましい。

③ 交渉の早い段階から弁護士に関与させることの重要性

　本章の最後に，弁護士が意思決定過程や交渉準備過程に早期から関わることの重要性について一言述べておきたい。人間がどのように考え，決断を下すかについて述べた最も有名な作家の1人であり，「水平思考」（lateral thinking）という概念を生み出したエドワード・デ・ボノ（Edward de

2）S. Danziger, J. Levav and L. Avnaim-Pesso, "Extraneous Factors in Judicial Decisions"; Proceedings of the National Academy of Sciences, Vol. 108, No. 17,(2011),(available at https://www.pnas.org/content/pnas/108/17/6889.full.pdf).

Bono）は，以下のように述べている。「思考とは，他の手段によってなさ
れた決断を正当化するために行われるものである」（"Thinking is what we
do to justify decisions made by other means."）[3]。認知科学者は，現在，問題
が個人的か，金銭上のものか，事業上のものかにかかわらず，また，主体
が専門家か，教授か素人かにかかわらず，われわれが下す決断のうち，質
の高い分析や論理的思考のためのルールに従って行われるものはほとんど
存在しないと考えている[4]。

　ほとんどの場合，私たちは「直感」で考え，直感に基づく決断を理由付
けすることによって事後的に正当化する。これは必ずしも悪いことではな
い。なぜなら，私たちの直感や潜在意識は，多くの経験に基づいており，
自覚されないわずかな手がかりに基づいていることが多いからである。し
かしながら，同時に，人間が偏見やバイアス，様々な心理的トリックに
よってしばしば動かされる理由も直感であり，結果として不適切な決断を
下すことがある。そして，一度決断を下すと，心の中で決断を変えること
は困難になる。実際，心理学の実験で，自分が決断した立場と逆の立場に
親和的な有力な証拠を見せられると，逆に自分の決断が正しかったという
自信を深める結果になる可能性があることを示しているものがある[5]。

　弁護士にとって，上記の事実は，クライアント企業が「右」に行こうと
決めた場合，「左」に行くようアドバイスすることが極めて困難になるこ
とを意味する。日本では，特定の専門家（先生）はクライアント企業から
敬意を払われるため多少は容易かもしれないが，クライアント企業が既に
決定を下している場合に強いアドバイスを行うことを躊躇う弁護士が日本
には多いので，結局は困難なままかもしれない。いずれにせよ，ひとたび

---

3) Edward de Bono, "de Bono's Thinking Course: Revised – Updated"; BBC Books,(1994),
　　page 25.
4) Daniel Kahneman および Amos Tversky という 2 人の心理学者により，1970年代からこ
　　の分野の研究は急速に発展した。両氏は人間が純粋に論理的な決定を下すのを妨げる構造的
　　なバイアスについて論じ，Kahneman氏は後にノーベル経済学賞を受賞した。両氏の取組に
　　ついては，Michael Lewis, "The Undoing Project: A Friendship That Changed Our Minds"
　　(W. W. Norton & Company, 2016) が詳しい。
5) "How to Convince Someone When Facts Fail" by Michael Shermer in the January 1,
　　2017 edition of Scientific American, (available at https://www.scientificamerican.com/
　　article/how-to-convince-someone-when-facts-fail/) and C. Tavris and E. Aronson, "Mistakes
　　Were Made (But Not by Me)"; Harcourt,(2007) などを参照。

決定がなされると，クライアント企業に誤りを認めさせたり，決定を覆させたりするような助言を提供することは極めて難しいことである。

　この場合，弁護士の最も重要な役割の1つは，特定の課題や問題について，事実や状況をできるだけ現実的かつ客観的な方法で示し，最善の答えを見つけるために，クライアント企業が批判的思考や論理的思考を用いるようサポートすることである。しかし，一旦クライアント企業が決断を下し，時間が経過するにつれて，このことは困難になる。心理的な事象だけがその理由ではない。クライアント企業が既に取締役会の承認を得たり，社内に発表・開示したりして，当該プランを実行するための準備を開始している可能性もあるからである。

　弁護士は，可能な限り早い段階で，意思決定プロセスに関与し，論理的な説明を行うことにより，クライアント企業にしっかりとした理由に基づく決定を行わせることが望ましい。弁護士には常にそういった選択肢や機会が与えられる訳ではないが，国際ビジネスの契約交渉において可能な限り早い段階で弁護士が関与することの重要性について，クライアント企業にあらかじめアドバイスしておくことも有益かも知れない。

第 7 章

交渉プロセス

The Negotiation Process

　前章では，国際ビジネス契約の交渉に当たって柔軟性が必要であることを強調した。弁護士は，必ずしも交渉の準備を十分に行うための時間やクライアント企業からの協力を得られるとは限らず，また，いかなる場合であっても，相手方の交渉アプローチその他の想定外の状況に適切に対応する必要があることから，確定的な交渉計画を作成することは，ほぼ不可能である。交渉の場における良い交渉の鍵となるのも，やはり柔軟性である。

1 交渉の典型的な流れ

　初めに，交渉には多くのシナリオが考えられる。取引の両当事者は，契約書への修正やコメント，修正理由を契約書内又は電子メールに付し，契約書のドラフトを電子メールでやり取りするのが一般的である。修正には，単純な誤記の訂正その他議論の必要のない変更も含まれる。

　この段階で譲歩する場合もあるが，われわれは，交渉初期の譲歩を，譲歩を行う当事者にとってコストの低い小規模なものに留めること，および一方当事者にとって過度に有利にならない，相互的な譲歩とすることを勧める。この例外は，一方当事者が，一方的に相手方に明らかに有利なドラフトを相手方から受領した場合である。この場合，ドラフトを受領した当事者は，あらかじめアンバランスな契約締結に合意していない限り，両当事者の関係を合理的なバランスに戻すため，あらゆるレベルの変更を伴うドラフトの修正を行って差し支えない。もちろん，どのような契約が一方的な契約であるか，あるいはバランスの良い又は合理的な契約かを定義することは必ずしも容易ではなく，それぞれの交渉力や，各当事者の有する優位性に拠る可能性が高い。

　当事者間の不一致が生じる主要な論点は，通常，交渉後半の駆引きのために残されていることが多い。交渉後半の段階において，こうした主要な

論点は，必ずしも1対1で譲歩し合うことが出来る（すなわち，「当方がこの点について譲歩する代わり，相手方が他の点を譲歩する」）という訳ではない。なぜなら，残された主要な論点に関し，それぞれの論点が他の論点と同等の価値を有する可能性は低く，また，論点はしばしば相互に関連しているからである。一方当事者（場合によっては両／全当事者）に，その当事者が受け入れ可能な譲歩と，相手方に行わせたい譲歩とを「パッケージ」として提案させることは，珍しいことではない。

　合意されていない主要な論点に関する，又はパッケージでの提案が議論される交渉セッションは，ほぼ常に対面交渉で行われる。こうした交渉セッションにおいては，両当事者の意思決定権者が同じ会議室にいることが極めて重要である。困難な交渉においては，各当事者の主要参加者を交えたセッションが複数回行われることがあり，時には当事者が交渉セッションの間に追加的な提案を検討するための時間を取る場合もある。こうした検討時間において，交渉の現状と，交渉の準備中に検討したBATNAとを比較するのもよいかもしれない。最終的に，契約書が修正の上署名されるか，交渉が決裂することになる。

　日本国内でのみ行われる取引では，相手方と数回の協議のみに留まるか，対面協議を行わないことが珍しくない。大半の交渉は，電子メールでのやり取り又は電話若しくは電話会議で行われる。会議が開催されても，当該会議は，たとえば最新版の契約書について協議するためといった，一方当事者内の内部会議であることが多い。これは，言葉の壁がなく，相手方の立場や論理を相互に容易に理解し得る国内取引では有効かもしれない。

　しかし，国際ビジネス契約の交渉においては，外国の当事者との対面交渉のための費用が国内の当事者との対面交渉のための交渉費用より多額となるにもかかわらず，相手方と対面で交渉しないことが極めて稀である。次のケース・スタディーで紹介するように，弁護士が相手方と対面交渉を行うことを強く勧めるべき場合もあるが，最終的に相手方との対面交渉を行うか否かは，クライアント企業および相手方のビジネス上の意思決定に拠る。

**ケース
スタディ
No.5**

行き詰まりを打開するための会議

　本件は，クロスライセンス・製品の相互販売等を含む国際商取引の交渉に関して，あるクライアント企業（以下「N社」という）を代理した事例に関するものである。日本に所在するN社およびヨーロッパに所在する相手方（以下「G社」という）は，一定の技術を共有した上で，各当事者が自社の販売地域で，自社の製品と相手方の製品を一緒に販売しようとしていた。N社は産業用ロボット用のソフトウェアを開発しており，G社は当該ソフトウェアを必要とするロボットの開発・製造を行うという関係にあった。

　G社の弁護士は，基本取引，ライセンス許諾および相互供給契約を含む一連の契約書をドラフトした。われわれは，契約書を精査し，広範囲に亘る修正を行い，相手方弁護士に改訂版を送付した。その後，われわれは，相手方から，基本的に元の文言通りで，われわれの変更がほぼ全て削除されたドラフトを受領した。われわれは，再度N社の求める修正を行うとともに，N社の見解を説明する様々なコメントを付して相手方に送ったが，再び当該変更がほぼ削除されたドラフトが戻ってきた。

　およそ9か月の期間，こうしたやり取りが繰り返され，その間電話等での直接の協議は行われず，ほとんど進展が見られなかった。われわれは立場を説明しようとしたにもかかわらず，G社から当初のドラフトに拘ることについて有益な説明を受けることはできなかった。

　N社は，本取引が両当事者にとって非常に良い取決めであるはずにもかかわらず，このような状況から本取引を断念することを検討し始めた。なぜ相手方と効果的にコミュニケーションを行うことができないのか分からなかったが，われわれはN社に対し，現状を打開するために対面交渉を提案することをアドバイスした。その結果，両当事者は，ヨーロッパにあるG社のオフィスで2日間の協議を行うことに合意した。もっとも，クライアント企業は，過去9か月に亘って進展が見られなかったことから，そのような短期間の協議で膠着状態を打開することができるか懸念していた。

　ヨーロッパに到着した晩，われわれはG社およびG社の弁護士との素晴らしい夕食会に招待され，そこでG社の社長は，われわれを温かく迎え，本取引を進展させるために共に励もうと述べた。その翌日，会議室で，両当事者の意思決定権者が出席して，主要な問題について協議が開始された

が，ひとたびN社側の変更の理由が明確に説明されると，相手方の決定は非常に迅速に行われた。協議の後，われわれは，問題が解決されたことから，直ちにプロジェクターを使ってドラフトの変更をその場で双方の弁護士の確認の下で行い，契約書を完成させてはどうかと提案した。懸命な2日間の作業により，われわれは，交渉を完了させただけではなく，契約書のドラフトを暫定的に完成させることができた。ドラフトは，両当事者の最終確認および決裁に10日間を費やした後完成した。

最後の夕食の際，G社の社内弁護士との間で協議開始前の進捗の遅れに関して話したところ，G社が，社内弁護士に加え，2つの別々の法律事務所の弁護士に検討を依頼しており，われわれの修正したドラフトは各弁護士にレビューのため送付されていたことが判明した。そして，各弁護士はG社との協議の機会や，G社からの十分な説明の機会がなかったため，われわれの修正案を快く受け入れられず，その結果修正が拒否され，元のドラフトがわれわれに送り返されていたことが判明した。

この事例では，契約の両当事者間ではなく，G社側におけるコミュニケーションの欠如に原因があった。そして，対面交渉は，G社とG社の弁護士を契約書の協議のため集まらせたことに最も意義があった。

この事例のように，相手方と対面しないと，遠くの相手方との交渉が不調となっている理由を理解することが困難な場合がある。

2 論理的交渉

たいていの交渉において，当事者は，最善の論理的な議論を尽くそうとする。しかし，国際ビジネス契約の交渉する場合の最善の論理は，高校や大学のディベートの論理や，哲学の授業での論理とは異なる。クライアント企業が相手方の誤りを主張するために論理を用いたり，クライアント企業にとっては合理的だが相手方の視点をほとんど考慮しない論理的主張を行ったりすることがしばしば見られるが，契約交渉で用いる論理が成功するか否かの基準は，ただ1つ，相手方が当方の提案を受け入れられるような説得できるか否かである。ただ技術的に正しい論理では十分ではなく，相手方に対して説得力のあるものでなければならない。

前章において，われわれは，交渉の準備段階での「三角法」の概念につ

いて説明した。三角法の３つの視点，すなわちクライアント企業の視点，
市場に関する視点および相手方の視点を用いる目的の１つは，議論を多面
的に見ることである。これによって，われわれは，クライアント企業の主
観的な視点のみを主張するのではなく，どのように相手方の利益および客
観的な基準を強調しながらわれわれの主張を組み立てるか，理解を深める
ことができる。

　一例として，弁護士がクライアント企業の製造する製品が注文書の日付
から２週間以内に納品できないことについて，その具体的な技術的理由を
説明することができるとする。仮に当該弁護士が，相手方が懸念している
のは相手方の製造スケジュールの中断原因となり得る欠陥品の存在である
ことを知っていた場合，単に出荷前検査に日数が掛かると述べるのではな
く，過度にタイトな納期で出荷すれば，検査期間を十分に確保できず，欠
陥品が生じる割合が高くなり，その結果両当事者の負担が増加し，相手方
の製造スケジュールにも影響を及ぼし得ると説明することができるかもし
れない。これら２つの説明は基本的に同じ主張かもしれないが，単にクラ
イアント企業の必要としていることが何か（本例では出荷前の期間）を述
べるのではなく，当該理由が相手方にとっても重要であることを明確に示
すことがポイントである。

　数年前に米国政府がアップル社に対して提起した価格協定に関する訴訟
のために，スティーブ・ジョブズ氏とニューズ・コーポレーションCEO
のルパート・マードック氏の息子であるジェームズ・マードック氏との間
でやり取りされた共同プロジェクトの最終交渉に関する電子メールが公開
された。本書の付録Ⅱに，その解説と電子メールのやりとりを掲載してい
る。交渉のプロフェッショナルであるスティーブ・ジョブズ氏が相手方を
説得するためにどのように主張を組み立てているか，是非ご覧いただきた
い。

　場合によっては，クライアント企業の提案の理由がクライアント企業に
のみ関連することが当然あり，こうした場合，相手方には合意に達するこ
と以外に譲歩に応じる利益がない。われわれの需要や要求に加えて，相手
方の需要や要求を満たす主張を組み立てることができない限り，われわれ
は，相手方に，相手方が望まない譲歩をするよう要求することになる。こ

のような場合，われわれの側に優位性があることや，引き換えに何らかの譲歩を行うことが必要となる。弁護士は，各提案が，論理的であり，更には関係当事者にとって取引をベストな方向に進めるために必要な方法であると関係当事者から認められるよう，最善の方法を常に検討しなければならない。

3　論理的交渉の基本ルール

　交渉を行う際には，常に，論理的主張のために以下のルールを頭に入れておくとよい。

(1)　個人的な攻撃を行うのではなく，相手方の主張のみを攻撃すること

　国際ビジネス契約の交渉に当たっては，個人的な攻撃を行うのではなく，相手方の主張のみを攻撃するべきである。ただし，相手方の主張に言及する場合でも，批判の方法については注意が必要である。相手方の主張が「ナンセンスである」，「馬鹿げている」と述べることはもちろん避けるべきであるが，「あまりに単純である」，「短絡的である」，「不正確な仮定に基づいている」と指摘することについても同様に注意すべきである。代わりに，別の観点からの主張や，他の考慮すべき要素を使って相手方を諭すことが望ましい。

(2)　平静さを保つこと

　怒りや苛立ちは正しい論理の妨げになるので，冷静でいるよう意識することが望ましい。侮辱されたと感じても仕返しをするのではなく，たとえば，「今日はハードな一日で，皆さん非常に疲れていると思いますが，両当事者にとって利益となる契約を締結するために最善を尽くしましょう」といった発言をすること。こうした発言によって，問題を当事者間の戦いとしてではなく，両当事者が共に直面している課題として捉え直すことが可能になる。また，怒りや苛立ちを見せず，行き詰まりや障害に真っ直ぐに立ち向かうことが望ましい。

⑶　勝てる戦いを選ぶこと

　相手側が強い優位性を有する場合，クライアント企業に対する最善のアドバイスは，収益性やリスクその他取引の重要な点に大きな影響を与えない些細な論点に関して争わないということであろう。このような場合，われわれは，勝てる戦いを選ぶこと（pick your battles）が重要であるとアドバイスする。相手方はクライアント企業との交渉の余地を多く残さないことが多いため，クライアント企業は，取引全体の成否を左右する問題についてのみ交渉しなければならない。この点については本章の後半で詳細に説明する。

　上記のルールに加え，以下のような戦略的な考慮も必要である。

⑷　第一印象の重要性

　以下の後述のMental Toolboxにおいて示すように，第一印象は極めて重要である。クライアント企業および弁護士は，最も重要な問題（通常，価格に関する問題が含まれる）に関して，相手方への最初のオファーを注意深く検討する。最初のオファーは，クライアント企業にとって最も有利なポジションを明確にするものであり，交渉の結果，そこから不利なポジションに下げられる可能性が高い。弁護士は，クライアント企業と協力して，合理的に正当化が可能な最善のオファーを行うことが望ましい。日本のクライアント企業は，相手方から合理的に見られることを重視し，あまり野心的でないオファーで交渉を開始することが多いが，相手方の利益を進んで理解するという姿勢や柔軟な姿勢を示しながら，良く練られた野心的なオファーを行うことにより，より良い第一印象を相手方に与えることさえ期待できる。

⑸　相手方とのやり取りの重要性

　相手方とのやり取りの一切が，相手方にとってある種の「教訓」になることに留意が必要である。やり取りを通じて，相手方は，どのように当方が課題や問題，ストレスに対処するかを見ており，将来どのように当方に対処するかを学んでいる。

　クライアント企業の最初のオファーは，クライアント企業がどのように

ビジネスを行うか，相手方に強い印象を与える可能性がある。また，交渉中に，相手方が苛立ちや怒りを表した場合に，クライアント企業が最後通告を受け入れ，大幅な譲歩を行えば，相手方はこの点に目を付けるだろう。相手方は，こうした戦術が効果的であると判断すれば，再び同様の戦術を使おうと考えるかもしれない。とりわけ，交渉セッションが，相手方にとってクライアント企業や依頼している弁護士を評価する最初の機会である場合，交渉セッションでの当方の一挙手一投足が契約締結後にどのようにクライアント企業と取引を行うかについて，相手方に情報を提供することになる可能性がある。

⑹　相手方の意思決定権者がいる場での議論の必要性

　重要な論点については，相手方の意思決定権者が交渉に立ち会っている際に最善の議論を行うべきである。当方の主張が下位の担当者に対してなされ，当該担当者が相手方の意思決定権者に対し，当方の主張を伝言ゲームの形で伝えるといった事態は避けるべきである。当該担当者は当方の主張を十分に理解していない可能性もあるし，理解したとしても当方と同じ感情や論理で当該主張を相手方の意思決定権者に伝えることはまずないと言ってよい。当該担当者は，当方の主張を，論理や説得力に欠けたものとして伝達することに個人的な利益を有する可能性もある。残念ながら，一旦当方の主張が相手方の意思決定権者に伝えられてしまうと，同じ議論を再度聴こうとする可能性は低く，最善のスキルや論理でこうした意思決定権者を説得する貴重な機会を逃してしまう。

The Mental Toolbox

第一印象の重要性

　2011年のベストセラー『Thinking, Fast and Slow（邦題：ファースト＆スロー）』において，著者のダニエル・カーネマンは，第一印象の強力な効果について論じた。彼は長年にわたり，人間の心の，興味深く時に奇妙な，習慣やバイアスについて数多く明らかにしている。

　以下は，2人の架空の人物，アランとベンの性格に関してカーネマン博士が作り出した興味深い心理学実験である。まずは，アランの性格についての以下の説明をお読みいただきたい。

　アラン：聡明，勤勉，衝動的，批判的，頑固，妬み深い

　ここで，最初に上記の説明を読んだ際に，あなたがアランの性格について，どのような心象を抱いたか考えてみて欲しい。

　次に，ベンについても同じプロセスを繰り返して欲しい。

　ベン：妬み深い，頑固，批判的，衝動的，勤勉，聡明

　ここで，上記の説明を読んだときに，あなたがベンの性格について，どのような心象を抱いたか考えてみて欲しい。

　この実験では，上記の2つの説明を受けて，大抵の人がベンよりもアランに好意的な印象を抱いた。しかし，戻って両者の説明をよく見ると，これらの形容詞は，並べられた順番を除き全く同じであることに気付くだろう。なぜ，多くの人々が，2人に異なる印象を抱くのか。

　進化論的観点から言うと，原始人が，遭遇した人や物について，友人なのか敵なのか，危険なのか安全なのかという点について，迅速に印象を持つことが重要であった。そこで，われわれの脳は，強力な第一印象を形作るように進化したのだ。この第一印象について，通常変更したり克服したりすることは難しい。

　上記のアレンに関する最初の2つの形容詞，「聡明および勤勉」という単語から，自然かつ即座にアランの好意的なイメージが形成される。残りの形容詞は，最初のイメージを踏まえて解釈される。「時には，賢く勤勉な人でも，多少衝動的又は頑固なことがあるかもしれないが，それほど悪いことではないだろう」といった具合に。

　他方，一度「妬み深く頑固なベン」という否定的な印象が形成されると，彼の衝動性や聡明さは，彼を一段と危険に見せることになる。「彼が自分の思い通りにならない時には，何をしでかすか分からない」といった具合に。

　第一印象の効果は，法廷弁護士，とりわけ，コモンローの下，陪審員の前で主張を行う者にとって，極めて重要である（もちろん，裁判官の前で主張を行う場合にも重要である）。冒頭陳述や証人の順番は，良くも悪くも，裁判官および陪審員に強い第一印象を作り出す可能性があるため，注意深く計画されなければならない。同様に，両当事者が互いに相手方を知らない場合，交渉における最初のオファーも，当事者の判断や自信（又はその欠如）について，相手方に強力な印象を与える場合がある。

仮定の質問による機会の創出

　前章では，交渉準備に関して，良い質問を行うことや聴き上手であることの重要性を強調した。既に示唆したように，交渉中においても同じ原理が当てはまる。相手方の関心に訴える主張を行うためには，前章で提示した仮定の質問の事例のように，相手方に優先事項や関心について直接質問することは全く問題ない。時には，筋の通らないことを言われたり，当方の仮定が不正確である旨示唆されたりすることもあるが，そうした場合でも質問を続けることは何ら悪いことではなく，多くの場合以下のような単純な質問をすることがベストである。

　「もう少し詳しく説明していただけますか」

　「興味深いですね。具体的にどのような結果をもたらすでしょうか」

　「取引のシナリオを作り，それがどのような結果につながるか見てみましょうか」

　ウィン・ウィン（win-win）の交渉に関心を持っている相手方にとって，こうした質問は，無作法なものではなく，むしろ議論をより創造的な方向に進め，共通の利益を見出し，困難な問題に対して相互の利益となる解決策を見出すための有益な手段として受け止められるだろう。もっとも，相手方は，質問に対して常に正直に回答するとは限らないことに留意することが重要である。

5　挑戦的な交渉のアプローチ　—SAT

(1)　SATとは

　相手方の関心に焦点を当てた論理的な主張を用いることや，共通点を見出し互いにとって望ましい解決策を生み出すために相手方に質問することは，交渉を協力的な方向に進めるための重要な手法である。しかし，われわれは，相手方が常に協力的なパートナーであると考えてはならない。概ね協力的に交渉してきた相手方でさえ，交渉プロセスを加速させたり，交渉の妥結前により多くの利益を得たりするために，以下の戦術を用いる可能性がある。こうした戦術は，**第5章**で説明した『*Getting to Yes*（邦題：

ハーバード流交渉術)』の著者によって生み出された概念である，「stonewalling（石垣構築)」，「attacking（攻撃)」および「trickery（策略)」であるが，3つの頭文字を取って「SAT」と略すると覚えやすいかも知れない。

①　石垣構築（stonewalling）

石垣構築の概念は，その名称自体からイメージできるかもしれない。相手方は，言わば「石垣」を築き，その石垣を越えて譲歩することは一切できないと宣言する。よく目にする石垣構築戦術として，当事者が，予算の制限や，会社の方針上の制約，期限を遵守しなければならない旨を述べ（真偽の程は不明だが)，こうした制限は担当者の裁量の範囲外であり，制限を超えるものについて検討する余地がないと主張すること等がある。

②　攻撃（attacking）

攻撃交渉もまた，容易に理解できる。相手方は，クライアント企業にとって困難な問題に関して同意を強いたり，交渉において優位に立ったりするために，不公正な，あるいは節操なく見える戦術を用いる場合がある。一般的な攻撃手法として，脅迫（時には見せかけの怒りや苛立ちを伴うことがある)，市場の水準に照らして不合理で法外な要求，意図的な遅延（特にクライアント企業に厳しい期限が迫っていることを相手方が知っている場合)，いわゆる分割統治攻撃等が含まれる。分割統治攻撃とは，相手方が，同じ問題について，クライアント企業の別の役職員と交渉するよう試み，交渉において得られた最も相手方に有利な回答を選び，「当該回答を得た以上問題は解決済だ」等と主張することを指す。こうした戦術は，いずれもいささか不当な手段を通じて，クライアント企業に最大の譲歩を行うよう強いることを意図して用いられる。

③　策略（trickery）

ここで策略とは，交渉において相手方を操るため，心理的な「トリック」を用いることを指す。たとえば米国の刑事ドラマでは，1人の警官が怒ってほとんど手がつけられないふりをし，もう1人の警察官がその振る舞いにショックを受けるふりをして，怒ったふりをした警察官に取調室を出るよう頼み，取調室で容疑者と二人になった後，「自分は容疑者を助けたいだけだ。本当のことを話して欲しい」と述べて，容疑者を自白させよ

うとするシーンがよく見られる。このトリックは，容疑者が脆弱な立場にあり，他に信頼できる人がいないと感じている際に嵌ってしまう可能性がある。この種のトリックとしては，他にアンカリング効果や，パイソン（大蛇）式交渉と呼ばれるものがある。アンカリング効果については，下記の**メンタル・ツールボックス**で解説し，パイソン式交渉については，次の**ケース・スタディーNo.6**で紹介したい。

　上述のSAT（石垣構築・攻撃・策略）の戦術は，当事者が交渉の優位性に自信を持っていて，相手方の当該戦術に対する否定的な反応を気にする必要がない場合や，はったりを掛けたい場合にしばしば用いられる。はったりは危険なゲームであり，相手方が取引を中止するという両当事者にとって最も好ましくない結果を生む恐れがあるが，企業の中には相手方への優位性を全く持っていないことから，はったりを試みる企業もあるかも知れない。残念ながら，当事者がはったりを掛けているか否かや，その理由を見出すことは必ずしも容易ではない。

The Mental Toolbox

アンカリング

　アンカリング（anchoring）とは，与えられた最初の数字や単語（船の錨に例えて「アンカー」と呼ばれる）が，後に人間の決定に強く影響を及ぼすという，人間の認知バイアスを利用する手法である。

　このバイアスを最初に調査した１人であるダニエル・カーネマン氏によって行われた有名な実験では，実験の参加者が様々な数字が書かれたルーレット盤を回転させると，10又は65の数字のいずれかで止まるように設定された。ルーレットを回した参加者は，その後，国連に加盟しているアフリカ諸国の割合が何％程度かという質問を受けた。ルーレット盤の数字が10で止まった参加者の回答の平均は25％であり，一方でルーレット盤が65で止まった参加者の回答の平均は45％であった。ルーレット盤の数字は質問と全く無関係であったにもかかわらず，参加者の回答に著しく影響を与えたのである。

　こうしたバイアスを知っている当事者は，訴訟や交渉で優位に立つため

に当該バイアスを利用することがある。以下はある実例に基づくものである。

　外国人のコンサルタントが，日本企業に対し，曖昧な文言のコンサルティング契約に基づき様々な技術上の助言を行っていた。ある時，コンサルタントは空港に行く途中のカジュアルな会話の中で，面白いアイデアを口にした。その後コンサルタントは自分のアイデアを実行に移さなかったが，日本企業の技術スタッフがこのアイデアを基に実験を始めた。コンサルタントのアイデア自体は成功に至らなかったが，実験によって日本企業は数多くの発明の特許化に成功した。その後，コンサルタントは，発明について知り，代理人を通して，自己のアイデアを盗用したとして，日本企業に200万米ドルを請求した。

　コンサルタントの請求の真の目的は，日本企業に「合理的な金額で」和解することに同意させることであったと推測され，請求原因や金額には実際の根拠がないように見えたが，日本企業はひどくショックを受けた。その後米国で訴訟が提起され，日本企業は本件を米国の弁護士に委任した。特許はまだ商品に使用されておらず，特許の価値を決定する根拠はなかったが，他方で特許の価値が相手方の主張する200万米ドルであるはずがないと主張する根拠もなかった。

　日本企業は，米国の弁護士から，訴訟を続行した場合，訴訟費用が高額となることと，訴訟の結果がどうなるか現段階で分からないという指摘を受け，不安を覚え，100万米ドルで和解することに同意した。両当事者は，ある意味両者の主張の「中間をとった」のだが，当該和解に当たっては，当初のコンサルタントの請求金額がアンカリング効果を有していたとも言え，アンカリングの油断ならない効果を示しているといえよう。

　アンカリングへの対応策は，ケース・バイ・ケースであるが，相手方が当初提示してきた金額が法外のものであったら，そのまま具体的な交渉に入らず，いったん席を立って時間を置き，改めて再交渉を行うのが有効である。なぜなら，そのまま交渉を続けてしまうと，法外な金額だと分かっていても，提示された金額に影響を受けてしまうリスクがある。何とか調整しようと交渉を始めたら，その瞬間から，アンカリング効果の罠に落ちることになる。このため，まずいったんは席を外し，金額をリセットし，再交渉の機会を持つべきである。

　他方で，最初に条件を提示する場合にも，それをアンカーとして作用させるには，何らかの根拠が必要である。全く根拠がなくても作用する場合

もないわけではないが，根拠のないアンカーを使う交渉者は，信頼を失う
リスクも高いことにも留意が必要である。

(2)　SATへの対処方法

　石垣構築戦術に関しては，石垣を構築する側が強い影響力を有する場合，
相手方が抵抗するのは難しい。しかし，クライアント企業が不当に不利な
状態に追い込まれるような場合，当該石垣が本当に相手方にとっての限界
なのか，具体的にどのような根拠に基づくのか質問することは理論上合理
的であり，穏やかに質問するのであれば問題ないと考えられる。

　次に，攻撃戦術に対する最初のルールは，怒りや苛立ちを伴う攻撃に対
しても冷静さを保つことである。相手方を安心させるよう，当方が不誠実
でないことを前提として，全当事者が互いに望ましい合意に達するために
一生懸命取り組んでいる旨を相手方と確認すると良いかもしれない。

　策略戦術に対して最も重要なことは，何が起こっているかを把握し，必
要に応じて相手のペースに乗ることを拒絶することである。

　こうしたSAT戦術に対する個別の対応に加え，一般的な対応として，
公正性（fairness）について強調する議論をすることが望ましい。公正で
あるべき（少なくとも外観上公正であるべき）との思いは，多くの人，特に
弁護士において非常に強い。公正性の観点からの優れた主張は，最善（時
には唯一）の対応となり得る。他方で，相手方が自らの要求や戦術に固執
する場合，相手方が信頼できるビジネスパートナーでない可能性があるこ
とを念頭において，BATNAについて検討せざるを得ないかもしれない。

　最終手段として，BATNAの検討結果も踏まえながら，（取引の決裂も見
据えつつ）相手方のSAT戦術に基づく要求を受け入れる代わりに，他の点
での譲歩を要求し，あるいは従前の譲歩を撤回することが考えられる。こ
うした状況では，相手方に対する優位性およびBATNAの状況が，クライ
アント企業の決定にとって重大な要因となり得る。

6 ゴリアテ（Goliath）との交渉

　旧約聖書に，ダビデという羊飼いの少年についての有名な物語がある。彼は，自分達と戦っていた部族のある恐ろしい戦士と 1 対 1 で戦うことを申し出た。ゴリアテという名の敵は，立ち向かったダビデの部族全員を殺した巨人の兵士であった。ダビデが王に申し出るまで，他の者は誰も戦おうとしなかった。

　羊飼いであるダビデは，投石器の扱いに非常に優れていた。ダビデは自分の羊の群れを守るために，投石機をオオカミやマウンテンライオンなどの捕食者を殺すのに使っていた。ダビデは戦場に歩み出て，巨人ゴリアテが攻撃できる距離まで近づく前に，大きな石を拾い，投石器でゴリアテの頭に石を当て，彼を即死させた。

　戦いに勝ったのはダビデだが，「ゴリアテ」の名前は英単語の 1 つとなり，強力で（ほとんど）不死身である巨人（政府，機械，敵等）を表すものとなっている。現代においては，一国の政府と同じくらいの経済的な力を持つ企業（ゴリアテ）がある。ひょっとすると，あなたもそのような企業に雇われているか，そのような企業を相手として交渉しているかもしれない。ここでは，後者の局面について説明する。

　ゴリアテは，その規模，市場支配力，影響力のあるブランド名，そして市場のリーダーとして他の企業がビジネスを望むことが多いことから，多大な影響力を行使することができる。ゴリアテにとって公正な見方をすれば，ゴリアテは極めて効率的な事業戦略を有しており，また「ゴリアテ」（心当たりのあるゴリアテの企業名を入れてみていただきたい）のスタイルで相手方に取引を行うよう要求することをある程度正当化するような標準化されたフォームやルールで，多数のサプライヤーやベンダーを管理する必要がある。こうしたゴリアテが使用する契約交渉の戦略をいくつか紹介する。

①　以下のような規定を含むゴリアテの雛型の契約書を契約交渉に当たって使用する。

✓　ゴリアテは自由に契約を解除できるが，相手方は長期間拘束される。

✓　両当事者の義務に関して曖昧である。

✓　相手方にコミットメントを要求するが，ゴリアテから相手方へのコミットメントは認めない。

✓　（相手方が達成可能であるべき「効率性」を理由に）ゴリアテに対し相手方が供給する商品やサービスの価格を徐々に引き下げたり，ゴリアテの相手方に供給する商品やサービスの価格の引き上げを認めたりする規定を設ける。

✓　契約に含まれていないが，ゴリアテのウェブサイトからアクセス可能なポリシーその他契約条件を契約書において引用し，ゴリアテは当該ポリシー等を随時自由に改正でき，相手方が拘束されるという規定を設ける。

② 契約書のPDF版のみを送付し署名を要請する等，相手方と契約文言の交渉を行う意図がないことを示す。

③ 相手方を守ることを「保証」すると述べつつ，契約書にそのような規定を設けることを認めない。

④ 製品に関する相手方の知的財産権に対する何らかのアクセスを要求する。

ゴリアテがSAT戦術（特に「分割統治攻撃」）を用いたり，「パイソン」と呼ばれる戦術を用いたりすることも珍しくない。「パイソン」については，以下の**ケース・スタディーNo.6**で説明する。

ケーススタディ No.6　ゴリアテとの交渉

このケース・スタディーは，われわれが数年前に行った世界的なゴリアテとの交渉経験に基づくものである。

クライアント企業は，Goliath Inc.（仮名，以下「GI社」という。）のサプライヤー候補として自社の名前が挙がり，GI社が製品の試作品を要請してきたことに興奮していた。GI社は試作品の価格を引き下げたいことは明らかであったが，クライアント企業は，当該要請について受け入れ可能だった。クライアント企業はGI社との関係を構築するためなら，無償でも喜んで試作品を提供しただろう。クライアント企業は，価格設定が「技術的かつ事業上の」事項であると考えており，GI社が単に試作品を要

請してきた段階であったため，契約書のドラフトを受け取るまでわれわれに相談しようとしなかった。

　GI社から提供された契約書のドラフトを確認したところ，大規模な取引になる可能性があったにもかかわらず，契約書は驚くほど短く曖昧であり（契約書が曖昧であることは，様々な理由から滅多に取引先から裁判を起こされないゴリアテにとって有利である），PDF形式であった。われわれは，リスクや潜在コスト等のドラフトの問題点を指摘し，クライアント企業に対し，契約書にただ署名するのではなく，交渉するようアドバイスを行った。GI社は渋ったが，交渉に同意した。交渉には多くの時間を要した。

　交渉中に試作品の段階が終了したが，GI社は，契約交渉中であり，契約に関し大きな論点が未解決で残っているにもかかわらず，直ちに製品の供給を開始するよう要求し，要求に応じなければ別のサプライヤーを探すと迫った。これは，超一流の取引先であるGI社との関係を維持するべくクライアント企業が行った，多くのリスクを伴う決定の始まりであった。

　GI社は，試作品の価格について真剣な交渉がなかった（クライアント企業は試作品の価格は完成品に適用されないと考えていた）にもかかわらず，ユニット当たりの製品供給価格が試作品の価格を上回らないことを要求した。GI社は，ほとんど譲歩せず，最終的に，クライアント企業に「受けるか取引を止めるか」の最後通告を突きつけた。クライアント企業は，多少の譲歩をGI社から受けたことに満足し，取引を受け入れた。

　クライアント企業にとって不幸なことに，GI社は，他の製品で再度契約条件について交渉することを希望し，今回は，前回の交渉でGI社が行った譲歩についてのみ協議することを求めた。そして，当該交渉において，GI社は，クライアント企業が，以前GI社が行った譲歩のいくつかをGI社からの見返りなく手放すことを要求した。この戦略は次のプロジェクトでも繰り返され，われわれが非常に長期に亘り懸命に努力して手に入れたGI社からの譲歩が全て取り戻されるまで続いた。これは，敵をゆっくり絞め殺す「パイソン」戦略（python strategy）と呼ばれるものである。

　最後に，GI社は，GI社の所在国に所在するクライアント企業の現地代理人と契約条件を協議するという分割統治攻撃を用いた。現地代理人はクライアント企業のためにGI社を取引先として獲得しようと乗り気になっていた。GI社は，クライアント企業の要求に不満な場合，当該要求に関してクライアント企業の現地代理人と協議した。当該代理人は，GI社に対し，自分がクライアント企業に同意させるから心配ないと述べた。その

後，GI社は，われわれに再度連絡し，クライアント企業の要求に係る論
点については現地代理人から提案があり，GI社が当該提案を受け入れて
解決済みであると報告してきたのである（もちろんGI社に有利な内容で
解決済みという趣旨であった）。
　興味深いことに，クライアント企業のプロジェクトマネージャーが，し
ばしば，同一の取引先に関する次のプロジェクトのマネージャーと，取引
先との経験を互いに共有しない場合がある。時には，クライアント企業の
弁護士が，こうした取引先との経験をクライアント企業の担当者以上に蓄
積していることもある。

　あなたが投石器の扱いに長けていたとしても，ゴリアテを相手に交渉す
ることは困難であるが，ゴリアテとの交渉に当たっては，上記の一般的な
アドバイスに加え，以下の点も参考にしていただきたい。

① 　ゴリアテへの提案に当たって，当該提案がゴリアテにとって望まし
　　い理由を強調すること。
② 　論理的かつ客観的な基準に基づく主張を入念に準備しておくこと。
③ 　全ての点について交渉しようとしないこと。戦略的に動き，戦いの
　　場を選ぶこと。勝つ見込みがあり，クライアント企業にとって重要な
　　論点を選ぶこと。ゴリアテが譲歩しないことが明らかな点を議論して
　　も無駄である。
④ 　主要な取引条件が両当事者によって合意されるまでプロジェクトの
　　履行を開始しないよう，クライアント企業に強くアドバイスすること。
　　当該合意は署名済みの契約書に基づくことが望ましい。
⑤ 　クライアント企業の収益性に影響を与える全ての取引条件が明確に
　　なるまで，価格を合意しないこと。
⑥ 　クライアント企業が取引の範囲，関連する様々なリスクおよび
　　BATNA分析の重要性について明確に理解していることを確認するよ
　　う，最善を尽くすこと。

7　交渉に関する最後のヒント

(1)　交渉の経緯を記録に残すこと

　契約交渉が長期化し，複雑になることが予想される場合，契約の条件や文言に関する様々な合意をその時々にサマリーにして記録に残しておくことが一案である。相互の理解を確認するため，当該サマリーを相手方と共有することも有益かも知れない。当該契約交渉のある時点で，相手方が以前行った譲歩を撤回しようとしている場合には，サマリーを示して，相手方が譲歩を撤回すれば当方も同じように従前の譲歩を撤回するという説得力ある主張を行うことも可能である。いずれにしても，合意が行われた時点で合意の内容や時点の記録を付けておくことで，最終契約の精査や後の紛争において当該記録が役に立つことがある。

(2)　タイムプレッシャーに負けないこと

　契約交渉期限までに交渉をまとめようと急ぐ中で，契約交渉に関する非常に拙い決定がしばしば行われてしまうことがある。ゴールに近づくと気が散ることが多く，十分な時間がない中で取引を完了しようとするとミスが生じてしまうリスクが高まる。あらかじめしっかりと時間配分に関する計画を練り，タイムプレッシャーに負けないことが必要である。

(3)　交渉の前に交渉のシミュレーションを行うこと

　重要な交渉に臨む際，交渉チーム内でロールプレイをしてみることも有用である。具体的には，交渉担当者の1人が相手方になりきって，交渉のシミュレーションをしてみる。その際に当該担当者は，相手方どのようなことを考えており，どのような心理状態なのかをシミュレーションして交渉を行ってみる。たとえば，M&Aの案件において，まずは買い手企業の役割で交渉をして，次に売り手企業の立場で交渉した後に，もう一度買い手企業の立場で交渉をしてみる。そうすると，三度目の交渉では，相手方の立場を把握しているため，交渉がスムーズに展開されることが分かる。このようなトレーニングはオックスフォード大学のロースクールでも取り上げられているとのことである（ムーギー・キム&プロジェクトディズニー

『最強のディズニーレッスン』（フォレスト出版，2018年））。

⑷　最後は，相手方と信頼関係を構築すること

　交渉に臨むに当たりこのようなロールプレイを行うことによって，双方の主張の隔たりを埋め，共通の利益へと変えていくことができる場合もある。交渉において，相手方企業がどのように立場にあるのか，どのような利益を求めているのかを理解することが重要だということは既に述べたところであるが，実際に交渉するのは生身の人間である。交渉相手の心中にあるものを見つめ，相手方が本当に大切にするものに関心を持ち共感することによってお互いに深い信頼を構築することによってこそ，人（交渉相手）を動かすことにつながることを忘れないでほしい。

Part-2

Takeaways

＊Become familiar with the basics of best international practice negotiating, but remember that each negotiation is unique, so maintain your flexibility.

　　国際ビジネス契約交渉のベストプラクティスの基本に慣れなければならないが，同時にそれぞれの交渉の独自性に対応できる柔軟性を維持することが重要である。

＊Principled negotiating that 'grows the pie' and aims for a win/win outcome is the preferred approach, but always consult with your client regarding the style of negotiating to take.

　　「パイの拡大」を実現し，ウィン・ウィンの結果をもたらす論理的交渉こそが理想のアプローチである。ただし，交渉スタイルについては常にクライアント企業と協議しなければならない。

＊Avoid becoming fixated on positions. Rather, search for real interests of all parties involved and find common ground.

　　「立場」に固執してはならない。むしろ，全ての交渉参加者の本来の「利益」を探り，共有できる地点を見つけることが重要である。

＊Don't allow things to become personal. Keep your emotions, especially anger and frustration, under control. Try to avoid emotional responses to cultural differences.

　　問題を個人的なものにしてはならない。感情（特に怒りと苛立ち）を制御することが重要である。文化的差異に対して感情的に応じることは避けなければならない。

＊Be well prepared. Before the negotiation begins, gain a good understanding of and realistic perspective on the market/industry norms, the interests of the other side and your client's interests and BATNA, then determine your negotiating strategy.

　　準備を怠ってはならない。交渉開始前に，市場・業界の慣習，交渉相手の利益，顧客の利益およびBATNAについて十分な理解と現実的な見

方を獲得してから，交渉戦略を決定すべきである。

＊Think carefully about your negotiation team, and the roles and contributions expected from each member. Make sure each member understands his/her role. Use a professional interpreter as required.

　各メンバーに期待される役割・貢献を慎重に検討して交渉チームを組織しなければならない。各メンバーが自身の役割を理解することが重要である。必要に応じてプロの通訳者を使うべきである。

＊Try to schedule your negotiations so as to avoid fatigue and to have enough time to understand and properly document the final compromises and agreements.

　交渉スケジュールを立てる際は，疲弊を避けられるような余裕を持ち，最終的な妥協点および合意を理解し，適切に文書化するための時間を十分に得られるよう努めるべきである。

＊Remember that, for the client, the negotiating and contracting stage is often just the beginning of the commercial relationship between the parties. Do your best to keep the relationship moving in a positive direction.

　交渉および契約締結は，クライアント企業にとっては通常，相手方との取引関係の始まりにすぎない。この関係をポジティブな方向に動かしていくために，最善を尽くすことが重要である。

Part *3* 外国環境での法律実務

Practicing Law in the Foreign Environment

第 *8* 章

海外クライアント, 外国人弁護士との仕事
Working for Foreign Clients and with Foreign Legal Professionals

1 文化的差異の克服

　各文化間の差異やその商業習慣への影響についてここで語り尽くすことは難しいが, 一般的に, 文化に対する視座のバランスを維持することが重要である。等しく安心や成功, 尊敬, 幸福を求めるという意味で, 世界中の人間は全て同じだと言える。近代化やグローバル市場・国際ビジネス規範の成立により, 世界中の異なる地域に住む人々の間に, 共通のライフスタイルや価値体系が生まれた。今日の世界において, 国際取引を手掛けるビジネスマンや弁護士の生活スタイルや思考方法には, ニューヨークに住むか, 東京, ロンドン, ドバイ, バンコクなど各地に住むかに関わらず, 多数の共通点がある。

(1) ステレオタイプ

　その一方で, 文化間の差異は必定であり, この差異を認識することが自然と文化的ステレオタイプ (一般的な先入観, 認識, 偏見, 思い込み) を生じさせてきた。このタイプの人々は信用できない, 常に会合に遅刻する, 細かい点にこだわる等々の見方である。これらのステレオタイプの全てが常に誤っているわけではない。ステレオタイプには多くの場合, 良きにしろ悪きにしろ理由があり, その全てを根絶するのは不可能に近い。しかしここで重要なのは, ステレオタイプは, その表面的な強さや「正しさ」に関わらず, 各個人を理解するのに全く役立たないという点である。単純に, 具体的な個人を特徴づけるものとして, 文化的ステレオタイプによる差異よりはるかに, 個人レベルの差異・違いによるところが大きいのである。ステレオタイプによる分類は, ひとつの文化が有する特定の傾向に注意を向けさせることはできるかもしれないが, その文化の内部での同傾向の濃淡を完全に無視している。

　ステレオタイプが各個人に対する理解に役立たないことを証明すること
は難しくない。典型的な外国人の悪いところを思い浮かべてみてほしい。
それから，日本人でそのような性質にぴったり合致する人がいないかを自
問すれば，答えは確実に「いる」だろう。同じく，典型的な日本人の性質
とされるものを身に付けた人を，他の文化圏に見つけることもできる。こ
のようなステレオタイプ全般の非普遍性に加え，法律専門家が職務上で出
会う外国人の多くはさらに，その収入・教育レベル，社会的成功度や世界
観において，それぞれの出身国の文化・一般的価値のなかでも例外的存在
であることが多い。つまり，あなたが一緒に仕事をすることになる人々に
対しては，ステレオタイプはことさらに当てはまらないということである。
　最後に，ステレオタイプは，各個人を認識する役に立たないだけでなく，
われわれの相手に対する判断を妨げ，行動の理解を狂わせる。ステレオタ
イプへの依拠は，心理学において「確証バイアス」と呼ばれる状態に陥り
やすい。自分が既に持っている意見や信条を強化する情報を自然に信頼し，
これに適合しない情報は無視したり低評価を与えようとする，無意識に働
く非常に強いバイアスである。他の認識バイアスと同様に，われわれは確
証バイアスの存在に意識的に気付くことはなく，自身は公平で客観的だと
誤認したまま情報処理を続ける。

⑵　文化に根差したビジネス視座

　文化に根差した行動・態度が，一般的に集団の商業活動や相互評価を左
右することには，疑いの余地がない。これら行動・態度には，明確な正誤
や良し悪しがあるわけではなく，ただ異なる視座を持つものであるという
に過ぎない。現実には，下記の視座とは異なるアプローチを取ったとして
も，社会や個人は成功する場合もあれば失敗する場合もある。

①　責任感

　「責任」についての考え方は，人によって異なることが多い。関連概念
である「コミットメント」や「権限」についても同様である。ある特定の
責任について，「方策を実行する権限を与えられていない人間は，個人的
な責任を負うことはない」と考える人もいる。一方，自身の行動が成功・
失敗に直接的に影響していなくても，関係者全てが「相応の責任感を持つ

べき」との考え方もある。周囲への適切なタスクの分配，権限と個人責任，失敗時の責任追及の度合い，適切な謝罪に関するルールなどは，文化によって大きく異なる。

② 自己主張

より「前進」するために目立つことが重要だと考える人がいる。上司が努力に気付くのを待つのではなく，積極的にアピールしていかなければならないとの考えである。その一方で，そのような自己アピールは逆効果だと考える人もいる。自信を見せ主張することは成功のカギなのか，又は主張は失敗の素であり他者に耳を傾けることがより重要なのか。「意欲的」と「攻撃的」，「謙遜」と「積極性の欠如」の適切なバランスは，どう見極めるべきだろうか。

③ 意思決定の方法

事業目標に向けたモチベーションをチーム全体に浸透させる能力やコンセンサス形成スキルの重要性は，広く認識されている。そのためには，偏見なしに幅広く意見を聴取することが必須だろう。一方で，ブレインストーミング等によりアイデアを募ったら，冷徹かつ論理的な議論によりこれを減らしていき，最後に1つだけを残すことを良しと考える人もいる。また，意思決定は軍の命令のように一方的になされるべきか，民主主義（対話，議論や多数決等）を取り入れるべきか。トップダウン型とボトムアップ型と，どちらが望ましいだろうか。

④ プライベートと職務

職務とプライベートの間に明確なラインを引いて分けることが重要だと考える人は多い。場合によっては，契約書に明確に規定された内容のみを職務とみなすことでプライベートが守られることがある。一方，たとえば単身赴任に伴う家族への負担など，契約書の規定以上の自己犠牲が求められる職務もある。

⑤ 勤務態度

勤勉さは，規定時間内に効率的に仕事をこなす能力によって図られるものか，長期的な効率と成果を基準とすべきか。勤務時間中は常に緊張感を持ち続けるべきか，遊びやジョークもストレスを和らげるために有用か。「大いに働き，大いに遊ぶ」のは本当に望ましいか，長期的に持続可能だ

ろうか。

　ビジネスのシーンにおいて他者が自分と異なるアプローチを採用していたとしても，ショックを受ける必要はない。たとえば，西洋の文化圏でビジネスに携わる人々は，職務とプライベートを明確に区別していて，そのどちらも大切にしている姿勢を強調することが多い。繁忙期であっても，私用や家族旅行のための猶予期間を要求することを躊躇しない。一方で日本では，たとえプライベートな予定が入っていても重要な仕事が入ればこれをキャンセル（もしくは変更）すべきだという考え方も未だに根強い。実際には，全ての文化圏において，そこに属さない人から見れば違和感のある点が存在するのである。

　重要なのは，まず，誰もが他の文化に対するステレオタイプを持っていること，そして，多くの場合，それを当然のことと思ってしまっていることを自覚すべきだろう。次に，自分たちに態度・行動が似た人を「正しい」，そうでない人を「悪い」と決めつける価値判断を避けなければならない。他者の異なる文化に根差した態度・行動は，単純に異なっているだけであり，われわれは他者の物事の進め方に対し，それにストレスを感じるようなときでさえ，柔軟かつ寛容に接することの大切さを身に着ける必要がある。

⑶　文化的ホームワークをしよう

　もし，あなたが特定の国や地域の専門家なのであれば，その国・地域の文化や歴史，宗教の影響，そこで話される言語などについて理解を深めていくことは，非常に大切なことである。[1]これにより，事業や交渉が進められる状況についての理解が深まるだけでなく，相手先の人々に対し（場合によっては競争相手に対しても），あなたがこの国・地域に心から関心を持っていること，そしてそのために努力していることを示すことができる。また，その国・地域の人々と接し文化を理解することは，そこに暮らす各個人を個別の人間として認識し，柔軟性をもって判断することにつながる。

1）英語が母語として話される国・地域であっても，あなたが習った英語と発音，慣用句，文法，スペルなどが異なる場合には，時間をかけてこれを学び慣れる必要がある。

このような現地理解は，その国・地域で働く他の日本人の間でのあなたの評価を高めることにもなるだろう。

　仮に，あなたが特定の国・地域に数度しか訪問しない場合であっても，「こんにちは」「ありがとう」など基本的な現地語の表現を，可能な限りきれいな発音で習得し，現地の料理や歴史について理解しておくことの価値は高い。特に，比較的保守的な文化圏を初めて訪問する際には，移動中の機内などで一定程度，現地習慣における「やるべきこと」と「マナー違反」を事前に学んでおくとよいだろう。チップの習慣やビジネスの習慣，危険な場所や行動などについて，その国の基本的な常識を確かめておこう。

(4)　世界時計と世界カレンダー

　もし特定の国・地域と頻繁に連絡を取るのであれば，時差換算の公式や夏時間の有無を覚えておこう。時差の分布は，理論上は，経度15度ごとに地球を24分割した標準時帯に依拠しているはずだが，実際には不思議なタイムゾーンもある。たとえば，巨大な国土を持つ中国やインドは，国内統一の標準時を採用している。インド標準時はさらに他の多くの国々から30分ずれている。4つの標準時帯を有するオーストラリアでも同様に，中間の2つが世界からそれぞれ30分と15分ずつずれている。

　対象国・地域の年間カレンダーを確認しておくことも重要だ。これにより，公休日だけでなく，ビジネス習慣に関する基準日や宗教的な記念日，その他スケジュールに影響する項目を把握しておく。たとえば，イスラム世界と取引をするときには，その年のラマダン（断食月）がいつごろになるか把握し，これに応じて全体のスケジュールや会議日程を調整する必要がある。中華圏の旧正月が1月1日ではないことは多くの人が把握しているが，クリスチャンの一部にとってはクリスマスが12月25日ではないという事実は，どうだろうか[2]。

　2）東方正教会では，一般にクリスマスは1月7日とされる（ただし，これも各教会によって異なる）。

(5)　文化上の共通点

　国・地域に関わらず，人間の核心的な価値観に変化は少ない。好ましい第一印象を与え，事業パートナーとの間で信頼を確立し，自信を持って専門性をアピールすることは，常に重要である。また，良い聞き手であること，ビジネスマナーの習得，自分や所属組織の評判を損なわない紳士淑女たること，なども求められる。

　日本人以外と仕事をする際には，日本人であることに自信を持ち，普段どおりの自分であり続けるのと同時に，多様性に対する敏感さと寛容さを持って行動することが重要である。

(6)　文化上の注意点

①　避けるべき話題

　同僚や交渉相手となる外国人のことについて，よりよく知りたいとあなたは心の底から考えるだろう。しかし，私的なことについての会話には気を付けなければならない。例えば，休憩時間や食事を共にする際に，あなたは，自身の私生活について触れた後，外国人同僚の家族や配偶者について話題を振ろうとするかもしれない。しかし，常に相手の感覚に対する敏感さを失わないようにし，相手が不快そうな仕草を見せたらすぐに話題を変える必要がある。その話題を，あなたからまた持ち出すこともいけない。

　政治と宗教の話題は，通常タブーとされる。参加者が考えを共有しているのが明らかな場合であっても，強く批判的な意見や見方を表明すれば，会話参加者だけでなく周囲に居合わせた人や人づてに発言を耳に入れた人などをも不快な気持ちにさせることになる。素直で正直であることと，あなたとは異なる意見を持つ他者を排除してしまうリスクの間で，最適なバランスを見つけられるようにしよう。政治と宗教の話が出ると，人々は熱しやすい。これをうまく扱うように神経をとがらせるか，いっそ話題に一切上げない方がいいだろう[3]。

3）政治的リーダーの経済政策や事業に直結する諸政策などの話題は，原則この限りではない。ただし，発言する際には，相手の国やリーダーに対し必要以上に批判的であると受け止められるような表現や，日本は相手国よりも優れているという考えが根底にあると思わせる態度には注意が必要だ。

もう１つのタブーである「性」についても，話題に上げるのは避けることを強く推奨する。以下で紹介しているジェンダーと多様性の話題も，長く難解で情熱的な議論を引き起こしやすいことから，国によっては避けることが賢明だろう。

② ジェンダーと多様性の問題

　ジェンダー問題は近年，非常に大きな注目を集めており，常に最大限の慎重さを要する話題である。つい先日まで多くの人が無害だと考えた発言や態度（軽いボディタッチやおふざけ，横柄な態度や呼び方等）が，現在ではその人の悪評や名声失墜につながりかねなくなった。これにより，ビジネスにおいても，プロジェクトや顧客が離れてしまうばかりでなく，資格や仕事を失い，最悪の場合には被害者やクライアントから法的な賠償を請求されることもあり得る。

　また，男性の女性に対する言動以外にも，女性から男性，同性間においても同様の問題は起き得る。性差別や性的言動，高圧的態度，ハラスメント，その他のあらゆる差別は，相手の属性に関わらず不適切である。特に，同一組織内における地位が自分より低い相手に対しては，セクハラやパワハラ，差別と解釈されかねない一切の言動を厳格に避けるようにすべきだろう。種類を問わず一切のハラスメントについて，あなた自身が適切な態度を厳守するだけでなく，周囲の人間の言動も許さないという態度を明確にしよう。

　多様性という考え方も，世界中，特に移民やマイノリティ（人種的であろうと宗教的であろうと，又はその両方であろうと）を多く有する国において，ニュースを騒がせている。日本でも国民の大多数を「日本人」が占めるが，この中には，アイヌ，帰化した朝鮮人・中国人，南米出身の日系人など多様な人々が含まれる[4]。それにもかかわらず，今日の日本において，多様性やマイノリティの権利の問題に対する人々の関心は，特別高いとは言い難い。

　多様性の問題は，今日多くの国，特に伝統的に少数民族と共存してきた

---

4) Minority Rights Group International, "World Directory of Minorities and Indigenous Peoples": (available at: https://minorityrights.org/country/japan/).

社会や，他文化・他民族からの移民が近年多く流入している地域で注目を集めている。これらの人々に対しては，リベラルな反応と反動的な対応の両方が起きているが，多くの人々が政府の方針や政策変更によって影響を受けている。多様性には，LGBTQ（レズビアン，ゲイ，バイセクシャル，トランスジェンダー，クィアの頭文字から成る頭字語）に代表される，性の多様性も含まれる。これらの人々は，近年世界中の多くの国で結婚する権利を勝ち取るなど基本的人権が認められ，躍進を続けている。しかし，前進ばかりではなく，世界の最もリベラルな国々においてさえも，様々な問題にも直面している。

　筆者は，社会の公平性の実現に責任を果たそうとする法律専門家にとってだけでなく，国際取引に関わる全ての者にとっての国際的なベストプラクティスとは，国境を越えてひとりひとりが，人種・ジェンダー・性的志向に関わらず，全ての人々の権利と利益を尊重し支援することだと考えている。そして，少なくとも自身の組織や会社の同僚に対して，また海外出張などオフィスの外で仕事をするときには，私たち全員が，出会う全ての人に対して，プロフェッショナルとしての倫理観を忘れず，相手の職業上の役割やスキルのみを判断基準として，接していくべきだろう。ビジネスにおいて，また法律上も，その他のいかなる要素もその人の価値には関係がないのだから。

② 外国人クライアントとの仕事のやり方

　日本で国際ビジネス契約に携わる法律専門家の多くは，日本企業を顧客として交渉や契約書作成などに携わっているが，日本以外の企業が顧客になることも珍しくなくなってきている。特に，大規模な法律事務所や海外との結びつきが強い法律事務所では，海外顧客にサービスを提供することも多い。[5] 海外経験のある日本人弁護士は，自然と海外顧客の比率が高まり，ほぼその専門ということもあり得る。日本企業に勤めるインハウス弁護士

5）本章では，「海外顧客」又は「外国人の顧客」という表現により，日本の弁護士や法律事務所に依頼する海外企業や，日本人の法律専門家がインハウスとして働く企業の海外親会社の法務部門を指す。

であっても，突然の企業買収により，欧州や中東，もしかすると中国にある親会社の人間が直属の上司になるかもしれない。さらに，外国企業が日本人の法律専門家を直接雇い入れることも考えられる。これらの場合，あなたに何が求められているのか，どのように成果物が評価されるのかなど，外国人「顧客」の態度や視点を理解しておくことが重要になる。

(1)　費用に対する顧客の意識

　海外顧客にとって最も一般的な懸念点は，法律サービスの費用である。一般に，契約書の作成や交渉に関連する法的費用は，顧客から高額だと見られがちである。それでも以前は，事業において必然的に発生する費用であり避けられないものとみなされていた。企業が法律事務所を選択するときには，取引の重要性，事務所の専門性や評判，弁護士費用，迅速性などが，伝統的に考慮されてきた。

　法律サービスの料金設定は，請求書にどれだけ詳細な業務内容や6分刻みの対応時間が記載されようとも，顧客にとって一般的に「ブラックボックス」である。顧客ができる唯一のことは，請求額の割引を要求し，法律事務所が同意してくれるよう祈るのみだった。

　これは，メーカーが製造コストを制御するために採用する方法とは全く対照的である。たとえば，自動車メーカーは伝統的に，主要な下請け企業の生産コストを細部まで把握した上で，非常に低い利益率で供給するよう求め，さらに絶えざる効率改善を要求してくる。しかし，同じような要求を法律事務所に示すことができる顧客はほとんどない。たとえば，「このパートナー間の打合せ0.5時間は，実際には不要だった」，「この条項の起案は半分の時間でできたはずだ」等と法律専門家に対して指摘できるであろうか。さらに顧客が取引によって得た利益と，その取引にかかる法律事務所の請求額との間に相関関係がないことも多くある。

　米国では1980年代半ば以来，ニューヨークの一流の法律事務所の間で優秀な人材の獲得競争が激化し，これに伴い，新人弁護士を引き付けるため初年度の年棒を公開する動きが始まった[6]。それ以来，これら一流事務所が顧客にチャージする料金は，飛躍的に上昇した。北米や欧州の一流事務所では昨今，1時間当たり1,000米ドルを超える料金を課す弁護士も増えて

いる。米国の玩具チェーンストア「トイザらス」の倒産劇では，1時間1,750米ドルの弁護士費用も取りざたされた。[7]

　ところが，特にリーマンショック以降には，高騰し過ぎたチャージに対する反感が各国で高まっており，企業は法務コストを抑えるよう注意を払うことが多くなった。世界的な大企業は社内の法務部門を強化しており，法律事務所で豊富な経験を積んだ弁護士がジェネラルカウンセル（企業内の法務部門のトップ）に就いている。[8] 企業内の法務部は，インハウス弁護士（通常，法律事務所に勤務した経験を有する）やその他の法律専門家（パラリーガル，弁理士等）のチームにより，その会社に求められる日常の法務を担っている。法務部に「法務オペレーション担当」と呼ばれる専属社員を配置し，法律事務所への発注費用を含む法務予算の効果的な管理を任せることも，リーマンショック以降のトレンドになっている。

　また，多くの企業は，かつてのように特定の法律事務所1～2社に全ての法律事務を依頼することはしなくなってきている。社内の弁護士チームでは扱いきれない案件が発生したときや，外注した方が費用対効果が見込まれると考えたときに，定期的に複数の法律事務所にアプローチし，相見積りを取るようになっている。プロジェクトごとに「定額制」によるサー

6）米国，英国などの主要法律事務所の多くは現在も新人弁護士の年棒を公開している。米国では2つの事務所が2018年度の新人に190,000米ドル（賞与別）という年棒を支払った。ただし，米国はロースクールの授業料も高額で，2019年度の最高額は年間100,000米ドルを超えた（興味のある方には，次の記事が1980年代ニューヨークにおける法律事務所間の人材獲得競争の過熱ぶりについて詳述している。Marcus, "Bidding War for Lawyers"; The Washington Post, (May 26, 1986), (available at: https://www.washingtonpost.com/archive/ politics/1986/05/26/bidding-war-for-lawyers/aaa40365-6758-4557-b52a-91fb903144df/).)。ただし，両国の弁護士の平均的な報酬は，これよりはるかに低いものである。

7）Reynolds Holding, "$1,745-an-hour Lawyers Due for Disruption"; Legal Business Online, (May 31, 2018), (available at: http://www.legalbusinessonline.com/news/reuters-breakingviews-1745-hour-lawyers-due-disruption/75840).

8）米国ではジェネラルカウンセルにも非常に高い給与が支払われている。米国の上位100人の平均年棒（2018年）は240万米ドル（賞与別）であり，首位はアルファベット社のデビッド・ドラモンド最高法務責任者（CLO）で，株価連動分を含め4700万米ドルを受け取った（C. Spiezio, "The 2019 GC Compensation Survey: Pay's Moving On Up"; Law.com,(August 1, 2019), (available at: https://www.law.com/corpcounsel/2019/08/01/the-2019-gc-compensation-survey-pays-moving-on-up/).)。大企業から法律事務の依頼を受ける場合，法律事務所で働く法律専門家にとってはこれらジェネラルカウンセルが実際の「顧客」ということになる。

ビス提供の要求も増えており，リーガルコスト削減のためのテクノロジー
導入にも積極的である。今日の一流企業は，発注している法務サービスの
内容について的確に把握しており，費用削減方法についても詳しく，より
コストに敏感で，かつサービスの質にこだわるようになっている。

(2)　顧客の期待値の管理

　外国人から依頼を受けた日本人弁護士にとって重要な問題のひとつは，
顧客の期待値を管理することだ。特に，日本の事業環境や商習慣に明るく
なく期待値が非現実的に高すぎる場合などは，弁護士がそれを理解して修
正していかなければ，弁護士が極めて良好な仕事をしたとしても，顧客を
満足させられないことになる。競争が激化した今日の法律業界では，これ
が事務所や弁護士の低評価につながり，顧客の喪失や場合によっては賠償
請求といった事態にもなり得る。

　Part 1 第 2 章の 2 では，契約チェックリストを作成し顧客とともに確認
していくことで，プロジェクトの範囲や成果物の的確な理解につなげる必
要性について述べた。しかし，各案件の最初のミーティングでやるべきこ
とは，別にある。まずは，下記のような，「全体像」を確認するための質
問から始めよう。

　　①　「貴社にとって目標達成の基準は何でしょうか」「この取引を通じて
　　　　何を達成したいとお考えですか」

　私たちはしばしば，顧客から契約書の作成を依頼されただけで顧客の真
意を理解したと考えがちだが，思い込みは常に危険である。顧客は，事業
戦略の転換を検討しており，この案件をただの単独取引とは見ていないか
もしれない。たとえば，顧客は特定の取引を一連の取引の第一歩とみなし
ており，商品投入から数年後に条件を再交渉することも視野に入れている
かもしれない。まず初めに，顧客に本当の達成目標を説明してもらう機会
を持とう。

　　②　「この件で何が一番ご心配ですか」

　顧客が常に懸念点を正直に話してくれるとは限らない。最大の懸念点は
「法律的」な問題ではなく，法律専門家に相談するのはふさわしくないと
考えているかもしれない。しかし，取引に関する顧客の懸念を把握してお

くことは，顧客の期待値を管理するうえで非常に役立つだろう。

　③　「どのように**貴社にご連絡**すればよろしいでしょうか」

　法律専門家とのコミュニケーションの問題は，法律サービスに対する不満点として企業側から頻繁に挙げられる。定期的な連絡を重視する顧客もいれば，コスト抑制のため重大な連絡以外は不要だという顧客もいる。顧客の希望を確認し，当初から連絡ルールについて取り決めておくことで，顧客の期待値が明確になり，達成しやすくなる。

　④　取引ロードマップの提示

　①〜③を確認したうえで，この取引をどう進めていくかについての全体像のロードマップを提示しよう。

　顧客の同種取引の経験や日本でのビジネス経験が少ないとき，案件の進捗の見込みについて大枠のロードマップを提示することがある。これにより顧客は先を見通すことができ，タイミングや手続について適切な期待値を持つことができる。ただし，提示したロードマップに変更が生じた場合には，変更の理由とともに速やかに顧客に説明することが大切である。

　インハウスの法律専門家であっても，上記の質問や手法を用いて，外国人上司の期待値を管理するとよいだろう。特に全体像のロードマップ提示は，担当する各国の法律やビジネス習慣の全てに必ずしも明るくないジェネラルカウンセルにとっては，日本における取引がどう海外と異なるのかを理解するのにも役立ち，期待値を管理する絶好の機会となるだろう。

⑶　委任契約書の作成

　顧客と弁護士の間で結ぶ委任契約書（Engagement Letter）は，弁護士による顧客の法的代理にかかる条件を規定すると同時に，顧客の期待値を管理するうえでも重要な役割を果たす（ただし，委任契約書は一般にクライアント企業と外部の法律事務所・弁護士の間でのみ締結される点に注意が必要だ）。顧客からの問合せの最初期段階において，両者は委任契約書の内容を協議し，合意する必要がある。

　両者間に長期的な関係がすでに構築されている場合であっても，署名入り委任契約書を結ぶことが必要である。日本企業か外国企業かを問わず，転職や転勤に伴う人材の移動は頻繁に起きる。あなたが案件に取り掛かり

始めてから，新任のジェネラルカウンセルや法務部長が依頼内容について
異議を唱えたり，顧客企業が外部の弁護士の利用に関する方針を改めたこ
とが判明したりすれば，悲劇となる。

特に日本国外にいる顧客の依頼を受ける際の委任契約書には，少なくと
も下記の項目を盛り込む必要があるだろう。

① 委任料金の計算方法（The basis for the legal fee）及び実費精算
（Reimbursable expenses）についての規定

A：タイムチャージ（a hourly rate-based fee）の場合

□ タイムの算定方法

□ 基準料金（standard billing charges）・最低料金（minimum billing
charges）の有無（通話には最低6分単位でチャージする等）

□ 上限料金（capped fees）の有無

B：定額チャージ（a fixed fee）の場合

□ 頭金（retainer）・保証金（deposit）の有無

□ 残金（remainder）の支払い時期

□ 請求の頻度および支払い期限（due date）

□ 請求明細（legal invoice）の記述方法

□ 顧客が負担する費用，精算に顧客の事前承認（prior
authorization）を要する実費支払の種類

□ 実費精算に必要となる領収書（receipt）等の種類

□ 実費請求の頻度および支払い期限

□ 支払通貨（currency），為替手数料（currency exchange charges）・
送金手数料（bank charges）の負担責任

② 顧客との連絡手段（電話，電話会議，電子メール等）（The means of
lawyer-client communication）

③ 顧客の義務（The client's responsibilities）

□ 支払期限までに請求額を支払う（to pay all legal invoices by the
due date）

□ 弁護士からの電話・電子メールによる問合せに速やかに返信する
（to respond promptly to telephone calls and e-mails from the lawyer）

□ 提供要請のあった情報を速やかかつ誠実に提供する（to provide

all requested information promptly and truthfully）

☐　弁護士に協力する（to cooperate with the lawyer）

☐　住所，電話番号，電子メールアドレス等の変更および弁護士による代理に関係する重大な事項の変更を報告する（to inform the lawyer of any changes in address, telephone number or e-mail, and in any material matters relating to the lawyer's representation of the client）

④　案件の範囲（The scope of the legal project）

ここには明白な項目のみを記したが，スタンダードや習慣は国により異なる。一般の契約書と同じく，両当事者は全ての重要項目を明確に理解したうえで，これを記載した委任契約書に署名しなければならない。

(4)　顧客の満足を獲得するには

①　顧客が求めるものは何か

法律専門家も顧客も，プロフェッショナルであると同時に人間であり，顧客に高い満足度を感じ幸せになってもらうことは，関係する全ての者にとって有益である。顧客の目標や懸念点を理解しようと努める姿勢を通じ，顧客の目線で案件の重要性が認識できていることを顧客にアピールすることも重要である。

> For the client, every legal problem or project is really a BUSINESS problem or project.
> 顧客にとって，全ての法律問題や法的な取組は，
> ビジネスそのものにおける問題であり取組である。

法律専門家は，自らの仕事を特定分野の専門知識に照らして認識することが多い。しかし，顧客にとって唯一の懸念は「ビジネスそのもの（の継続や成功）」であり，法や専門知識は，それを実現するための道具でしかないことを，決して忘れてはならない。法律専門家が法的問題をビジネスの視点で理解し，顧客の状況や歴史，目標に対して敏感で，業界スタンダードや慣習に明るく，技術的な法律論だけではなく大規模かつ現実的な

ビジネスソリューションを提供するために専門性と知識を活用してくれれば，と願っている依頼者は多い。

　法律専門家は，顧客が直面している問題に対して常に完全な回答を提案することはできないが，それでも，顧客の問題に心から関心を示し理解するよう努力することにより，顧客の信頼を勝ち得ることはできる。そして，顧客満足度は常に，法律専門家その人およびその提供する助言に対する信頼を土台として発生するものである。

　②　顧客に「ノー」を伝える

　顧客が「可能だろうか？」と尋ねてきたら，法律専門家は，その提案の実現が顧客の利益にならないと信じる場合を除き，決して「ノー」と答えてはならない。

　弁護士が顧客に伝える「ノー」は，ほとんどの場合，顧客の利益よりも安全圏に自身を留めておくことが重要だと考える弁護士が，顧客の質問を法律の技術的な（そして表面的な）観点からのみ検討した結果でなかろうか。多くの場面でより好まれる回答は，「ご提案の方法では難しいでしょうが，○○といった方策を取れば，可能でしょう。ただし，●●などのリスクも考えられます」(Not in the way you are proposing, but if you did it this way ○○, it is possible, although there may be the following risks ●●.) となる。顧客が受容可能なリスクや事業方針の転換コストに関する推量等の考慮・配慮をせずに，弁護士の自己判断で，「ノー」と回答するのは避けよう。顧客に対しては，常にリスクを説明するとともに可能性を提示する。最終判断は，事実関係と助言を十分に理解したうえで，顧客が下すことになる。

　一方で，あなたが顧客の目標や懸念点を十分に理解しているのであれば，顧客に対し，断固とした「ノー」を突き付けることも重要である。特定の提案が，顧客の本来の目標や懸念点に合致しない場合は，プロジェクトに挑戦することのコストやリスク等について十分に説明することが求められる。これは，顧客の関心はビジネスソリューションであり法的問題に対する技術的な回答ではない，という考え方と対をなすものである。もし，顧客の計画が実際に法的に実現不可能なのであれば，顧客にはっきりと指摘しなければならない。ただしこの場合も，あなたが発見した問題を回避する方法を全て説明したうえで，なぜそのひとつひとつが機能しないのかに

ついての説明も必要となる。その際には，関連する日本の法令が近い将来に改正される見込みがあるか否か（つまり，顧客が計画を将来再検討する余地の有無）についても，説明すべきであろう。

(5)　最後に　―外国人クライアントとの仕事に関して

　法律事務所に勤め，各業界で多様な問題に直面する複数の顧客と仕事をしていれば，取引がうまくいくことも不成立に終わることも，経験することになる。これは，貴重な経験である。あなたが顧客に提供できる価値のひとつは，この経験を使って「大きな画」を常に提示し続けることにある。たとえば，リサーチや同僚との会話を通じて，特定の契約形態や業界・地域についての契約条件の基準値や「マーケット」[9]の感覚を身に付けよう。クライアント企業の戦略設計の補助や交渉の難しさを図る際に，強力な武器となる。

　最後に，専門家としてのあなた自身のサービス品質の向上のため，クライアント企業からのフィードバックを活用しよう。顧客の声を集める事務所や勤務先の制度を利用して，各企業とのやり取りにおける改善点を確認する。そのような制度がなければ，案件完了後にインフォーマルな場で顧客に聴き取りを行うのもいい。じっくりと顧客の話を聴き（批判的な内容に取り乱す必要はない。Part 2 で難しい顧客への対応について述べた部分も参照してもらいたい），実務的かつ現実的な解決策について話し合い，それを実行する。これにより，クライアント企業の信頼と満足度が飛躍的に向上するばかりでなく，あなた自身も，これからの仕事においてより企業の問題に敏感に反応できる法律専門家となれることであろう。

3　外国人弁護士との仕事のやり方

　あなたがキャリアを築いていくうえで，海外の弁護士や法律専門家と一緒に仕事をする機会も多いことだろう。ここでいう「法律専門家」とは，

9）商品に，時間や場所により異なる「市価」があるのと同様に，契約条件にも，大多数の企業が交渉の基礎とする選択肢の幅がある。卓越した交渉人は，これを理解しており，相手方の過度な要求に対してマーケット感覚に基づく条件を提案できることが求められる。

　資格の名称を問わず，日本では弁護士が手掛ける仕事の全部又は一部を他国において手掛ける，各種の専門家を指す。たとえば，「バリスター（barrister）」と「ソリシター（solicitor）」は，法廷内と法廷外における法律事務をそれぞれ手掛ける専門家の名称で，大英帝国を構成した国々において用いられる（イングランド，スコットランド，カナダ，マレーシア，シンガポール，ニュージーランドなど。ただし，このうち複数の国では今日，両資格の間の伝統的な線引きは廃止されている）。このほか，知財に関する事務を手掛ける「弁理士（patent attorney）」や，遺言その他指定文書を作成する権能を有する「公証人（notary）」（「notaire」や「notar」と綴る国もある）などもある。国ごとの制度に基づくこのような権能の別に加え，各国言語における法律家の呼称もさまざまである（たとえば，一般的な法曹資格者はフランス語では「アボカ（avocat）」，中国語では「リーシィ（律師）」等。）。本章においては，各国制度及び言語によって呼称や権能が異なることを踏まえたうえで，便宜上，全ての有資格の法律専門家を弁護士と呼ぶ。

　外国人弁護士との仕事は，海外の法律事務所からの紹介に始まることも多い。あなたへの依頼は，日本法の専門知識を用いて，日本で事業を営む際に適用される規制について回答することや，日本の訴訟・仲裁においてクライアントを代理したり，多国籍企業の日本事業についてコンプライアンス違反等に関する内部監査を実施することだったりする。国際ビジネスにおいては，特定の契約書やその中の条文についての拘束力の検討やその他日本法・日本の商習慣の視点からのレビュー，M&Aに伴うデューデリジェンスなどが挙げられる。

　反対に，外国法に基づくレビューや訴訟対応を海外に依頼すれば，あなたの下で外国人弁護士が仕事をすることになり，クライアント（通常，日本企業ということになるだろう）は，彼らの仕事の管理監督をあなたに期待するだろう。

　どちらの形でリファーラル（referral）が発生するにしろ，特定の問題点について意見を提出するなどシンプルな依頼であれば，外国の弁護士とのやり取りも限られたものになる。一方で，大規模な国際プロジェクトに全面的に参加することになれば，そして特にあなたが外国人弁護士を使う立場になる場合には，より緊密な連携が求められることになる。

(1)　リファーラルによる受注

　海外法律事務所からの案件のリファーラルは，海外顧客からの直接受注と大きな違いはなく（外国企業では弁護士をジェネラルカウンセルとして雇用していることも多く，直接受注の場合も，この「弁護士」から仕事の依頼を受けることになる），上述した海外顧客への対応方法がほぼそのまま当てはまる。外国企業のジェネラルカウンセルと同様に，リファーラル元の外国人弁護士もコストに敏感だろうし，成果物に対する期待値の把握と管理が重要になる。日本の法や商習慣に明るくない外国の弁護士に対し，非弁護士である顧客に行うのと同様に，噛み砕いた解説を提供するのも有効だ。もちろん，難しい外国人弁護士に対しては，上述した難しい顧客への対処方法を試してみてほしい。一方で，われわれのこれまでの経験では，海外の弁護士との仕事においては委任契約書を結ばないことも多い。双方の間で，請求等は発注先の弁護士が所在する法域の慣習に従う，との認識が共有されているためである。

(2)　海外法律事務所へのリファーラル

　一方，逆方向のリファーラルはとても性質の異なるものであり，本章の残りの部分では，これについて解説する。顧客はあなたに対し海外の弁護士との関係を管理するよう要求し，また，発注先の海外法律事務所の立場からはあなた自身がクライアントとなる。多くの場合，海外法律事務所は，言語の問題などにより効果的に日本企業と直接やり取りすることが難しく，あなたは情報交換や会議を仲介する必要がある。さらに，外国法の複雑さを理解し，外国人弁護士の助言をかみ砕いて（日本法との関連なども交えて）顧客に説明することが求められる。小さな案件では，定額料金を調整したり，不要な分析や助言が請求に含まれないようにするなど，海外法律事務所の費用を監督することも期待される。[10]

---

[10]　海外の弁護士費用に関する「ホラーストーリー」は，日本国外に事業展開するほぼ全ての日本企業が経験している。顧客は，日本で依頼する弁護士のリファーラルを通じて海外法律事務所に発注することで，弁護士間の既存関係や「職業的儀礼（professional courtesy）」の恩恵を受け，発注費用をより低く抑えられるとの希望を持つことが多い。

(3)　現地法弁護士の助言を得るタイミング

　外国と関連する重要契約を結ぶ場合（たとえば，金額や顧客へのインパクトが大きく，契約履行地の大半が日本国外になる，又は契約の準拠法が外国法である場合等），あなたは顧客に対し，現地法弁護士によるドラフトのレビューを迷わず勧めることだろう。より難しいのは，その国際ビジネス契約の金額的な規模が小さかったり，履行もほとんど日本国内で，外国法の準拠法条項もない，ありふれた契約の場合である（たとえば，売買契約で外国に所在する当事者は支払義務のみを負う場合等）。顧客は当然，現地法弁護士のレビューにかかる費用や時間に難色を示すことになる。このような場合は，契約の最も重要な部分にポイントを絞った助言依頼などの対策が求められるが，ここで「外国法における最も重要な法的問題をどのように見つければよいか」というジレンマが発生する。これは「未知の未知」の問題と呼ばれる。

「既知の未知」と「未知の未知」

　米国がイラクに対する軍事作戦を検討していた2002年初め，米国のラムズフェルド国防長官は，「既知の未知（known unknowns）とは，われわれが知らない何かがそこに存在することをわれわれが把握できているということである。これに対し，知らないことを把握できていない，未知の未知（unknown unknowns）も存在する」と述べた。これを耳にした直後は，単なる政治家の言葉遊びかと思われたが，反芻するほどに意味深さが理解された。

　ナシーム・ニコラス・タレブは，世界的ヒットとなった2007年の著書『ブラック・スワン～不確実性とリスクの本質』において，未知の未知と予期せぬ結末が人類の歴史に与えた影響について説いた。

　たとえば，約6600万年前に恐竜を絶滅させた小惑星の衝突や，私たちの生活を一変させたパソコンの発明を思い浮かべてみよう。既知の未知と未知の未知は今日，リスク測定に頻繁に用いられている。既知の未知は，いつどのようにして発生するかは不明だが，私たちが対策を立てられる出来事であり，地震や飛行機の欠航などがこれに当たる。契約書においては，ストライキや火災など履行を左右する既知の未知に対する対策として，不可抗力条項が用いられる。たとえば，ドイツやウガンダに所在する取引先

が破産した場合に，現地法に基づきどのような手続が取られるのか理解していなくても，取引先の破産によりクライアントがリスクにさらされるということは把握できる。このような場合には，破産がクライアントの契約上の権利義務に与える影響について現地法の意見書や助言を得ることをお勧めする。

　一方，日本の法律専門家は，国際ビジネス契約の拘束力が外国法に関する未知の未知によって影響を受けてしまうことに敏感になっていることが多い。たとえば，「多くの国において，準拠法にかかわらず，独占販売契約を売主側から自由に解除することができない」というルールを，著者は数年前まで把握していなかった。これは，当時の著者にとって予測ができない，未知の未知であったと言える。つまり，経験と研鑽を重ねることにより，未知の未知に分類される事象をひとつずつ既知の未知に昇華していくことが重要となる。

「未知の未知」の問題に対しては，簡単な解決策はない（「既知の未知」でさえ契約書のなかで適切に取り扱うことは難しい）。経験豊富な法律専門家と一緒に仕事をする機会をより多く持ち，主要顧客が事業展開する国の法制度についてできる限り多くの書籍や論文を読むしかない，というのがわれわれからの唯一で最良のアドバイスだ。各国の法律情報に関するウェブサイトやブログ，国際的な法律事務所のメールマガジンなども，対象国の法制度や法改正を知るのに役立つだろう。

(4)　海外法律事務所の選び方

　もし，過去に特定の国の法律事務所に依頼したことがあり，そのサービスも請求額も満足いくものであったならば，その国の案件についてはその事務所に頼めばよい。

　それ以外の場合には，その国の法律事務所を新たに探す必要が生じる。

　企業によっては，国際的な知名度が高く，世界各地に事務所を構える事務所に依頼するのが簡単だと考えるかもしれない。1980年代初頭ごろから，世界各国の法律事務所において，国内顧客から海外業務の支援を求める要請がなされるようになった。これに対し，複数の事務所が，事業規模を拡大し世界各地にオフィスを開設することで応えようとした。今日では，多

数の国に拠点を持ち，あらゆる海外業務も自身の中で処理できる法律事務所が複数存在する。世界最大の所属弁護士数を誇るベーカー＆マッケンジー法律事務所などがこれに当たる。[11]

　一方，より小規模な案件など高額報酬への懸念が強い場合や，顧客がより「顔の分かる」サービスを求めている場合には，他のタイプの法律事務所を探す必要がある。候補となる法律事務所の得意分野や評判，報酬水準などについては，情報源も少なくなくリサーチも可能だが，より難しいのは，信頼できる事務所か否かの見極めである。これは「卵が先か鶏が先か」という問いに似ており，顧客は常に信頼できる弁護士を求めるが，一度も一緒に仕事をしたことがない相手を誰も信頼することができない，というジレンマに陥る。

　国際ビジネス契約を定期的に手掛けるが，4000人を超える弁護士を直接抱えているわけではない法律事務所では，近年，海外の「ベストフレンド事務所」のリストを持っていたり，国際ネットワークに加入する例が増えている。

(5)　ベストフレンド事務所

　ベストフレンド事務所とは，過去にリファーラルのやり取りをしたことがあり，その後もセミナーを共催したり若手弁護士の海外研修を受け入れたりするなど，人的交流を継続している他国の法律事務所を指す。リファーラルや共催セミナーは，特定法律分野において両法律事務所の協業を促進するのに役立つ。

　重要なのは，既存の関係に基づき両事務所の間に信頼が育まれていることである。これは，リファーラルに関連して仮に問題が生じたとしても，事務所間の協議により解決することができ，顧客に不利益を発生させることはない，という自信にもなっている。ある法律事務所がそのクライアントを外国の法律事務所に紹介する場合，そこには紹介者から顧客に対する，紹介先のサービスについての「黙示的な保証」が存在している。そして，

---

11) これらの大規模法律事務所には，スイス法上の「フェライン（verein）」という組織形態を取るものも多い。財務および法的責任において各国事務所が独立性を保ちながら，合同体としての活動を可能にするものである。

クライアントも紹介を受けた事務所も，この保証の存在を認識している。国際業務を多く手掛ける法律事務所が，特に既存顧客が多く事業を手掛ける国々においてベストフレンド網を熱心に開拓している理由がここにある。ただし問題は，強固な関係と頻繁な案件の往来を伴う真のベストフレンドは，維持できる数に自然と限界が生じてしまう点にある。

(6)　法律事務所ネットワーク

　ベストフレンド網を独自に築くことに加えて，多くの法律事務所は国際的な法律事務所のネットワークに加入している。これらは，国際業務の増加に応じて1980年代後半から徐々に広まってきたもので，各国の独立系法律事務所の自主的な参加を原則としている。おおよそ50ほどのネットワークが存在するとみられており，それぞれ数百から数千の弁護士を結び付けている。

　組織構成やルール，運営モデルは各ネットワークによって異なる。入会金や年会費がかかる有料のものでは，国際法務や営業活動に関する研修などの付加価値サービスを会員事務所に提供することもある。会費を低く抑え，代わりにセミナー開催やリファーラルのアレンジなどを軸に運営するものもある。いずれのネットワークも，世界各地で定期的にコンフェレンスを開催し，会員事務所の所属弁護士が他国の弁護士と知り合い，結びつきを強める機会を提供している。開催国における法制度改正に関するレクチャーなどを伴うこともあり，会員事務所の共通関心事である法律業界向けテクノロジーの発展などについての情報交換なども行われる。

　参加するネットワークが特定の国をカバーしていなかったとしても，近隣諸国の会員事務所にそのベストフレンド事務所の紹介を依頼することもできる。このように，関係性の輪を構築し，信頼に関するジレンマの問題を軽減することが可能である（ただし，友達の友達など輪を広げ過ぎると信頼関係も希薄化する恐れがあるので，注意が必要だ）。

(7)　海外法律事務所を評価する

　既存の関係やリファーラルの有無を問わず，われわれは顧客の代理人として，顧客が日本の弁護士に期待するのと同レベルの価値を，依頼先の外

国人弁護士に求めなければならない。海外顧客に関するセクションでも述べたが，外国人弁護士は，ただ特定分野の現地法に詳しければ良いというものではない。特定の法的問題の検討のみを依頼している場合などは除き，理想的なのは，顧客のビジネス視点を理解し，実行可能なビジネスソリューションを提案できる法律家である。

　当然，請求が明瞭でサービスが遅滞なく受けられたり，必要な時にいつでも相談することができる，といった要素も重要である。また，海外法律事務所との協働を要する案件の場合には，仕事の進め方のスタイルが似た弁護士を選ぶことも（なかなか見た目からは判別しづらいが）重要である。長時間の会議で詳細まで詰めてしまうのを好み，ささいな作業も周囲に手伝わせるのを嫌う弁護士は，おそらく周囲に裁量を与えて仕事を任せるタイプとは相容れないだろう。「心配せず私に全てを任せておきなさい」と繰り返す自信満々の外国人弁護士に顧客の海外訴訟を依頼した日本の弁護士は，苦労が尽きないかもしれない。日本の感覚では好ましい裁判結果を保証しているように聞こえるこの発言も，特定の国においては，単純に顧客を落ち着かせるために頻発されることもある。

　特定の国においてどの法律事務所に仕事を依頼するか選択肢があることは少ないかもしれないが，様々なベストフレンド事務所やネットワークを通じ，複数の事務所を比較してみることは有用である。交流を通じて，それぞれの専門性や経験，スタイル，担当弁護士の人間性などを観察してみよう。もし，直接会ったことがない外国人弁護士へのリファーラルを検討している場合には，彼のスタイルや人間性について直接知っている人間に問い合わせてみることをお勧めする。

(8)　海外法律事務所との仕事

　外国人弁護士に契約書レビューや取引に関する意見書を依頼する際には，われわれから（顧客の意向を受けて）彼に直接連絡を取り，依頼の範囲を取り決め，定額報酬を要請するのが一般的である。併せて，対象契約や取引についてその他の懸念点（われわれの視点からは，「未知の未知」である）がある場合には，指摘するよう要請しておこう。通常，これら追加の問題点についての助言には，別途報酬が発生する。われわれのベストフレンド

やネットワーク会員事務所とのこれまでの仕事においては，このようなアレンジがうまく機能してきた。これも顧客利益の保護のための管理業務の一環である。

　あなたの顧客がM&Aなどの大規模案件の主役の場合には，あなたの事務所がチーム管理に当たるのが自然であり，各メンバーに必要書類が提供されていることを確認し，各会議に誰が出席すべきかを決定し，データストレージ等のベンダーとの連絡や対象データセキュリティ対策などを取り仕切る。若手の法律専門家にとって最大の経験はおそらく，プロジェクトマネジャー（あなたの事務所の先輩弁護士であったり，外部コンサルタントであったりする）の支援に携わり，求められる役割について学ぶことだろう。

　本章の最後に，法律家が顧客のプロジェクトを支援し利益に貢献するためにできることについて考えるケーススタディを紹介する。

ケーススタディ No.7　訴訟リファーラル

　著者らが所属する法律事務所は最近，国際ネットワークを通じて知り合った韓国の会員事務所から訴訟案件のリファーラルを受けた。韓国と日本の企業が共同プロジェクトを開始したがうまくいかず，ついに裁判所で訴訟が開始されたというものだった。証拠となる電子メールや文書の多くは日本語で記されていたが，われわれのクライアントである韓国企業から提供された資料の大半は韓国語だった。

　日本の訴訟手続においては，案件に関する全ての情報を理解し，証拠となる文書を裁判所の言語（この場合は日本語）に翻訳して提出することが求められる（民事訴訟規則138条）。しかし，訴訟において海外クライアントを代理する際によくある問題のひとつに，どの文書が重要で翻訳が必要なのかを判断する難しさ，というものがある。

　韓国の法律事務所の支援が受けられなければ，われわれは全ての韓国語文書を翻訳機にかけ（翻訳成果物のクオリティは極めて低い），それを基に紛争に関して重要な文書をピックアップし，それを専門家による正式な翻訳に回す，という段階を踏まなければならなかった。時間を要し，かつリスクの高い方法である。重要文書の見逃しを避けるために全ての文書を最初から専門家に翻訳してもらうという方法もあるが，クライアントには

大きなコストを負担させることになる。

　幸いにもわれわれを支援してくれた韓国の弁護士たちは，法律家としてのスキルが高いばかりでなく，日本法に関する理解も有していた。聴き取りを通じて日韓弁護団は，まず鍵となる問題と懸念点を絞り込み，韓国チームがこれに基づき関連がありそうな文書を抽出した。これらの内容について日韓弁護団でさらに協議して絞り込みを進め，きわめてコンパクトな最重要文書リストを完成させたうえで，これをプロによる翻訳に回すことができた。

　もちろん韓国の事務所も，クライアントに対して業務量に相応する報酬を請求したが，これを差し引いてもクライアントが節約できた翻訳費用は莫大なものであり，さらに検証作業全体のスピードアップにもつながった。これが可能だったのは，日韓の事務所の間に相互への信頼と尊敬が存在していたからに他ならない。

第9章

法と言語

Law and Language

　本章では，法と言語の関係性，言語の役割，法律専門用語の検証を通じ，法律の世界において英語と日本語との間を行き来することの難しさについて考える。次章では，法務翻訳及び法務通訳について議論し，法律分野での翻訳者及び通訳者の利用について国際的なベストプラクティスを紹介し，合わせて英語スキルの向上方法にも言及する。

　今日の弁護士活動，特に国際商取引の法律実務において，言語は，最重要の役割を果たしている。これを踏まえ，本章および次章を通じ，言語に焦点を当てる。国際商取引を手掛ける弁護士は，クライアントが日本企業に限られている場合であっても，ドラフティング，交渉，助言の全般にわたり最低2か国語を効果的に使用できることが理想である。このためには，翻訳者や通訳者の助けを借りられるか否かに関わらず，複数の言語と，ある程度異なる法制度の間を行き来するための基礎知識を学び，その難しさや限界を理解することが重要である。

1 法と言語の関係性

　法と言語のユニークな関係性の考察から始めよう。この関係は非常に重要だが，見落とされることが多い。そして，この関係の基礎には「法による支配」の概念がある。

(1) 人による支配[1)] と法による支配

　古代世界で最も偉大な哲学者である孔子とプラトンは，いずれも賢い哲人王の下での「人による支配」を提唱した。そのような王国では，賢い王の徳が啓発的な社会につながると考えられていた。孔子は，「民衆が法によって導かれ，法の間の統一性が刑罰によって追求されるのであれば，民衆は刑罰を免れようとし，恥を持たなくなるだろう」と警告さえした（孔

139

子『論語』為政第二の三「子曰道之以政斉之以刑民免而無恥」)。

　人類はその後，独裁者や専制君主のもとで苦い歴史的経験を積んだ結果，「人による支配」より「法」と「統一性」を選択し，現代の自由な社会にとって「法による支配」が，唯一の条件ではないが，必要条件であると認識されるようになった。法による支配とは，統治者や権力を握るエリートを含む，社会の全構成員が，法や手続に従い平等であるとみなされることを意味する。法による支配は，人間によって生み出されたものだが，個人の要望を超越し，法律の下に，人々が合意した秩序と正義，平等な取扱いなどの原則を具現化することを意図している。

　法による支配は，必然的に完全に抽象的な概念を前提としている。数学や医学など多くの人間の知的営為とは異なり，法は，有形無形に存在している概念に基づくものではない。数式の固有性や腎臓の機能，生物の進化は，人間と関係なく存在するが，法や法理に関しては，物理的に観察・発見され得るものではなく，人間の精神の中のみに存在する。たとえば，われわれみなが「公正」や「公平」といった無形の概念に対し当然の感覚を共有しているように思えるが，これらの概念は社会によって創造・実現されなければならず，現実に異なる社会においてはまったく異なる方法でそれが実行されている。

(2)　文化に縛られる法

　法的概念が人間の心から誕生したものならば，これらの概念の形や内容を決定する者らが生きている文化的環境や時代の制限を受けている。法は，常に政治指導者によって望まれる社会規範を設定し補強するために使用されてきたため，文化と文化を形成する社会に結びついており，ゆえに当然ながら，法は，これらの規範を反映している。

---

1 ）日本においては，英語の「Rule of Man」に十分相当する歴史的経験が限定的であるように思われる。Rule of Manは，「Rule of Law」の原則とは対照的な原則として用いられ，その概念の下では，一人の人間（君主）や集団が，「臣民」の希望や法の下での平等な取扱いを考慮せず，自らの単独の裁量で法律やその例外を決定した。中世ヨーロッパでは，「Divine Right of Kings（王権神授説）」という概念の下，王権は神によって付与され，神に導かれた王が王国のために法を制定すると考えられた。王の臣民は，神の導きによりもたらされた法律に異議を唱えることはできなかった。

その結果，公平性や正義といった概念は，時代ごと，社会ごとに，異なる定義を付与されてきた。旧約聖書の「目には目を」[2]，新約聖書の「誰かがあなたの右の頬を打つなら，左の頬をも向けなさい」[3]，シャリーアにおける「（特定条件が満たされれば）盗人の手を切り落とす」，コモン・ローの原則である「一人の無辜（むこ）の民を処するよりも，10人の罪人を放免するほうがよい」[4] のそれぞれについて，考えてみてほしい。これらはいずれも，それぞれの文化背景において一般的に受け入れられてきた公平性と正義の概念に基づき，法の原理や原則を制定しようとする試みであった。

(3)　言語に縛られる法

　法の抽象的な性質と，法原理が人間の精神の上でのみ存在するという事実ゆえ，法は，言語を通じてしか生み出されない。法は，文書化されない限り，法による支配を生み出すために機能することができない。言語は現代社会のあらゆる面で重要であるが，数学や医学その他の自然科学分野においては，数学公式や腎機能，生物の進化を生み出すのは言語ではない。むしろ，言語の役割は，これらの現象と概念を説明することである。法の場合は，どの概念を法制度の根拠とするかを決定し，法制度を構築するプロセスは，言語化を通じて行われなければならない。

　法が存在するには，制定法や判決という言語表現によってどのような法が必要であるかを定義しなければならず，それらの単語の解釈さえも，言語を用いて行わなければならない。一方で，法は，哲学のように単に世界で起こるべきことを形容するものでもない。法は，社会の至る所で，毎日，劇的で深い影響を持って，適用され，解釈される。たとえば，法令の特定の文言の解釈次第で，ある人が詐欺で刑務所に収容されるか否かが決定し，

第9章 法と言語

2）「An eye for an eye」とは，人が他人を傷つけた場合，傷付けた者は，自らが相手を傷付けたのと同様の方法で処罰されるべきであるという，比例報復の法を提唱する旧約聖書の表現である。

3）「Turn the other cheek」とは，被害者がさらなる被害を受けること（すなわち，被害者が暴力に訴えないことへの呼びかけ）によって，仕打ちに対処することを提唱する新約聖書の表現である。

4）「It is better that ten guilty persons escape than that one innocent suffer」は刑事司法において極めて高い立証責任が適用されるべきとする法格言である。ベンジャミン・フランクリンは「100人の罪人を放免するほうがよい」とさえ述べている。

ある企業が競争法違反で巨額の罰金の支払を命じられることもある。

　法が持つ言語への完全な依存性と実社会への影響力は，契約に基づいて発生する権利や義務といった概念についても当てはまる。特定の言語表現（文書化されるか口頭かにかかわらず），たとえば，「実施許諾者（ライセンサー）は実施権者（ライセンシー）に対し……を許諾する」は，ライセンシーがライセンスを利用する権利を創出するものであり，この文言なくしてライセンス権は存在せず，また，存在することができない。さらに，権利は，契約条項の文言の範囲に限定される（場合によっては，当該条項に適用される法律の特定の文言に従って解釈される）。

2　法律言語

　法律言語は，今日のあらゆる言語に存在する多くの専門用語の１つである。専門用語というと，特定の研究分野や職業で使用される特定のボキャブラリーを思い浮かべがちだが，書き方や発話の形態を含むこともある。本章では，国際ビジネス契約における重要度に鑑み，主に英語の法律言語に注目するが，以下の原則は，（ドラフティングに関する部分を除き）他言語にも当てはまるだろう。ここでは主に契約書のドラフティングを念頭に置いているが，以下で挙げる特徴の多くは，他の法的文書（覚書や裁判書面など）にも共通のものである。

(1)　専門用語

　一般言語と専門言語の最大の違いは，単語や特殊な専門用語の使い方にある。法律言語は，以下が複雑に混ざり合って構成されている。

- 通常の意味で使用される通常の単語（purchaseやpayment等）
- 法的な概念を表現するために専門的な意味で使用される通常の単語（representやexecute等）
- 法的概念のために特に使用される専門の法律用語（indemnityやwarranty等）
- 他の言語に由来し，英語で使用される専門の法律用語（*force majeure*や*ex parte*等）

・　法律文書以外の英語ではもはや使用されていない古い単語
（witnessethやhereinbelow等）

上記の分類は，日本語その他における専門用語にも当てはまる。

さらに，法律は人間活動のあらゆる側面に言及し得るため，建設契約における技術工学用語や，裁判で提出されるDNA証拠に関する申立書における科学用語など，他分野の専門用語も法律文書に現れる点に留意すべきである。

⑵　ドラフティングの文体

多くの言語において，契約書のドラフティングでは，正確性，明確性及び明瞭性が目指される。特に英語の法律文書では，受動体を頻繁に使用するなど非人格的な表現が好まれ，一般にユーモアや比喩は使用されない。さらに法律用語や他の専門用語に加えて，とりわけ英米型の法律文書では，定義語を多く使用する。つまり，特定の契約や条項，法律等のためだけに，用語や表現に特定の（「定義した」）意味を付与する。残念なことながら，契約の起案者は，より一般的な表現が存在する場合であっても，これより難解な単語や表現（又は一般に使用頻度の低い単語や表現）を使用することが多い。たとえば，「実際に（in fact）」の代わりにラテン語の *de facto*や，単純な「Xは……してはならない（X shall not……）」よりも，「Xは……しないことを約束する（X undertakes not to……）」といった具合である。

英語の法律文書が起案される際には，複雑な名詞句と多くの前提条件が盛り込まれ，一文一文が冗長で複雑になることが多い。太古から受け継がれた表現スタイルに加え，同義語の組み合わせ（acknowledge and agreeや by and between など），複数語から成る前置詞句（in respect ofや in accordance with など），条件や例外を追加することができる「但し書」が多用され，これらすべてが長い文章をさらに長くすることになる。ある調査によると，一般的な英語の制定法の一文に使われる単語数は，他のいかなる種類の専門論文よりもはるかに多いという。

⑶　なぜ英文契約は特に難解なのか

上述したとおり，少なくとも英語に関しては，専門用語が多く特殊文体

を頻用する法律言語は，あまたの専門言語の中でも最も複雑だと言えるだ
ろう。このため当然ながら，法律の特別な訓練を受けていない人（つまり，
契約の当事者）にとって，英文契約書は，非常に読みにくいものとなって
しまっている。一方で，このような状況は，英語圏の大多数の弁護士に受
け入れられ（少なくとも容認され）ており，彼らの起案する契約書が，英
語を母国語としない弁護士からは標準的なモデルとみなされてしまってい
る。契約書その他の法律文書が不必要に複雑な言葉で起案される現状を皮
肉る，「Legalese（リーガル語）」という造語も，英語圏では生まれている。

　このような状況がなぜ今日も続いているのかを疑問視するのは当然のこ
とである。この疑問に対する回答の1つは，**Part 1** において解説したとお
り，英文契約書の起案者は，「契約の自由」というコモン・ローの概念を
前に，一般的な大陸法系の契約書に比べより多くの条項をより詳細に盛り
込むように促されることにある。それ以外には，以下の理由が考えられる。
①ロースクールでは一般に契約書起案に特化したコースが提供されない，
②起案時に参照される「ひな形」は通常，古くて保守的な「legalese」ア
プローチを反映している，③古くて長い契約書の文体が正確性を期すため
に必要であると考える弁護士が多い（又は，従前の契約書という先例から逸
脱することを懸念している），④より単純で平易な文体で起案した場合に，
洗練されていないとの印象をクライアントに与えることを心配する弁護士
が多い，⑤多くの弁護士は，新しい契約書の文体を勉強し，習得する時間
がないと感じている。

(4)　平易文体運動

　英文契約書その他の法律文書が不必要に複雑であるという批判は，特別
に新しいものではない。19世紀にチャールズ・ディケンズの小説は
legaleseをパロディー化していたし，コモン・ロー英語圏で実際に契約書
に平易文体（plain language）を推進する取組が始まったのは，1970年代初
頭のことである。現在のシティバンクは当時，平易文体で書かれた約束手
形を発行する試みに成功した。

　1980年代半ばになると，より平易な契約書を求める動きはさらに浸透し，
特にカナダ，オーストラリア，ニュージーランドなどでより活発となった。

その後数年にわたって，複雑な起案形式がより根強かった英国や米国，その他のコモン・ロー諸国，ヨーロッパ諸国などで，特に消費者と事業者との間の契約やソフトウェア使用許諾契約など内容の交渉がしにくい契約書に関して，平易文体を義務づける法律が可決されている。

平易文体の目標は，提案者によって差異はあるが，次のとおりである。

- ・　古い用語を日常英語に近い単語や表現に置き換える。
- ・　過剰に使用されているshallの使用をやめるか，又はその使用を1つの特定の意味に限定する。
- ・　不要な繰り返しとなる単語や表現を排除する。
- ・　長い文章を短い文章に分割するか，又はフォーマット技術を用いて文章を読みやすくすることによって，文章を短くする。
- ・　受動的な文章の使用を避ける。

平易文体を推進する人々は，上記の原則に基づいて書かれた規定が，より長いlegalese版と同じかそれ以上に，明確で正確になり得ると考えている。以下の「Myth Busting」の責任制限（Limitation on Liability）の2つの例を読み，どちらのバージョンがより正確で，読みやすいか，さらにクライアントがどちらのバージョンを後々まで参照したいと思うのか，考えてみてほしい。平易文体版において，意味や包括性が失われている箇所はあるだろうか。

 In Focus

どちらのバージョンがより明確で正確か？

1　従来のバージョン（Legalese版）

PURCHASER HEREBY ACKNOWLEDGES AND AGREES THAT ITS SOLE REMEDIES AGAINST MANUFACTURER IN THE EVENT OF A DEFECT IN THE EQUIPMENT ATTRIBUTABLE TO MANUFACTURER'S FAILURE TO MANUFACTURE THE EQUIPMENT IN ACCORDANCE WITH SPECIFICATIONS SHALL BE REIMBURSEMENT OF THE PURCHASE PRICE PAID BY THE PURCHASER TO THE MANUFACTURER FOR THE EQUIPMENT, AND FURTHER AGREES THAT IN NO EVENT SHALL MANUFACTURER HAVE ANY LIABILITY OF ANY KIND,

WHETHER IN CONTRACT OR BREACH OF WARRANTY (EXPRESS OR IMPLIED), TORT, INCLUDING WITHOUT LIMITATION NEGLIGENCE AND STRICT LIABILITY, OR UNDER ANY OTHER LEGAL THEORY, FOR: (ⅰ) ANY LOST PROFITS OR REVENUE LOSSES; (ⅱ) ANY DAMAGES FOR ANY FACTORY DOWN-TIME REQUIRED DUE TO REPAIRS OR REPLACEMENTS TO THE EQUIPMENT REGARDLESS OF THE REASONS FOR SUCH REPLACEMENT OR REPAIRS; (ⅲ) ANY DAMAGES, ARISING OUT OF DEFECTIVE OR ALLEGEDLY DEFECTIVE COMPONENT PARTS MANUFACTURED USING THE EQUIPMENT, OR (ⅳ) ANY CONSEQUENTIAL, SPECIAL, PUNITIVE, INCIDENTAL OR INDIRECT DAMAGES ARISING OUT OF THIS AGREEMENT, OR RELATING TO THE DELIVERY, USE, INSTALLATION, OPERATION, OR FAILURE OF THE EQUIPMENT.

　購入者は，製造者が仕様に従い装置を製造しなかったことに起因する装置の欠陥の場合における製造者に対する唯一の救済請求が，購入者が製造者に支払った装置の購入価格の払戻しであることを認め，これに同意し，さらに，製造者は，いかなる場合においても，契約，保証の違反（明示又は黙示を問わず），不法行為を含む過失，及び厳格責任によるかどうかにかかわらず，又はその他の法理論に基づくかどうかを問わず，以下の事項についていかなる種類の責任も負わないことに同意する。(ⅰ)逸失利益又は収益の損失，(ⅱ)装置の修理又は交換を理由とするかどうかにかかわらず，当該修理又は交換に必要な工場のダウンタイムに対する損害，(ⅲ)装置を使用して製造された，欠陥のある又は欠陥があるとされる構成部品に起因する損害，及び(ⅳ)本契約に起因する，又は装置の納品，使用，設置，稼働若しくは不具合に関連する，派生的，特別，懲罰的，付随的又は間接的損害。

2　平易文体版（Plain English版）

If Manufacturer fails to manufacture the Equipment in accordance with the Specifications, the Purchaser's only claim against the Manufacturer is limited to the reimbursement by the Manufacturer to the Purchaser of the purchase price paid for the Equipment. The Manufacturer will not have, under any theory of law or for any reason, any compensation, contribution or other obligation to the Purchaser under this Agreement for (i) profit or revenue loss, (ii) factory down-time, (iii) damages relating to component parts manufactured with the Equipment, or (iv) consequential, punitive, incidental, indirect or exemplary damages.

　製造者が仕様に従い装置を製造しない場合，購入者の製造者に対する唯一の請求は，製造者の購入者に対する装置の購入代金の払戻しに限定される。製造者は，本契約において購入者に対し，(i)逸失利益又は収益の損失，(ii)工場のダウンタイム，(iii)装置を使用して製造された構成部品に関する損害，又は(iv)派生的，懲罰的，付随的又は間接的損害について，法的又はその他理由に基づき，補償，費用負担又はその他の義務を一切負うものではない。

　最終的には，本書の著者らが推奨している平易文体による契約書のドラフトを推進する動きは，弁護士や裁判官・仲裁人ではなく，契約当事者をドラフト・プロセスの中心にしようとするものである。これは，**Part 1** で述べた「契約書はビジネスの羅針盤」であり，「契約書はクライアントが契約対象取引のルールブックとして容易に利用できるように作成されるべきである」という考え方にも符合するものである。

3 　英語と日本語の間の移動

　これまで，法律の専門用語の特徴，特に英語に関するものを検討してきた。しかし，国際ビジネス契約の実務では，日本語と少なくとももう1つの言語（一般には英語）との間を口頭および書面で行き来することになるだろう。

　すでに述べているとおり，良くも悪くも，英語は，今日の国際ビジネスで最も一般的に使用される言語である。英語がこの役割を担っている理由は，他の候補より明確で論理的であるからではなく，主に第二次世界大戦以降の国際情勢を反映した経済的および政治的理由によるものである。日本の法律専門家にとって残念なことに，英語と日本語は，文章体系や文法，

単語の起源や借用度などにおいて，人間の言語として対極にあるといえる。英語は通常，日本人にとって習得が最も難しい外国語の1つであるとは考えられていないが（日本人の大半は，最も難しい言語として，とりわけ，アラビア語，ロシア語，中国語を挙げているように思われる），英語は容易ではなく，かつまったく論理的でさえないことは確かである。英語は，他のゲルマン系言語と比較しても，独特の歴史を有する言語であり，このために綴りと発音の間の大きな不一致，文法規則における多くの例外を内包している。

　他方では，日本人は，この言語の難しさの問題が「双方向的関係」であることを理解すべきである。米国政府の外交研究所（Foreign Service Institute）は，世界の言語を難易度の高い順にランク付けしているが，英語を母国語とする者にとって習得が世界で最も困難な言語は日本語だとしている。しかし，日本語から英語かその逆かに関わらず，ここで重要な点は，2つの言語間を移動する場合には，誰もが意味を正確に伝えるために必死になるのは当然のことであり，2つの言語間のギャップが大きいほど，難しさは増すということである。

　2つの言語と法制度の間の移動における課題

　多くの法律専門家が母国語以外の言語を学ぶことに相当の時間を費やした経験を有するが，言語と法律が交わる際に生じる具体的な問題について深く考慮している人は少ないのではないか。このことは，法的検討や起案，外国人弁護士との協議やコミュニケーション，翻訳・通訳にネガティブな影響を及ぼす可能性がある。2つの異なる言語と2つの異なる法体系の間を移動する難しさは，言い換えれば，言語的かつ法的に完全に一致する概念を探る試みによって体感することができる。

(1)　互換性の欠如①　—単語の「境界」とは

　具体的な事物を示す単語は，他言語においても比較的正確に同じ対象を指示すると考えられているが，これも当てはまらないことは多い。兄弟言語の場合でさえ，特定の単語の意味の範囲，つまり意味の「境界」と呼ぶ

ことができるものは，各言語で異なる方法で進化する可能性が高い。2つの言語が，英語と日本語のように，まったく異なる語族に由来する場合，非常に単純な単語でさえ，意味の境界が全く異なる可能性がある。これを説明するために，以下に簡単な例を示す。

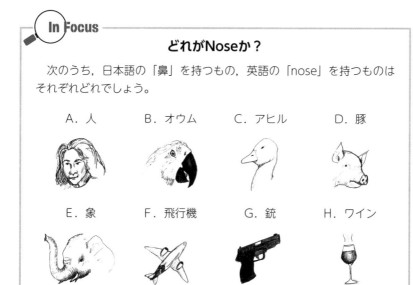

In Focus

どれがNoseか？

　次のうち，日本語の「鼻」を持つもの，英語の「nose」を持つものはそれぞれどれでしょう。

A．人　　　　B．オウム　　　C．アヒル　　　D．豚

E．象　　　　F．飛行機　　　G．銃　　　　H．ワイン

　これら日英2つの単語の一般的な意味を，それぞれ境界線で描くと，英語と日本語の間のまったく異なる意味の「境界線」が示される。オウムやアヒルに日本語で言う「鼻」があるのかは，日本人の間でも意見が分かれるだろう。

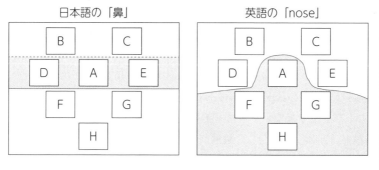

日本語の「鼻」　　　　　　　　　英語の「nose」

他の言語のnoseに相当する単語でもまた，異なる意味の境界図となる。

> 興味のある方のために，オウムの「鼻」は英語で*beak*，アヒルは*bill*，豚は*snout*，象は*trunk*である。ワインのnoseとは，その芳香のことを指す。フランス語は英語のnoseと意味の境界を共有する。ただし，英語で言う銃のnoseはフランス語では使用されない。
>
> 英語のnoseに対応する単語の意味の境界が異なることに加えて，以下のような多くの慣用句的英語表現においてもnoseという単語が使用されていることに着目しなければならない。
>
> 　　To keep one's *nose* clean.　　面倒に巻きこまれないようにする.
> 　　To pay through the *nose*.　　必要以上／法外な代金を払う.

(2)　多義性の問題

　言語学者の多くは，多義性の概念を用いて，特定の言葉の意味の互換性の問題を分析している。多義性とは，言葉が，動詞の「to execute」などのように，元の言語において2つ以上の異なる意味を有するために発生する問題である。法律英語としての「to execute」は，（契約書に）署名すること，何か（捜索令状又はオプション）に法的効力を生じさせること，重大な刑事犯罪で有罪判決を受けた人の死刑を執行することを意味することがある。多義性は，不明瞭さとは別の問題とみなされる。この場合，当該単語の使用者が意図する意味がどれであるかを理解しなければならない。

　元の言語で多義的とみなされていない言葉が他言語に翻訳・通訳される場合に多義性の問題を生じることもある。たとえば，日本語の動詞「させる」が英語に翻訳される場合，強制的な意味を示すmake X do something（Xに何かをさせる）や，契約書ではcause X to do something（Xに何かをせしむる）などの表現，又は許容的な意味を示すallow X to do something（Xが何かをすることを認める）や，契約書ではpermit X to do something（Xに何かをすることを許可する）などの表現を使用しなければならない。これらは全く別の状況を示しており，全ての意味を自然に有する英語に翻訳することはできない。逆に，英単語「institution」の意味は，「機関」，「施設」，「団体」，「協会」，「機構」を含み，銀行その他の金融機関，教会，又は婚姻の制度さえも指す場合がある。日本語には，同じ意味の広さを伝える，同様の単語や表現はない。

どちらの場合も，翻訳者や通訳者は難しい選択に直面する。以下のケース・スタディは，このような多義性のケースがいかに問題となり得るかを示している。

ケース
スタディ
No.8

「調整」の翻訳

　われわれの法律事務所は，米司法省（DOJ）による競争法違反の調査対象となった日本企業のため，米国現地弁護士による弁護活動を支援していた。依頼者は，当局との司法取引に応じて，何千通もの電子メールその他の文書を提供し（および英語に翻訳し），多数の従業員が事情聴取を受けるなど，DOJの調査に協力することに同意した。

　米国では，電子メールや文書の日本語オリジナル版と英語翻訳版の検索機能が付いた，大規模なデータベースが構築された。当然ながら，膨大な量の文書を翻訳するには多くの翻訳者が必要だった。われわれは，依頼人の従業員や翻訳者のため，専門用語の適切な英語訳を示した単語帳を作成した。しかし，実際には，翻訳のすべての側面を標準化することはできなかった。

　米国の弁護士は，英訳された電子メールの中から競合企業間の違法な協力についての協議を示す鍵となる言葉を探しており，彼らが注目したキーワードは，英単語のcoordinationだった。証拠データベースの単語検索を通じ，coordinationを含む多くの文書が発見され，その大半は，実際に米国法で禁じられた競合企業間の共謀にある程度関連していた。しかし，中には完全に悪意のないイベントの日程を協議した電子メールも発見された。彼らは状況を説明してほしいとわれわれに頼んで来た。

　われわれは対象文書を見てすぐに，coordinationが，日本語の「調整」を翻訳する際に翻訳者が使用した英単語の１つであると分かった。「調整」は，競合企業間の商業活動における共謀を指す場合があることは確かだが，スケジュールの調整（adjusting又はarranging）に言及しているだけの場合もあった。要するに，特定の文章で使われる「調整」に対する翻訳者の意味の捉え方によって，異なる英単語が使用される必要があったのだ。

　われわれは，翻訳者が単なるスケジューリングに関してadjustmentの代わりにcoordinationを使用していた場合，翻訳の過程で逆のことも起こっている可能性があると気付いた。つまり，当事者が競合他社との「調

整ing」／coordinatingを行っていた場合，翻訳者は，その翻訳の中で
coordinatingではなく，adjusting又はarrangingを誤って使用している
可能性があることが分かった。

　この多義性の問題を認識し，adjustとarrangeという単語を検索する
ことにより，違法な調整行為について使用される「調整」に関する多くの
新しく重要な文書を特定することができた。この案件では，すべての関連
文書をDOJに提出することが，顧客が課徴金減免措置（leniency）の適
用を受けるための条件とされていた。追加で特定された文書が提出されな
かった場合，DOJは後に，違法な調整の証拠を隠蔽していたと主張する
可能性もあった。そうなればDOJとの司法取引は無効となり，顧客には
より重い罰則と罰金が課せられる結果となる可能性があったが，間一髪の
ところでこれを免れることになった。

(3)　互換性の欠如②　―文化の違い要因

　第2の互換性の欠如の問題は，ある言葉が，他言語の話者が共有しない
文化的な意味や要素を含んでいたり，それが一般に使用される文脈に相違
があるために生じる。一例として，ある文化では特定の状況で使用される
表現があるが，別の文化では同等のものがないことがある。多くの西洋諸
国でくしゃみをした人によく言われている「God bless you（神の恵みを）」
は，日本語で相当表現はない。他方で，日本に住む英語のネイティブス
ピーカーが，日本人の同僚や友人から「お帰りなさい」や「いただきま
す」の英訳を聞かれることは多い。「英語ではそのようなことは言わない」
という回答をすると，日本人を困惑させることになる。後者の場合には英
語訳を作ることができるが，それは慣用表現ではなく，英語では（少なく
ともアメリカ英語では），不自然に聞こえるだろう。

　驚くべきことに，このような無害に思える表現が，国際的な法律事務に
おいてマイナスの影響を及ぼすこともある。以下のケース・スタディで紹
介する著者が関与した事案では，よく使われるある日本語表現が米国にお
いて大きな問題となり，弁護士とクライアント双方の追加負担につながっ
た。

ケース・スタディ No.9　よろしくお願い致します

　今回のケース・スタディでは，再び独占禁止法関連案件を検討する。前記のケース・スタディNo.8とは別の案件だが[5]，同様に司法取引契約に関係している。

　DOJは，われわれの顧客企業の従業員と競合他社の従業員との間で取り交わされた，緊密な協力関係を示す文書や言い回しに特に関心を持った。このことを知った顧客企業の米国代理人弁護士は，（英訳のみを読んで）競合間で交換されている複数の電子メールにおいて，「頼みたいことがあります」，「ご支援ありがとうございます」およびこれと同様の表現を多数発見し，懸念を抱いた。これらの電子メールを何時間もかけて再検討し，どのような便宜が与えられたか，見返りは何だったのかを見極めようとした。そのような努力の後，彼らはわれわれに相談しにやって来た。

　この問題は，日本語電子メールの締めくくりに頻繁に用いられる「よろしくお願い致します」に対し，翻訳者が異なる英訳を使用したことから生じたものである。同じ翻訳者であっても，明確な理由なく，異なる単語や表現を用いて翻訳していた場合もあった。Thanks, Best regards, Warm regards, Yours sincerely, Greetings, Closing greetings, Please keep good relationsなど幅広い対訳が用いられていた。われわれは，この状況を米国の弁護士に説明した。

　米国の弁護士たちは，競合他社間の「お願い」への言及に関し，自分たちと同じ懸念をDOJが抱くであろうこと，また，いずれにしても，同一の日本語の語句があまりにも多くのまったく異なる英語に翻訳されたことについても不満に思うだろうことを心配した（つまり，DOJは，翻訳者たちがずさんな翻訳をしたと思うかもしれない）。この問題の解決方法について助言を求められたわれわれは，「[標準的な日本の締めくくりの挨拶]（standard Japanese closing greeting）」という表現を一貫して使うことにし，同じ日本語表現が本当にお願いの要求を伝えるために使用されていた場合には，Please do me/us this/these favor(s). などの英訳を使用することとした。

　最終的に，この問題をDOJに説明し，DOJが日本語の専門家と話し

5）外国の独占禁止法調査，特に証拠の「ディスカバリー」について広範な規則を有する米国でのこれらの調査は，調査対象の当事者が多数の文書を翻訳し，DOJに提出することとなるため，翻訳と通訳の問題に関するケース・スタディの大きな情報源である。

合った結果，翻訳文の訂正は不要であると判断された。しかし，この問題を解決するため，文書の多角的な検索，追加の検討・協議，DOJとの会合などの業務が必要であり，顧客は少なくない追加フィーを負担しなければならなかった（この業務の請求書の最後に，法律事務所が「よろしくお願い致します」と書き添えたか否かは未確認である）。

　ある言語の文法や構文が他の言語と著しく異なることにより，さらなる互換性の問題を引き起こす場合がある。英語と日本語は文章構成に対するアプローチが大きく異なる。英語の場合，わずかな例外はあるが，文章の主語，そして動詞が目的語を取る場合には（他動詞），目的語が明示されていなければならない（一般的な例外は，主語「you」が省略されている命令形"Do it !"であるが，目的語を省略することはできない）。他方，日本語の場合，特に非公式な会話や書面では，主語と目的語のいずれか，あるいは主語（又は文章の「主題」）と目的語の両方が省略されることが多い。

　著者らが参加した証人の聴き取りで，日本人の証人は，Did anyone in the Sales Department really read this report?と質問された。質問は，「営業部の中のどなたかこの報告書をきちんと読みましたか？」と通訳された。証人は「読みましたよ！」と答えた。このような答えは，主題と目的語の両方を欠いており，正確に英語に通訳することはできない。目的語を「それ」（報告書）と解釈すべきであると合理的に仮定したとしても，英語での回答には主語も必要である。Someone read it !（誰かがそれを読んだ）とI/we read it !（私／われわれがそれを読んだ）のどちらの意図であったのかを言い当てることはできない。日本語の多義性は，この返答を単純にYesと英訳することで維持できるはずだが，証人の日本語返答は「はい」ではなかったし，いずれにせよ，最後の「よ」を説明することはもはや不可能である。

　例文の締めくくりの「よ」もまた，翻訳者や通訳者に難しい選択を迫るものである。翻訳者は単に，文章の最後に感嘆符の"！"を使用しようとするかもしれないが，通訳者にはこの選択肢はない。Of course, someone/I/we/we all read it（「もちろん，誰か／私／私たち／私たち全員がそれを読んだ）」が適切だろうか。あるいは，実際の日本語のニュアンスよ

りも強調されてしまうだろうか。ここで“of course”が使われる場合，翻訳者や通訳者はその後，「もちろん読みました」をどうやって訳すだろうか。文の最後の「よ」「ね」「かな」などは，日本語の話者にとっては十分に理解されるニュアンスだが，他言語，特に英語で正確に伝えることは，非常に難しい。

　同様に，日本語の丁寧な言い回し（「様」や，名詞の前につける「御」の使用，「召し上がる」などの動詞）や，形式的な言い回し（動詞の最後の「ます」の使用など）は，同じ礼儀／形式的なコミュニケーション手法を共有しない言語で表現することができない重要な情報を伝えている。また方言も，地位，分類に関する重要な情報，さらに職業さえ知らしめてくれるが，一般には他の言語に適切に翻訳することはできないものである[6]。

(4)　互換性の欠如③　―法制度の違い要因

　翻訳通訳における互換性の欠如の3番目の要因は，異なる法制度が重要な法的概念を共有していない場合に生じる。日本の法律専門家は，異なる法制度を採用する国々の法律専門家と交流する機会も多い。これらの国々では，日本と同じ大陸法制度のほかに，コモン・ロー法制，シャリーア法制，社会主義法制などが採用されている可能性があり，さらに，多数当事者間の取引であれば，複数の制度が入り組んでくることもある。

　たとえば，日本法にない法律概念を示す日本語の例として，「約因」という語がある（Part 1 第3章の3(4)を参照されたい）。コモン・ロー法制上のconsiderationの訳語である。コモン・ローにおけるこの概念の重要性を十分に理解しているか否かを問わず，日本の法律家の大半は，それが契約の下での価値の交換に関連して，英国や米国などで使用されている特定の法的概念であることを理解しているだろう。

　一方，英語は，英国発のコモン・ロー法制を採用する国々のほとんどで公用語となっている。このため，英語はコモン・ローにおける問題を表現

6）著者が，英国制作のテレビ番組の日本語吹き替え版を日本で見たときのこと。この番組では，東ロンドンで生まれ育った人達が使う下町方言であるコックニー英語を話す大雑把な性格の人物が，雑に聞こえる大阪弁の日本語に吹き替えられていた。方言を伝えようとする非常に独創的なやり方ではあるが，一部の日本人にとってはおそらく不愉快なものだろう。

する専門用語が豊富だが，その他の法制に関する「ネイティブの」経験値はほとんどない。つまり，他の法制度に由来しコモン・ロー制度に存在しない法的概念は，一般的な英語訳が存在しないことが多い。

　どちらの場合も，2つの異なる法的状況における互換的な法的概念の欠如は，これを理解し，翻訳する上でしばしば障害となる。以下に説明するとおり，これらの例は日本語だけでなく英語でも容易に見つけることができる。

In Focus

Equity

　第1章でも紹介した英語の*equity*という単語は，英語では複数の意味を一般に有し，法律専門用語としてだけでなく，金融専門用語としても使用される。

Equity
- 通常の意味：公平・不偏であるという性質
- 法的な意味：コモン・ロー法制上の特定の分野
- 商取引での意味：会社が発行する株式の価額
- 金融での意味：担保物の債権額を差し引いた抵当財産の価値

　法律用語としてのエクイティの起源は，中世イングランドの法制度までさかのぼる。500年前，訴訟の提起に関する規則は複雑で，請求の多くが手続上の理由で却下されていた。不満を抱いた国民は，公正を求めて国王のところに向かい，最終的にはChancery（衡平法裁判所）と呼ばれる王室裁判所が，別の裁判所として設置された。衡平法裁判所長は，自らの良心に基づいて，equitable（公平な）（通常のfairの意味）救済を提供することができ，自らの判断において，コモン・ローの厳しい手続上の規則に拘束されなかった。

　多くの人々が批判したが，（「法による支配」より「人による支配」だった）「衡平法」は，英国の法制度において永続的な地位を占め，合衆国憲法により米国で採用された（「司法権は，ロー及びエクイティの下，すべての事案に及ぶ（Judicial power shall extend to all cases, in law and equity）」）。

　最終的には，英国と米国の双方において，衡平法の施行について多くの変更が加えられた。しかし，今日でさえ，たとえば米国では，ローとエク

イティとの間に重要な違いが存在する。原告が関連する制定法において認められる範囲内の金銭的損害賠償を要求する裁判を提起する場合，原告は陪審裁判を受ける権利を有する。しかし，原告が要求する損害賠償が制定法の制限を超える場合，又は原告が金銭以外の救済手段を要求する場合，そのような請求は衡平法上の請求とみなされ，既存の判例に拘束されない裁判官によってのみ，判決が下される。

　だが，時々，契約書の remedies at law or in equity の和訳において，equityに相当する訳語として，「公平」又は「公正」が使用されているのを目にする。これは，比較対象の法律について特別なトレーニングを受けていない翻訳者が犯しやすいミスだが，この翻訳は，上記で説明する用語の真の重要性を全く伝えていない。

　もしあなたが翻訳者だったら，remedies at law or in equity をどのように和訳するだろうか。回答は**Part 1 第 1 章の 2**を参照されたい。

　上記の現象の2つ目の例は，以下に記載するとおり，日本語から英語に翻訳する際のものである。

意思表示

　日本の法制度には，他の多くの大陸法制度と同様に「意思表示」という概念がある。法的拘束力が発生する時期を明確にすることは重要であるが，契約が効力を持つまでには，①各当事者が契約を締結したいと考える，②締結することを決定する，③締結する旨を表明することを決定する（契約の申込みと承諾），④締結する（意思表示の合致）旨を実際に表明する，というステップからなる。

　翻訳者にとって残念なことに，コモン・ロー制度では一般に，この「意思表示」という概念が認められていない。文字どおり，英語でdeclaration of intent と翻訳されることが多いが，日本語を話さないコモン・ローの法律専門家にとっては，この英訳は日本の制度のニュアンスを伝えておらず，declaration や intent といった単語の通常の意味に加えて，以下を含む，全く異なる専門的な法律用語の意味を有している。

　　ケンブリッジ辞典では，declaration of intent を，「人又は集団が行い又は達成しようと望むことの詳細を示す文書だが，法的な契

約ではない」と定義している。この定義は，日本法に基づく意味と
は事実上反対の方向を指している。
　米国では，declaration of intentとは，恋人同士が自由に結婚す
ることを互いに認めていることを表明することを指す。
　また，米国のオンライン辞書であるFree Dictionaryによれば，
declaration of intentionとは，「外国人が記録裁判所に出頭し，
正式な方法で，米国市民になる意思を善意で宣言する行為」である。

　上記の状況において，非常に知識が豊富な翻訳者でさえも，自らの英訳
の読み手に対し，「意思表示」という法的概念に対し意味を成す訳語を与
えることは難しいだろう。

(5)　不明瞭さの課題①　─意図的不明瞭さ

　上記で示したとおり，単純な言葉でさえ，正確に互換的な訳語を見つけ
ることは難しいが，元の言語において多義的な意味（又は明確ではない意
味の境界）を持つ言葉は，言語間の移行の際には特別な困難を伴う。残念
ながら，多義的な言語は法律文書の起案において浸透しており，われわれ
が「必要悪」と呼ぶものの典型例である。
　法律文書は正確さと明瞭さを目指していると上述したが，皮肉なことに，
法律文書，特に契約書の起案では，明確な意味の境界を欠いた言葉を常に
目にする。実際，契約の起草者は，「合理的（reasonable）」，「迅速
（prompt）」，「最善の努力（best efforts）」，「誠意（good faith）」などの多義
的な言葉を使用せざるを得ない。なぜなら，非常に長い契約においてさえ，
あらゆる起こり得る状態や状況，又は適切な期間や努力の程度を具体的に
記述し定義することは不可能だからである。このような場合，契約の起草
者は，明確かつ正確に定義された意味の境界がない文言を意図的に使用す
ることで，予期せぬ将来の可能性に対応するための問題と，ある程度の柔
軟性を広くカバーしている。
　これは契約書に固有の問題でなく，法令の起草や解釈においても意味の
「境界」が明確ではない多義的な単語，表現，用語に依拠しなければなら
ないことは多い。裁判官も，民事・刑事を問わず，しばしば，事件に関係

のある法律から特定の言葉の意味の境界を決定するための法解釈を迫られることになる。

　それでも各言語や法制度の内部においては，これらの境界が多少あいまいな概念であっても，一般に認識される了解事項が存在する。判例や法理論は，このような不明瞭な表現を解釈するための例や基準，規則を提供している。しかし，本当の問題は，これらを他の言語と法制度へ移行しようと試みる時に生じる。ある言語／法制度の解釈や共通理解が，同様に曖昧な等価の言葉が別の言語において確認できたと仮定しても，別の言語及び法制度において同等の言葉や表現に付与される解釈や共通理解と正確に一致する可能性は非常に低い。

(6)　不明瞭さの課題②　―意図しない不明瞭さ

　不明瞭さは，必ずしも意図的なドラフティングの結果とは限らない。法律文書のドラフティングにおける単語や表現，文構造，構文でさえ，意図しない不明瞭さが含まれている可能性がある。たとえば，An objection to the proposal was raised by the Managing Director and majority shareholder.（「常務取締役及び主要株主により提案に対する異議が提起された」）という文章を検討する。これは，2名の者が異議を提起したのか，又は（常務取締役兼主要株主である）1名が提起したことを意味しているのか。問題は，われわれが単語の意味を理解していないこと，又は単語が比較的正確な意味の境界を有していないことではなく，文章の執筆者が意図する本来の意味を理解するための十分な情報が提供されていないことである。熟練した翻訳者・通訳者であれば，原文の不明瞭さを他言語で再現することができるかもしれないが，常に可能とは限らず，翻訳者や通訳者には困難な問題に直面することになる。

　ここまで法務翻訳者や通訳者が直面する障害の一部について一般的な考えを述べてきたが，翻訳者や通訳者と協力して最善の結果を生み出すためには，国際的なベストプラクティスを確立する必要がある。

第*10*章

翻訳者・通訳者との協働

Working with Translators and Interpreters

　本章では，第9章で取り上げた言語問題に対する国際的なベストプラクティスを確立することを目的として，実務面で役立つアプローチを紹介する。国際ビジネス契約に関わる者は，言語サポートを提供することを専門とするプロフェッショナルな翻訳者や通訳者に頼る機会が多くなる。まず初めに，翻訳者・通訳者に関する誤った通念を解説し，どのように翻訳者・通訳者を選べばよいか，また，仕事の依頼の仕方について理解を深めていく。この2点について国際的なベストプラクティスを考察した後，本章の締めくくりとして，読者自身の言語スキルの向上に関する助言を提供したい。

1 翻訳と通訳に関する誤った通念

　翻訳者・通訳者の役割と仕事について多くの人が持っている一般的な誤解を見直すことから，翻訳と通訳についての議論を始めよう。

> 誤った通念1：「あの人はバイリンガルだから，翻訳・通訳を頼もう」

　ある人物がバイリンガル，又は2つの言語に「堪能」であるからといって，必ずしも，ビジネスの場で，又はプロフェッショナルなレベルで，翻訳や通訳ができるわけではない。

　プロフェッショナルな翻訳者・通訳者は，第二言語を話す，読む，書くといった能力に加えて，様々なスキルを習得していなければならない。こうしたスキルは特別な素質を必要とするだけでなく，学習や実務経験を通して開発していく必要がある。

　自分自身や他人の第二言語スキルを過大評価することは珍しいことではない。本当にバイリンガルである人，つまり2つの言語をまったく同程度に流暢に扱える人（あるいはほぼ同程度で流暢に扱える人）は，非常に稀で

ある。一般的には，外国語のスキルを持っている人は第二言語を専門的な
レベルで「産み出す」（話すことや書くこと）ことはできないが，第二言語
で書かれたことや話されたことをよく理解することはできることが多い。

　翻訳物又は通訳が必要な交渉の重要性に応じて，言語サービス提供会社
の要否や予算，期限について判断すべきである。翻訳を必要とする文書や
通訳を介する交渉が非常に重要である場合，プロフェッショナルな翻訳者
又は通訳者が不可欠である。

誤った通念２：「翻訳ができれば通訳もできる。通訳ができれば翻訳もで
　　　　　　　きる」

　翻訳・通訳の両方とも，少なくとも２つの言語にある程度堪能であるこ
とが要求される。しかし，最終的な「プロダクト」と，サービスが提供さ
れる方法は，翻訳と通訳で大きく異なる。

　翻訳は，将来的に残る書面の記録を作成することである。契約書等の重
要な法律文書の翻訳には，関連する法概念への理解，その文書に適したラ
イティングスタイル，そのスタイルにおける優れたライティング能力，リ
サーチ，そして忍耐力が必要となる。

　通訳は通常，「その場」で行われる。通訳中に外部のリソースへのアク
セスはほとんどできないため，プロフェッショナルな通訳者は優れた記憶
力と語彙力を有していなければならず，予期せぬ事態に直面したときに迅
速，柔軟かつクリエイティブな対応を取ることが必要となる。

誤った通念３：「翻訳者・通訳者は両方向（たとえば，英語から日本語，
　　　　　　　日本語から英語）の翻訳・通訳ができて当然である」

　通訳者は実際に両方向の通訳を求められることが多いが，これは必ずし
も理想的ではない。翻訳者は他国語から自国語への翻訳を行うことが一般
的に推奨されており，これが必須ルール[1]となっている場合もある。

---

1) 例えば国連は，6つの公用語（アラビア語，中国語，英語，フランス語，ロシア語，ス
　ペイン語）について，世界で最も有能な翻訳者・通訳者を訓練し登用することについて長い
　歴史を持っているが，翻訳者に対しては他国語から自国語への翻訳のみを行うことを求めて
　いる。「会議通訳者」は，一般に，第二言語から母国語又は第一言語への通訳のみを行う。

> 誤った通念４：「翻訳者・通訳者は言語のプロなのだから，仕事を依頼し
> た後はすべて彼らに任せておけばよい」

　契約書の翻訳など対象となる分野で経験と訓練を積んだプロフェッショ
ナルな翻訳者・通訳者に仕事を依頼することは確かに重要だが，最高の結
果が得られるのは，法律専門家と翻訳者・通訳者がチームとして協働した
時である。翻訳者・通訳者によるミスは，法務チーム全体の仕事に悪影響
を及ぼす可能性がある。

> 誤った通念５：「文章の翻訳や発言の通訳の正解は１つである」

　厳しい現実として，たとえ２つの言語が密接に関連している場合でも，
対象となる文章や発言の翻訳・通訳の結果には複数の候補が存在するとい
うことを忘れてはならない。２つの言語が英語と日本語のように異なって
いる場合，翻訳・通訳結果の候補は数多く，第９章で述べたように驚くほ
ど多様である（こうした違いは，翻訳・通訳を依頼した依頼者が想定する最終
目的による可能性もあることに留意してほしい。これについては後述する）。
翻訳・通訳は「科学ではなく芸術である」[2]としばしば言われるのはこの
ためである。しかし，これを聞いた多くの裁判官や弁護士は，非常に居心
地の悪い思いをしているだろう。

> 誤った通念６：「翻訳者・通訳者は最終的に機械で代用できる」

　「決してそのようなことは起こらない」と言うべきではないのは近年の
AIの急激な発展から承知だが，多くの専門家は，特に日本語と英語ほど
異なる２つの言語の翻訳・通訳については，機械での代用が近いうちに可
能になる可能性は低いと語っている[3]。誤った通念５と第９章で述べたよう

2）「More art than science」は，明確な「ルール」を適用することよりも正確さや適切さを
　判別する「感覚」を使う方がより役立ち，重要であることを示すときに一般的に使用される
　英語表現である。
3）機械翻訳サービスを提供する会社でさえ，これを認めている（"Fully Automated
　Machine Translation Service"; available at: https://www.semantix.eu/translation/machine-
　translation）。法務翻訳の特殊性にはこの傾向がよりあてはまる（J. Hendry, "Comparative
　Law and the (Im) possibility of Legal Translation" in "Comparative Law – Engaging
　Translation"; Routledge, (2015)）。

に，翻訳と通訳には多くの訳文・訳語候補がある。候補の中から最適な訳文・訳語を選択するには，主題に関する専門知識と，言語のニュアンスへの理解，翻訳・通訳の目的についての理解が必要とある。微妙なニュアンスの翻訳・通訳を正確にコンピュータにプログラミングすることは，まだできていない。

2 翻訳と通訳の共通点

　翻訳と通訳は大きく異なるものだが，当然ながら共通点も多くある。一般的には，翻訳者と通訳者は両者とも，①第二言語（目標言語）の言語的，文化的，そして（法務翻訳・通訳の場合は）法的な背景や適切なライティングスタイル，翻訳・通訳が必要とされる目的と「対象となる」受信者を考慮したうえで，意味が正確に伝わるように，また，②目標言語を母国語とする人が自然に読める，聞けるように，ある言語から別の言語にテキスト／発言を翻訳／通訳することが求められる。

　翻訳・通訳は難しく重要な仕事であるが，残念ながら多くの法律専門家や会社はそう考えていない場合も多い。法律専門家の多くは，当然のように原文や元の発言が最も重要だと考えている。彼らは，翻訳・通訳されたものを読む人・聞く人の多くが外国語のスキルを持っていないことを忘れてしまっている。原文を読んだり元の発言を聞いたりしない人々は，翻訳・通訳された結果を「読む」か「聞く」だけであるから，翻訳・通訳が正しいか否かは関係ない。翻訳・通訳の重要性を理解しない場合には，翻訳・通訳にかかる費用を必要以上に気にしたり，翻訳・通訳に余分の時間を要することに不満を抱くことがある。このように翻訳・通訳を否定的に捉えた結果，しばしば不幸なことが起こる。

　　□準　　備：翻訳者・通訳者の仕事は，プロジェクトの成功にとって重要
　　　　　　　　なものとしてではなく，プロセスの「機械的な」部分として
　　　　　　　　のみ認識されることがある。この場合，多くの法律専門家は，
　　　　　　　　翻訳者や通訳者にプロジェクトに関する適切な説明を行わな
　　　　　　　　い。

　　□協　　力：翻訳者・通訳者がプロジェクトの正式なメンバーとして認識

されていない場合がある。また，法律専門家は，翻訳者・通訳者とコミュニケーションを取る，質問に答える，フィードバックを共有する等を通して彼らと協力することが重要であると認識していないことがある。

□費　用：翻訳・通訳をより安価に提供する業者を探し，費用を抑えようとする場合がある。

□期　限：翻訳作業の期限を非常に短く設定し，その結果，最終製品の品質に影響を及ぼす場合がある。

法律専門家はこうしたリスクを認識し，クライアント企業に提供する法務サービス全体を左右する翻訳・通訳の専門的水準を最高水準に維持するために必要な対策を取らなければならない。

In Focus
翻訳・通訳に関して知っておくと便利な用語

翻訳・通訳には共通に使用される専門用語もある。下表に最も重要な用語（英語）をまとめたので，翻訳会社や言語サービス提供会社を利用する際に役立ててほしい。

Translate	翻訳。英語では翻訳と通訳の両方を指すことがあるが，「translate」は正確には文書による翻訳を指す。
Interpreting	通訳。英語では「通訳」と言う際に「interpretation」より「interpreting」を好んで用いる。これは，「interpretation」には「解釈」という別の意味もあるため，混同を避ける目的がある。
Conference Interpreter	会議通訳者。専門資格（国連通訳者など）を持つ通訳者。この資格を取得すると，重要な会議等で通訳者を務めることができる。
Source Language	起点言語（SL）。これから翻訳・通訳される，「元の」文章又は発言。
Target Language	目標言語（TL）。文章又は発言が翻訳・通訳された後の言語。
Source Text	原文（ST）。これから翻訳される，「元の」文章。
Target Text	訳文（TT）。第二言語に翻訳された後の文章。

Authentic/ Authoritative	正本。それ自体が法的に有効となるもの。つまり，裁判所が（他のバージョンを参照することなく）唯一の情報源として見なす可能性がある正式版。
L1，L2	L1は翻訳者・通訳者の「母国語」又は「第一言語」を，L2は「第二言語」を表す。

③ 翻訳者とその仕事

　ここからは，翻訳者が法律専門家（や国際ビジネス契約の交渉を担当する者）のために行う業務について述べる。

　翻訳は，多かれ少なかれ，原文が目標言語に翻訳されて残る，恒久的な記録である。翻訳された契約書が正式版として使用される場合，それは契約当事者の権利・義務を判断する基礎となり，契約上の紛争を解決する際に裁判官や仲裁人が使用するものとなる。誤訳は，この権利・義務に影響を及ぼす可能性がある。法的意見書や覚書といった文書の場合，誤訳は誤った結論や誤解を招く可能性がある。そのため，プロフェッショナルな法務翻訳者は重要な法律文書を正確に翻訳する重大な責任を負う。

(1)　翻訳者を評価する

　プロフェッショナルな翻訳者は，次のスキルについてある程度の能力を維持している必要がある。

①　起点言語と目標言語に堪能であること。ただし，翻訳者は翻訳中に辞書等の様々な情報源を活用できることから，優秀な翻訳者になるために第二言語について通訳者ほど「実践的」な知識を有している必要はない。

②　起点言語と目標言語で表現される法的概念と問題点についての十分な理解。たとえば，英語―日本語間の翻訳を行う優秀な翻訳者は，コモン・ロー諸国におけるエクイティー（衡平法）と「意思表示」の重要性を理解し，必要に応じて調査を行う能力がなければならない。

③　目標言語（翻訳者の第一言語であることが望ましい）を使用しての高

いライティング能力。このスキルには，目標言語で通常使用されるスタイルや書式での，契約書や法的意見書等のドラフティング経験が含まれる。翻訳者は，想定される読者が使用する言語での書式等にも十分な知識を持ち合わせている必要がある。たとえば，イギリス英語とアメリカ英語では句読点の用い方や綴りが異なり，台湾と中国では漢字だけでなく場合によっては文法も異なる。

④　その他の各種スキル。優秀な翻訳者は，高いコンピュータスキルと，必要に応じて翻訳ソフトを使える能力を持ち，機密文書を安全に取り扱うことが求められる。また，提出期限を厳守することも重要になる。

(2)　翻訳の種類

翻訳者を正しく選ぶ際の最も重要な決め手の1つは，依頼者が翻訳の目的を明確に理解し伝達することである。「翻訳はあくまで翻訳である。重要なのは，ひとつひとつの単語がそれぞれ正しく翻訳されていることである」と考えるのは正しくない。

翻訳には様々な種類があるが，われわれの経験上，国際ビジネス契約においては「正本翻訳（Authentic）」，「参考翻訳（Referential）」，「証拠翻訳（Evidentiary）」，「説得的／情報提供翻訳（Persuasive-Informative）」の4種類に絞ることができる。この分類は，翻訳の目的（翻訳理論ではギリシア語で「*skopos*（スコポス）」とも呼ばれる）と訳文を読む読者への考慮に基づいている。なお，これら分類は著者の経験とアイデアに基づいたものであることに留意してほしい。

①　正本翻訳（Authentic）

たとえば，翻訳された契約書が「正本」となる場合（国際ビジネス契約に関わる法律専門家にとって，これが「正本翻訳」の最も身近な例である），この翻訳された契約書が，各契約当事者が自らの権利義務を明確にするために参照し，判事や仲裁者が契約上の紛争を解決するために参照するものとなる。

一般に，正本翻訳は，準拠法又は紛争解決条項の選択と一致する言語へと行われる。正本翻訳版には，契約上の紛争を解決するために使用される

法体系とは異なる「舶来（海外由来）」の法的概念への言及を含まないことが望ましい。舶来の法的概念を含める場合，単に外国語の専門用語を用いるのではなく，契約書の中でその概念と要件および条件を説明することが推奨される。

②　参考翻訳（Referential）

「参考翻訳」（「便宜的な翻訳」とも言われる）は，字義どおりのものである。このタイプの翻訳は，当事者，特に起点言語（契約書に関して言えば，一般的に正本の言語）に堪能でない，あるいは不慣れな人が参考として使用することを目的としている。

「正本翻訳」と違い，「参考翻訳」には「舶来」の法的概念について具体的に参照できる情報を盛り込んだ方がよい。これは通常，目標言語に翻訳された単語の直後に括弧で起点言語を（しばしばイタリック体で）挿入する方法で行われる。その目的は，翻訳はされているものの，起点言語の法律用語が「正」であり，翻訳物に使用されている用語／単語とは異なる要件及び条件等を持ちうることを読者に警告することにある。また，読者に正しい理解を促し，混乱を避けるため，翻訳者又は法律専門家による注釈を付記することも可能である。

参考翻訳のスタイルは正本翻訳の場合ほど重要ではないが，当然のことながら翻訳は正確でなければならない。

③　証拠翻訳（Evidentiary）

「証拠翻訳」とは，裁判や仲裁，他の紛争解決のための証拠として使用することを目的として行う翻訳をいう。「証拠翻訳」は，本書で取り上げる翻訳の種類の中で，唯一読みやすさが問われない翻訳である。それどころか，原文に正確に一致する翻訳を作成するためにあらゆる配慮をしなければならない。また，原文が明確ではない場合に，翻訳者が自らの裁量で判断することができない唯一の翻訳でもある。弁護士や裁判官，仲裁人には，起点言語が翻訳の過程でどう変化するかを理解できる能力が求められる。

④　説得的／情報提供翻訳（Persuasive-Informative）

法律専門家がクライアントのために作成した様々な文書（電子メール，メモ等）の翻訳が必要になることがある。こうした文書の目的は，クライ

アントに情報を提供し，時としてクライアントを説得することである。その翻訳で最も重要な点は，原文の目的（説得と情報提供）を果たすことである。

　この種の翻訳では，法律専門家は，原文の概念を最も適切に表現するために翻訳者に彼らの言語力をフルに活用してもらう必要がある。「説得的／情報提供翻訳」の目的は，翻訳物に原文と同様の説得力と情報提供力を持たせるために翻訳者がある程度自由に翻訳できた場合に達成される。これはもちろん，翻訳者が原文，その目的，想定される読者を完全に理解し，翻訳者の母国語への翻訳を行うことを前提としている。

4　翻訳者との連携におけるベストプラクティス

　本書ではこれまでに，国際的な商取引を実践する上で，法律の専門家にとって，重要文書の最良の訳文を作成することがいかに難しく，そして有意義であるかについての議論に相応のページを費やしてきた。ここでは，翻訳者と連携するためのガイドラインを解説したい。

(1)　社内翻訳者と外部委託

　本書の読者の中には，社内翻訳者や翻訳チームを有する幸運な人もいるだろう。その場合，以下の考察および手順の大半を省略することができる。しかし，社内翻訳者がいる場合であっても，社内では対応しきれない納期が設定された翻訳作業や，複数の翻訳者を必要とする大型翻訳プロジェクト，その他の様々な理由により，一定の翻訳作業を外注しなければならない場合がある。したがって，社内翻訳者を利用できる環境にいる法律専門家や交渉担当者にとっても，ここで述べることは役立つだろう。

　優れたプロの翻訳者の特徴をこれまでに述べてきたが，翻訳作業を外注する場合は通常，個々の翻訳者と直接やり取りすることはない。一般的には，翻訳の依頼は翻訳会社に対して行う。委託された翻訳作業を行う大半の翻訳会社は，プロジェクトを受注すると，規模の差こそあるものの，自社に登録された様々な専門分野と経験を有するフリーランスの翻訳者に声をかける。そのため，実際に誰が翻訳しているのか，どのような資質を有

しているかを把握することは容易ではない。

　時には，文書をドラフティングする法律専門家と，それを翻訳する翻訳者の間の「距離」が遠いことがある。これらのプロジェクトは，法律専門家→法律事務所の所長（又は秘書）→翻訳会社→翻訳会社のプロジェクトマネージャー→実際の翻訳者，といったルートを経由して進められる。多くの場合，さらに校正者や編集者がこの間に入り，また多様なプロジェクトマネージャーも中間に存在する。これにより，実際に翻訳作業を行う特定の翻訳者の資質を確認することは困難となり，文書の最初の起草者と翻訳者との間のやり取りは妨げられる。翻訳業務を外注する場合，最高の翻訳品質を確保するため，以下のガイドラインを検討することが不可欠である。

⑵　翻訳すべき文書のドラフティング時の注意事項

　翻訳が必要となる文書を起案する場合，翻訳前のオリジナル版も必要なのか，翻訳版のみが必要なのかを検討しなければならない。翻訳版のみが使用されるのであれば，オリジナル版では言語を単純化し，口語的表現や難しい語彙を少なくし，より短い文章を使うことで，翻訳作業は容易になり，誤訳リスクを減らすことができる。情報を伝えることを目的とする文書の場合，表やイラストを使用することも一案である（IKEAの説明書がいかに簡単に理解できるか思い出してみよう）。

　また，可能な限りドラフトを完成させてから翻訳者に送付することをお勧めする。送付後の修正には追加費用が発生する場合があり，また，翻訳を外注している場合には，最初の翻訳者以外の者が翻訳することにより，矛盾，契約書における誤った定義語の使用，その他の問題が生じる可能性がある。

⑶　翻訳の外注手配

　文書を翻訳者に渡す準備ができたら，以下の点を検討しよう。

　　・どのタイプの翻訳か
　　・翻訳の目的は何か
　　・翻訳はどのくらい重要か

・目標言語のネイティブスピーカーが翻訳することはどの程度重要か

・翻訳には高度な専門性が必要か

・その文書は公表されるものか

・特別な編集が必要な文書か

・翻訳が必要な部分の長さはどれくらいか

・翻訳の作業はどのくらいの見込みか

・大型プロジェクトか，単一の文書か

・プロジェクトには複数の専任翻訳者が必要か，1名で足りるか

　これらの検討結果に基づいて，社内翻訳者に依頼するか，社外の翻訳会社を利用するかを決める。

(4)　適切な翻訳者の選択

　文書が重要であり，難しい内容で，分量が多く，最新法律情報に関する論考など公開されるもの，又はこれらの要素が組み合わさったものである場合，適切な翻訳会社や翻訳者を見つけることはもちろん重要である。勤務する会社や法律事務所の方針で，通常使用する翻訳会社が決まっている場合もある。そんなときも，ダブルチェックをすることに損はない。候補の翻訳会社のウェブサイト，その会社のオンライン評価をチェックし，同僚にその会社の評判を尋ねてみよう。

　多くの場合，翻訳会社は，自社の能力を証明するための「サンプル」翻訳を提示する。経験上，翻訳会社が作成したサンプル翻訳のレビューはあまり役に立たない。定評のある翻訳会社は，体裁の整ったサンプルを送付することができる。問題は，サンプルの翻訳者が誰なのか，どのような条件下で翻訳されたものなのかが分からないことである。翻訳会社が厳密な品質管理を行っていない限り（行っている場合でさえ，品質は変わる），依頼された翻訳の品質がサンプルの品質と同じであるという保証はない。

　不明点がある場合，翻訳会社に直接電話して，担当者と話し合うこともできる。優れた翻訳会社は，予定される翻訳者，その翻訳者が有する資質，翻訳会社が採用する品質管理方法（たとえば，翻訳語の校正や編集）を依頼者に開示してくれるだろう。また，翻訳会社は，翻訳上の質問や問題を解決するために依頼者が翻訳者個人へ連絡することを認めるべきである（会

社を通じて行う間接的なものであっても有用である）。

　これまでに述べた国際的な独占禁止法違反の事案など，大量の翻訳が必要な大規模プロジェクトでは，短期で翻訳チームを直接雇ったり，プロジェクト専任の翻訳チームを翻訳会社から雇いたいと考えるかもしれない。翻訳チームの管理には多くの労力を要するが，クライアント企業にとってはコスト削減になるかもしれない。より重要なことは，翻訳者の適切な管理と翻訳者への定期的な指示説明を通じて，厳格な品質管理と一貫した翻訳を確立する能力を獲得することである。

　最終的には，翻訳成果物を信頼に足るものにする唯一の方法は，過去に依頼した翻訳者，つまり，すでにその作業内容を確認し，信頼している翻訳者とともに仕事をすることである。

　なお，翻訳会社は文字数単価で翻訳料金を請求することが多いので，翻訳料金の対象作業と対象外の作業を正確に把握する必要がある。たとえば，第三者が翻訳を校正したり，編集者が翻訳を編集するのか。翻訳に問題があり，修正が必要な場合はどうなるのか。文字数単価の翻訳料金には，これらの費用も含まれているのか等について，事前に確認をしておくべきである。

⑸　翻訳者への指示説明

　優れた翻訳会社／翻訳者を見つけた後にすべき最も重要なことは，その翻訳会社／翻訳者に対し，徹底的な指示説明を行うことである。指示説明の内容には，文書の目的と，意図する読者が誰なのかについての説明が含まれるべきである。希望する翻訳のカテゴリー（正本，参考，証拠，説得的／情報提供）を示し，どのような翻訳を希望しているのかを説明する。翻訳者や翻訳会社は，上述のカテゴリー名称や分類方法に精通していない可能性が高いため，どのような翻訳を希望しているのかを詳しく指示すべき点に留意されたい。

　また，主題，形式および翻訳カテゴリーが希望する翻訳に類似しているサンプル文書，翻訳に際し特定の用語の訳語として使用してほしい専門用語や表現の用語集など，参考資料を提供することも有用である。契約書翻訳の場合，より近代的なスタイルで翻訳することを希望する場合には，同

種の契約の plain language 版のサンプルを提供する。また，たとえば，使用を希望する言語表現の種類，スペリング，句読点などの情報も有用だが，それらが明確ではない場合であっても，イギリス英語かアメリカ英語かなどの情報やプロジェクトの簡単な背景などの情報は，提供すべきである。

(6)　重要な翻訳上の３つの問題点

①　翻訳品質の評価

翻訳（通訳も同様である）が，「科学」ではなく「芸術」であるという考え方が真実ならば，翻訳の質を測定する客観的で科学的な方法などないことは容易に理解できる。これは，客観的な分析・評価方法の確立がこれまでに試行されてこなかったということではない。客観的な分析を行うという目標が，未だ理想に過ぎず実現していないのである。

　そのような試みの例に，米国翻訳協会（American Translation Association）によるものがある（ATA評価システム）。このシステムでは，翻訳の評価方法が複雑に設定されており，テスト標準のフローチャート適用ルールが詳細に記載されている。

　しかし，可能な限り客観的であるように設計されたこのシステムでさえ，主観によるところが大きく，現時点においては，翻訳の品質を評価するための真に客観的な方法を作り出すことの難しさを示していると言える。

②　完了した翻訳のチェック

社内翻訳者や翻訳会社に外注して契約書を翻訳する際に，原文と突き合わせて翻訳文全体を１行ずつチェックする者もいれば，翻訳版だけに目を通す者もいる。翻訳版を徹底的にレビューするか否かの決定は，通常，その文書の重要性，第三者（たとえば，最初の翻訳者以外の人）により校正編集がすでに行われているか（翻訳サービスの一部に含まれている等），レビューする者の言語スキルのレベルなど，多くの要因に左右される。

　第三者の専門家により校正又は編集された翻訳は，少なくとも簡単なレビューを行うこと，また，校正編集が行われていない場合や法律事務所や会社がその翻訳者や翻訳会社を初めて利用した場合には，徹底的に一行ずつレビューすることを強く推奨する。当然ながら，特定の翻訳者や翻訳会社との間に信頼が築かれれば，それぞれの翻訳を詳細にレビューする必要

性は減少する。

③　秘密文書のセキュリティ

　文書のセキュリティと機密性は，従来より常に重要だったが，最近では以前にも増して関心が高まっている。翻訳の外注は，法律専門家によるセキュリティ／機密性の違反リスクにどのように影響するか。メールの送信者が，自らが作成した秘密文書のワードファイルを他の人に電子メールで送信する場合，ファイルのコピーは，少なくとも，①送信者の電子メールの送信箱，②送信者の電子メールサーバ，③受信者の電子メールサーバ，④受信者の電子メール受信箱に存在する。上述した文書作成者から翻訳者への翻訳の外注プロセスに関与する複数の仲介者の数に照らせば，その過程で多くのファイルが，ウイルスやハッカーによってアクセスされる危険性があることが分かる。

　文書のセキュリティは，翻訳を外注するうえでの明らかな懸念事項である。翻訳会社を利用する場合，文書のセキュリティに関し適切な注意を払い，文書のセキュリティ体制を確認する必要がある。

5　通訳者とその仕事

　以下では，通訳者が法律専門家（及び国際ビジネス契約の交渉を担当する者）のために行う業務について述べる。

　翻訳と比べて，通訳の最も重要な特徴は，即時性であり，通訳は通常，イベントの開催時に「リアルタイム」「ライブ」で行われる。一般には，使用されている単語や表現の意味を確認するために辞書を引く時間はまったくない。1つの仕事に対し1名の通訳者が雇われている場合には，通常「セーフティネット」は存在しない。

　また，通訳の大半が永久的な記録を残さない。翻訳とは異なり，議論，会議や交渉がどのように通訳されたかを示す記録は作成されない。通訳が行われている会議の書面による議事録やメモ等は一般に，書記が自身の言語で聞き取った内容にのみ基づいており，また，裁判所の事案で証人の証言が通訳される場合も，従来より，目標言語（裁判言語）のみが裁判所速記官によって書面で記録されている。このため，いったん会議や交渉が終

わると，通訳の正確性を検証することは基本的に不可能となる。[4]

(1)　通訳者を評価する

プロの通訳者は，以下のスキルを保有していなければならない。

①　起点言語と目標言語を高レベルで自由に操れる能力

プロの通訳者は，一次言語と二次言語の両方において，非常に幅広く，一般的な「実践語彙」[5]を有していなければならない。これは，通訳者が一般に双方向に通訳する必要があり，また，当事者らが当初は話し合うことを予期していなかった話題を議論する可能性があるからである。この場合，通訳者は，起点言語で新しい話題を理解し，発言内容を目標言語で説明するための適切な語彙を持っている必要がある。

②　起点言語と目標言語の両方における，法的概念および法制度上の問題に対する十分な理解

プロの翻訳者の場合と同様に，英語・日本語間の優れた通訳者は，関連する法的問題の重要性や法制度間の相違を理解すべきである。しかし，通常，会議や交渉の参加者の隣にいる通訳者は，議論の流れを中断させる可能性を天秤にかけつつ，必要に応じて概念を質問し，発言内容を明確にするための機会を有している。

③　双方の言語における高いリスニング力と効果的なコミュニケーション能力

通訳者は，自らが専門とする言語の様々な話者が用いる様々な発話スタイル，アクセント，語彙を理解することができなければならない。

④　ニュアンスや強調等の適切な再現能力

プロの通訳者は，目標言語に通訳する際に，ある言語で話者が使用する説得力のある技法や声による強調を再現することができなければならない。通訳を聞いている人々が，話者が強調した箇所を理解することができなけ

4）最近では，重要な証言録取その他のイベントでは「チェック通訳者」およびビデオ録画の使用が一般的になっており，これにより，リアルタイムでも，イベントの後でも，通訳に対する専門家の評価や間違いの特定を可能としている。

5）working vocabularyとは，ある言語の話者が使用する単語や表現の意味を理解する能力だけでなく，他言語におけるそれらの単語や表現に相当する単語や表現を記憶し，生み出す能力をいう。

ればならない。

⑤　その他のスキル

優れた通訳者は，強力で実務的な短期記憶能力が必要であり，立て続け
に通訳する者は，迅速かつ正確にメモを取り，発言内容を記憶することが
できなければならない。通訳者は柔軟性を持ち，パニックに陥ることなく
新たな予想外の問題に迅速に対応することができるような，良好な対人ス
キルを有しているべきである。

(2)　通訳の種類

翻訳と通訳には重要な違いがあるため，通訳の種類は，翻訳の種類とは
異なる。

第1に，法律専門家は，通訳業務がどこで行われるかという，翻訳には
重要ではない問題を決めなければならない。通訳者は，会議出席者と同じ
会議室で他の通訳者と一緒に仕事をしたり，発言者から離れた別の部屋や
ブースからイヤホンを介して特定の出席者に電子的な方法で通訳を提供す
ることもある。

第2に，翻訳の種類を分類する際の根拠となる多義性や曖昧さ，その他
の問題の扱い方が，通訳の場合は異なる。通訳の目的は，1つの言語を用
いて話されていることを，その言語を理解できない人々に，口頭で，「リ
アルタイム」に正確に伝えることである。起点言語で表現された多義性や
曖昧さ等を通訳者が目標言語で伝えることができる場合[6]，それをどのよう
に扱うかをその場で直ちに判断するのは，会議出席者や弁護士の仕事とな
る。

通訳の種類には，逐次通訳，同時通訳，会議通訳，ウィスパリング通訳，
チェック通訳，サイトトランスレーション，手話通訳などがある。

① 逐次通訳（Consecutive Interpreting）

逐次通訳では，通訳者が1人で，発言者（通常，会議出席者や交渉担当者，
証人に質問する弁護士やそれに回答する証人，プレゼンテーションを行う者等）

6）通訳者は，目標言語に単語を変換することで多義性や曖昧さ等を伝えることができない
　場合（つまり，起点言語の多義性や曖昧さを第二言語の単語には残せない場合），通訳を提
　供している相手に対して，その旨を「通訳者のコメント」として伝えることが求められる。

の口頭での発言を聞き，メモを取り，発言者が小休止や文章の終わりで発言を中断した際に，その発言を目標言語で言い換える作業を行う。

　逐次通訳を採用する会議には，単一言語で行われる会議や交渉と比較して，少なくとも2倍の時間が必要となる（同時通訳を採用する場合よりも長い時間が必要となる）。たとえ当事者らが，完全な通訳ではなく発言の要約のみの通訳が必要であることに合意した場合でも，通訳には多くの追加的な時間が必要となる。

　②　同時通訳（Simultaneous Interpreting）

　同時通訳では，通訳者は，話者が話している内容を聞き取るのと同時に，それを目標言語に通訳し始めなければならない（つまり，文章の最初のパートを通訳すると同時に，文章の2番目のパートを聞き取らなければならない）。一般に，同時通訳者は，話者が話し始めてから数秒後に通訳を開始する。もちろん，英語と日本語との間の重要な文法的差異[7]は，同時通訳者が通常，文章を通訳し始めなければならないときに，文章がどのように続き，終わるかが分からないことを意味する。

　同時通訳のメリットの1つは，時間の節約である。話者は，逐次通訳者を採用した場合とは異なり，休止することなく話し続けることができ，実際には，通訳者が別のブース又は部屋にいるため，その存在を認識していない場合さえある。

　同時通訳は，著者の経験上，明らかに最も難しいタイプの通訳である。通訳者にとって，話者が話していることを理解し，それを目標言語に通訳する最善の方法を判断し，話者が話している間に通訳を開始し，そして次の文章の始めを聞き取りながら目標言語で文章を完成させることは，非常に難易度が高い。たとえ最良の通訳者でさえ，同時通訳がもたらす通訳スピードというメリットのために，その内容が犠牲にされることが多い。

　この問題について，最近ヨーロッパの弁護士らと議論したが，法廷におけるドイツ語とフランス語間の同時通訳について，同様の見解が聞かれた。

7）重要な差異の2つのうち1つは，動詞の位置，つまり，英語は文章の半ば，日本語は文章の最後に動詞を置くこと，2つ目は，否定語である「no」「not」／「ない」「ません」の位置，つまり，通常英語では動詞の前，日本語では動詞の後又は動詞活用の最後に付属することである。

両言語が堪能な弁護士の１人は，EUの裁判所に対するドイツの弁護士の主張がフランス語に同時通訳される内容を注意深く聞いた。その結果，その弁護士は，通訳の過程でドイツ語の主張のニュアンスと内容の約３分の１が失われたと推定した。この数字は，われわれが出席した会議での英語と日本語間の同時通訳において，どの程度内容が失われていたかに対するわれわれの推定量とほぼ同等である。

③　会議通訳（Conference Interpreting）

会議通訳とは，国連総会で活躍する通訳者など，非常に経験豊富で十分な訓練を積んだ通訳者が，大規模な国際会議や協議会のために提供する多言語通訳，通常は同時通訳を表すために使用される用語である。国連の通訳者は，少なくとも２つの外国語を母国語に通訳することができなければならない。国連会議通訳は，会議の様々な参加者に向けて特定の言語を流す電子機器を使用し，会議が見えるガラス張りのブース内にいる通訳者によって行われる[8]。

④　ウィスパリング通訳（Whisper Interpreting）

ウィスパリング通訳とは，ほとんど常に通訳者が会議室に同席する同時通訳の一種だが，非常に限られた人数（通常は１名か２名）に対し通訳をささやく。ウィスパリング通訳は通常，会議，工場見学，テレビ番組等において，その場の大半が同じ言語を話し，１～２名の訪問者や特別ゲストが通訳を必要とする場合に用いられる。また，２か国のトップが二者会談をする際にもよく用いられる。ウィスパリング通訳の最も重要な特徴は，他の参加者を妨害しないように静かに行われることである。

⑤　チェック通訳（Check Interpreting）

チェック通訳とは，他の通訳者（通常は，逐次通訳者である「一次」通訳者）の通訳内容を注意深く聞き，一次通訳者の通訳が正確に行われているかどうかを判断することである。当事者同士が敵対関係にあり，一方の当

8）これらの国連通訳者の仕事を紹介する短い情報ビデオ「United Nations, A Day in the Life of Real Interpreters（国連，本物の通訳者の一日）」は，https://www.youtube.com/watch?v=sUuliWL4LyIで視聴可能である。このビデオは，シドニー・ポラック監督による，国連通訳者を演じるニコール・キッドマン主演の映画「The Interpreter（ザ・インタープリター）」に関連して制作されたものである。

事者が一次通訳者を提供し，事案（裁判所の証言や証言録取など）の正確な通訳が重要であると考えられる状況で用いられることが多い。一次通訳者を雇わなかった当事者は，通訳が正確に，かつ，偏見なく行われていることを確認するため，自身のチェック通訳者を雇うことを希望できる。利益が対立する複数の当事者の場合には，各当事者がそれぞれのチェック通訳者を雇うことができる。

⑥　サイトトランスレーション（Sight Interpreting）

サイトトランスレーションとは，文書の口頭「翻訳」であり，一般に，通常の書面翻訳よりも手短かに行われ，それほど詳細に行われない翻訳である。「真の」翻訳は，より多くの時間を必要とするため，サイトトランスレーションは通常，特定の目的に限定したものになる。たとえば，文書（又はその特定の箇所）の内容について大まかな情報を与え，文書の内容についての特定の質問に答え，文書の翻訳箇所の正確性を確認し，文書の関連性を評価することである。

⑦　手話通訳（Sign Interpreting）

手話通訳とは，通常は聴覚障害者のために，音声言語を手話言語に，また手話言語を音声言語に通訳することである。手話通訳者はまた，唇の動きを読むことができる人々のために手話通訳をする際，自身の口や唇を話しているかのように（実際に静かに話していることもある），頻繁に動かす。通訳の受け手に視覚の障害もある場合，その人の手に触れることによって直接手話がなされる。これはヘレン・ケラーの先生，アン・サリバンが，ヘレンとのコミュニケーションに突破口を生み出した技法だった。実務で手話通訳を使用していない弁護士も，法廷ではしばしば使用されていることに留意されたい。

6 通訳者との連携におけるベストプラクティス

(1) 社内通訳者と外部の通訳サービス

国際的に事業を展開する企業には複数言語による書類作成が日常的に求められることから，社内翻訳者にはより安定した需要があるが，法律事務所や企業が社内通訳者を雇用するのは一般的ではないようである。プロ

フェッショナルな社内通訳者の雇用が可能な場合は，外部の通訳者（エージェントから派遣された通訳者やフリーランスの通訳者）と同様に，下記の対応を取ることが望ましい。

　会社によっては，対象プロジェクトに詳しく，語学スキルが高い自社の従業員に，会議や交渉の場で簡単な通訳を担当させることがあるだろう。この方法は経費削減になり，また，議論が非常に専門的であったり，内容の秘密性が高かったり，公式なものでない場合，外部の通訳者に依頼するより望ましい場合がある。

　しかし，上記のようなプロフェッショナルではない「社員による」通訳は，センシティブあるいは重要な会議や交渉，法的手続に関する場合は，下記の理由から控えることを推奨する。

① 　どの種類の通訳を行うかにかかわらず，通訳には会議の間非常に高い集中力を保つ必要があるが，経験の浅い人間は簡単にこれを消耗してしまい，エネルギーを維持することは容易ではない。

② 　会議や交渉の場で通訳を担当する人物が他の役割（会社の経理部門や営業部門の立場を代表する等）も担う場合に，自身の本来の役割が疎かになってしまう可能性がある。

③ 　通訳を担当する人物が通訳経験者でない場合，素早くメモを取ることができない，優れた短期実務記憶能力を習得していない，議論の流れをコントロールすることが容易でないことから，重要なポイントをすべて通訳できない可能性がある。外国語に堪能であるからといって，訓練や経験を積まなければ必ずしも優秀な通訳者になれるわけでない。

④ 　通訳が交渉国の現地法人の社員（特に現地法人の責任者等）の場合，自らの利益と会社の利益が相反する可能性もある。

(2)　適切な通訳者の選定と通訳の種類の選択

　プロフェッショナルで優秀な翻訳者や翻訳会社を見つけるときと同様に，通訳や言語サービス提供会社を選定する際は，その候補を精査・査定するべきであり，できる限り過去に有能かつプロフェッショナルであると証明された人物や会社に依頼するのが望ましい。

　ただし，翻訳と通訳の違いの１つに，２つの言語間の語学力の差の問題

がある。翻訳者は，特定の仕事において一方向のみへの翻訳，理想として
は本人の母国語への翻訳を行う。通訳者はよく，また逐次通訳者の場合は
必ず，両方向への通訳を行う。しかし，通訳者の多くは母国語の語学力が
第二言語の語学力より比較的高く，また，2つの言語の語学力の差は，各
通訳者によって異なる。つまり，どの通訳者も，全体の1/2のパフォーマ
ンスが残りの1/2のパフォーマンスより高くなる。

　そのため，こちらのメッセージを相手方がよく理解することがより重要
であるか，相手方のメッセージをこちらがよく理解することがより重要で
あるかを検討するとよいであろう。この2つの重要度に大きな差がある場
合，自分の希望を満たす方の言語を母国語とする通訳者（こちらのメッセー
ジを相手方がよく理解することが重要な場合は，相手方の言語を母国語とする
通訳者。その逆も同様）を選択するべきである。

　通訳者を選定する際に考慮すべき重要な項目の2つ目は，通訳を必要と
する会議の種類である。上述したように，国際ビジネスを進める過程では
逐次通訳が最も一般的な通訳となるが，様々な理由から，ブースや電子機
器を使用しない簡単な同時通訳が必要となることもある。同時通訳はス
ピードがメリットだが，一般的に逐次通訳の方が低コストであり，発言者
の発言についてより完全な通訳を提供する。しかし，より規模の大きい会
議で，複数の言語の通訳者を必要とする場合，同時通訳者が通訳ブースか
ら通訳を行うのが最も現実的な選択肢となるだろう。正式な訴訟手続での
宣誓供述，証人証言，和解協議などでは，より詳細な通訳が必要なため，
一般的に逐次通訳が採用される。宣誓証言と証人証言は，チェック通訳が
必要になることもある。

(3)　通訳者への指示説明と準備（配置場所）

　翻訳の場合と同様，通訳者には，会議の議題とその概要や参考資料（話
す内容のコピーを含む），可能であれば会議で使用される可能性のある専門
用語・技術用語の用語集を提供することが重要となる。プロジェクトの背
景や重要な問題についても伝えておくと，通訳者には役立つ情報となる。
会議当日になって通訳者に説明や資料を提供するのは望ましくない。必要
な準備作業を行うことができるよう，できるだけ早い段階で，必要な資料

等を通訳者に提供することが重要である。とはいえ，交渉で用いる戦略の詳細について，会議の直前に通訳者に説明したい場合もあるであろう。

　通訳の種類にかかわらず，既にルールが定められている場合を除き，通訳セッションを開始する前に，通訳がどの程度厳密かつ正確に行われるべきか，当事者間で合意しておいた方がよい。たとえば，法廷では，通訳者は証人の供述に含まれるすべてのニュアンスを，過不足なく，できる限り正確に通訳しなければならない。ただし，交渉や会議においては，通訳プロセスを迅速にするために，正確さと詳細さをあまり厳しく求めないことに当事者同士が合意することも可能である。

　また，座席配置も会議の前に決めなければならない。次のIn Focusの例からも分かるように，逐次通訳者にとって，発言者を目で確認することができ，出席者全員の声をはっきりと聞くことができる席に着くことが重要となる。

　同時通訳が必要な場合で，同時通訳者が会議室内で通訳を行う場合は，逐次通訳者と同様の位置に同時通訳者を配置する。より規模が大きく，複数の言語の通訳を必要とする会議やより公式な会議では，通訳ブース又は別の部屋から同時通訳を行うことが多いが，会議が始まる前に後方支援に関する多くの調整を行い，電子機器をセットアップし，慎重にテストすることが必要となる。これらはすべて，実際の会議より十分に前もって，通訳者又は言語サービス提供会社と調整を行わなければならない。ウィスパリング通訳者に通訳を依頼する場合も同様に，通訳が必要な人物の隣に，又は通訳が必要な人物が2人いる場合はその間に，配置することが必要となる。

In Focus

ボディランゲージの重要性

　英語で「思考実験（thought experiment）」といわれている実験をしてみよう。これは，何かを抽象的に「体験」し，そこから「学習」するために，想像力を使って頭の中にイメージを描くエクササイズである。ここでは，声のトーンと「ボディランゲージ」，顔の表情とジェスチャーの重要性について，発言内容をわれわれがどのように理解したかをもとに検証

する。

　A氏とB氏が会話をしているとしよう。A氏が「昨日，新しいランボルギーニを買いました」と言うと，B氏が「嘘だ！」と答えたとする。

　この2人の発言を「聞く」方法はいろいろある。しかし，B氏がより高い声で，より早く話した場合，驚きを示す可能性がある。あるいは，より低い声で，よりゆっくり，はっきりと話した場合は，A氏が本当に車を購入したとは考えていない可能性が高い。われわれは皆，話し方の違いが言葉の本当の意味を知る重要な手がかりであることを認識している。

　ここからは，B氏が驚きを表しているのか，あるいは声のトーンによってA氏が嘘をついていることを示唆しているのか分からないように，2人の発言を頭の中で完全にニュートラルに再現してみよう。

　さて，B氏は，ニュートラルなトーンで「嘘だ！」と言いながら，目は丸く見開いているとしよう。そして，同時に笑っているとする。こうした非言語の手がかりに基づくと，たとえニュートラルなトーンであっても，B氏が驚きを表していると分かるだろう。次に，B氏が「嘘だ！」と言いながら，目を細めているとしよう。同時に顔をしかめているとする。この場合，ニュートラルなトーンであっても，B氏はA氏が車を購入したとはおそらく信じていないだろう，とわれわれは理解する。

　ジェスチャーを考えてみよう。声のトーンがニュートラルで，表情が同じ場合でも，片手又は両手を顔に持っていったり，右手を胸の上部／喉の下部のあたりにあてていたら，B氏は驚いていると理解する可能性が高い。一方，B氏が「嘘だ！」と言いながら真正面からA氏の顔を人差し指で指差していたら，相手が嘘をついていることをはっきりと非難していると理解する可能性が高い。

　「言葉の意味は言葉そのものではなく声のトーンや『ボディランゲージ』によってその大部分が伝えられている」という心理学者の説[9]は誇張ではなく，ここまで読んだ後ならこの指摘がほぼ正しいと分かるだろう。同時に，特に難しい交渉で通訳を行う場合，発言者の姿を確認すること，言葉だけでなく声のトーンもはっきりと聞き取ることが逐次通訳者にとってどれほど重要であるかも，容易に理解できるはずである。会議で通訳者と他の出席者が座る位置を検討する際には，時間をかけてほしい。

9）身体言語の重要性は，米国の心理学者アルバート・メラビアンの1971年の著書『Silent Messages』（邦訳『非言語コミュニケーション』（聖文社，1986年））により世に知られるようになった。同氏の研究によると，聞き手があるメッセージを受領する際に，その55％を話し手の表情から，38％を声のトーンから，それぞれ受け取っており，話の内容のメッセージ伝達における貢献度は7％に過ぎなかった。

⑷　会議で通訳者と協働する

　会議の出席者にとって（このセクションでは，交渉，訴訟・仲裁などの法的手続，通訳が介在する活動をまとめて「会議」という），他の出席者や通訳者が発言している最中に発言を控えることが非常に重要である。法廷においては，裁判官や裁判所書記官によってこのルールの厳守が徹底される。会議においては，すべての当事者が事前にこのルールに合意するだけでなく，それを徹底する人物（可能であれば，双方の言語を話し，通訳が終わったことを理解できる人物等）を決めた方がよい。なかには，こうしたことを自分で行う通訳者もいるが，どの場合も通訳者ができる，あるいはやってくれると自動的に考えるべきではない。また，通訳者との調整を担当する場合，1時間ごとに休憩を取るルールを守る必要がある。

　著者の経験では，複数の出席者が同時に発言することを禁じるルールを確実に実施するのは困難なことが多く，とりわけ規模の大きい会議では難しい。規模の大きい会議では，出席者が主な議論とは離れた「私的な」小グループ内での会話に従事することがある。その結果，会議の一部しか通訳されず，会議の秩序が失われ，コミュニケーションが途絶される可能性がある。加えて，1人の出席者が発言している最中に同じ会議室内で複数の議論が別々に行われると，集中力が求められる通訳者の気が散ってしまう。必要であれば，小グループを作り，別の部屋で，通訳者の有無を問わず，議論を行う（break-out discussion/session）とよいだろう。

　また，出席者が通訳を中断させるケースも，度々目にされる。発言内容や理由にかかわらず，出席者は通訳者が通訳を終えるまで待ってから発言をしなければならない。たとえ，発言者は間違っている，あるいは通訳者が誤訳していると思ったとしても，通訳者が発言者の発言すべてを通訳し終えるまで発言してはならない。このルールが守られなければ，発言者が発言した一部分は，通訳され相手方に伝わっていると信じられているにもかかわらず，最終的に通訳されず，出席者によって発言内容に対する理解が異なる結果となる可能性がある。

　会議の出席者全員が，他の出席者，特に通訳者に聞こえるようにはっきりと，大きな声で発言しなければならないことを理解する必要がある。可能であれば，通訳者が出席する会議で発言する際には，過度に口語的なフ

レーズやスラングを避けた方がよい。また，難しい問題を簡単に説明できる方法を見つけるとよい。これは，通訳者にとって望ましいだけでなく，国際ビジネス契約に従事する法律専門家や会社の交渉担当者自身にとっても有用かつ重要なスキルでもある。

　可能であれば，会議中は熱くなりすぎないようにすること——これは，会議に通訳者がいるか否かにかかわらず良いルールだろう。なぜなら，人は熱くなると，より早く，より長く話すことが多く，通訳者の存在を忘れがちになるからである。伝えたいことが重要であるほど，通訳者が通訳しやすいように，頻繁に休止をはさみながら，よりゆっくりと話した方がよい。長時間にわたり，あれこれと強調しながら発言したところで，聞いている人は通訳者の説明を待たなければならない。聞いている側は，発言者が何かを強調していることは理解するものの，発言者が話している言語を理解できないため，発言者が何を強調しているかまでは分からない場合がある。反対に，「当社の取締役会はこれを受け入れないでしょうから，われわれはこれを受け入れることはできません」というように発言が短い場合，聞いている側はあなたの強調点を理解するだけでなく，通訳者にとっても強調点を伝えることがより容易になる。通訳者は，発言者の強調点を漏れなく強調して通訳をしなければならないが，発言が長いと正確に強調点を伝えることが難しくなるのである。

　通訳を使い慣れている人にもよく見られる間違いの1つは，実際の話し相手や交渉相手ではなく，通訳者に向かって話すことである。通訳者がいることは認識するべきだが，通訳など介しておらず出席者全員が互いの発言をそのまま理解できているかのように，関心を向ける相手は会議の他の出席者でなければならない。

　例外は，通訳者に特別な依頼をする場合である。たとえば，次の点が非常に重要であること，そして，会議中に他の出席者がはっきりとその点を理解したことを確認したい，と通訳者に伝えたとしよう。この場合，通訳者は「発言者は次の点を明確にあなた方に伝えるよう依頼されています」と発言して依頼を伝えることもある。この場合通訳者は，自らを第三者として言及するべきである。

第11章

専門的な英語スキルの育成
Developing Your Professional English-language Skills

　国際ビジネス契約の分野で働く予定の法律専門家にとって，第二言語（ほとんどの場合は英語だろう）に関する優れた言語能力が必要であることは言うまでもない。読者の中には，自身の日本語や英語の能力に満足している人もいるだろう。厳しい仕事の予定に直面したり，私生活で多忙を極めている中でも，英語の大幅な向上に取り組む必要性を感じているすべての人に本章を読んでもらいたい。

　本章では，まず，国内外でよく議論されている問題，すなわち，多くの日本人が英語を習得する上で直面する代表的なチャレンジを取り上げる。次に，長期的な語学勉強計画をどのように作成するかについて，いくつかの注意点を提示する。そして，長期的なプロジェクトの成功に向けたモチベーションの重要性についても簡単に触れる。最後のセクションでは，英語力向上のための手法やアイデアについて，具体的なアドバイスを提示する。

1 英語との闘い

　外国語の習得に苦戦するのは，決して日本人だけではない。しかし，とりわけ英語は，日本人が特に苦手とする科目であるとの指摘がある。

　ただ，英語学習について議論する前に，日本人学生と日本の教育制度は英語以外の科目については全体的に非常に優れていることを指摘しておかなければならない。OECDのPISA[1]スコアを見ると，初等・中等教育レベルの読解力，数学リテラシー，科学リテラシーの総合点で，日本は（僅差で）シンガポールに次いで世界第2位となっている。しかし，その素晴ら

---

1) PISAは「Program for International Student Assessment（OECD生徒の学習到達度調査）」の略語で，OECDが15歳の学生を対象に行う，3分野（数学リテラシー，科学リテラシー，読解力）の学習到達度の調査である。上記のランキングは2015〜2016年のもの。

185

しい結果も，外国語の習得には当てはまらない，という指摘がある。

　各国の大人の英語能力を比較する指標の1つである「2018年EF EPI英語能力指数（2018 EF English Proficiency Index）」は，130万人の受験結果[2]から，日本を88か国中49位にランク付けしている。日本人の英語スピーキング能力は決して最下位ではないが，多くの外国人は，日本人がより上手に英語を話せるものだと期待している。このことについては，国際的な法律関係者との議論からも「経験に基づく」支持を得ており，彼らは，世界で非常に多くの分野で成功しているにもかかわらず，思った以上に日本人があまり英語が堪能でないことに驚いている。なぜこのようなことが起きるのだろうか。

　日本政府は，以前から日本の英語教育を改善するための施策を進めている。こうした施策は効果的であると同時に，問題も残る。日本の小・中学校の1クラスの平均生徒数の多さを考えると，1人ひとりの発言機会や教師とのやり取りが制限される。また，日本全国の公立中学校の全ての英語クラスが同じペースで進み，同じテストを実施することが求められるという事情も，生徒個人の主体性や成長を妨げる可能性がある。

　著者はまた，筆記テスト重視の英語教育，恥ずかしさや目立つことへの不安，間違えることへの不安，カタカナ読みの発音への悪影響といった文化的な要因も，英語学習に関する問題であると考える。そして言うまでもなく，本著でも既に指摘しているが，日本語と英語はまったく異なる言語であることも大きく影響しているだろう。

2　英語力向上のための長期プログラム

　既に英語を専門的に使うことができるレベルに達している場合を除き，言語学習は継続して行う必要がある。しかし，「その場しのぎ」のやり方（時々辞書で単語を調べたり，英語の新聞や本をぱらぱらと読んだりすること）では効果が高いとは思えない。大半の人にとって，英語で専門家レベルの

2）https://www.efjapan.co.jp/epi/より引用。他国出身者と比較すると，日本人のTOEFLスコアが低い（TOEFL iBTはかなり低い）ことはよく知られている。しかし，著者は，様々な理由から，TOEFLスコアを国別の英語レベルの比較に用いるべきでないことに同意する。

流暢さを手に入れることは，一生涯のプロジェクトである（母国語の勉強でさえ実際に「終わりがない」ことと同様である）。特に，われわれが厳しい時間的制約に直面し，常に気が散るものがそばにある状態ゆえ，専門家レベルに到達するためには，長期的かつ包括的な勉強計画が必要となるだろう。

⑴ 「手っ取り早い解決策」はない

　ある意味で，第二言語の向上に取り組むということは，多くの人々が直面するダイエットの闘いと似ている。ダイエットは，世界的に大きな健康問題となっている。多くの人にとって，体重を減らすことは，理論上，単純なことである。摂取するカロリーを減らし，健康的な食事をして，（年齢，健康，能力などに適した方法で）定期的に運動するプログラムを組み立てることである。ほとんどの人は，自分がすべきことを分かっている。そして，非常に多くの人が，ダイエット計画に多額の金を費やしているにもかかわらず，目標を達成できなかったり，仮に短期的に目標を達成したとしても，すぐに元の体重にリバウンドしている。単純であるはずのことが，常に単純に実行可能であるというわけではない。

　問題の一部は，人間の生活が著しく複雑になったことで，人が自身の時間や予定をコントロールすることができなくなり，長期的な取組に集中できなくなっていることである。ダイエット産業や外国語産業は，このような状況を逆手に取り，「手っ取り早い解決策」や先端技術の解決策を提示している。しかし，本当のところ，ダイエットにも言語との闘いにも，魔法の薬や方法はない。

　真に健康であるためには，適切な食事と運動を生涯続けることが必要不可欠であるのと同様に，英語スキルの向上には，優れた学習習慣，つまり，長期にわたる学習，記憶，実践が必要である。そして，健康な人生を保つことと同じく，長期に及ぶ英語学習への誓いを立てることは，職業人生においても非常に大きな利益をもたらすものである。しかし，このような長期計画の策定，実行に成功することは，驚くほど難しい。

(2)　「二十日鼠と人間の最善を尽くした計画」

1786年，スコットランドの詩人ロバート・バーンズが書いた「二十日鼠へ」という詩の中の非常に有名な一節である。「最善を尽くした計画（"best laid plans"）」や「二十日鼠と人間の最善を尽くした計画（"the best laid schemes（plans）of mice and men"）」は，英語でよく使われる２つのバージョンである。この詩の有名な一節の現代語訳及び邦訳は，以下のとおりである。

> But mouse, you are not alone,
> In proving foresight may be vain,
> The best laid schemes of mice and men go often askew
> And leave us nothing but grief and pain
> For promised joy!
>
> ....
>
> だが二十日鼠よ　お前だけではない
> 先を見通せないのを証明するように
> 二十日鼠と人間の最善を尽くした計画もやはり失敗してしまう
> 嘆きと苦しみのみを双方に残し
> 喜びの約束は跡形もなく

この一節の３行目は，ジョン・スタインバックの1937年の小説「二十日鼠と人間」のタイトルにもなっている。ロバート・バーンズは，日本では「蛍の光」（英名"Auld Lang Syne"）の作詞者として知られている。

この詩が情緒的に指摘するとおり，現代社会のもうひとつの問題は，人々が一般に，自身が長期的な計画を立てることが下手であることを認識していない点にある[3]。将来に向けた効果的な計画を立てようとして失敗する背景には，様々な理由がある。障害となり得る無意識の傾向や先入観を認識することは，よくある計画ミスを回避し，最小限に抑えるのに役立つことだろう。

3）次のセクションでも触れる「計画錯誤」の問題については，次の文献が詳しい。D. J. Watts, "Everything Is Obvious: How Common Sense Fails Us" Crown Business（2012）, Nassem Talib, "Antifragile: Things that Gain from Disorder,"（Random House, 2014）。

(3)　心的傾向と先入観

将来に向けた優れた計画を立てることができない理由には，次のような問題がある。

①　非現実的な目標設定

心理学者は，人が将来の仕事の難しさを評価しようとするときには，先入観に囚われることを証明している[4]。仕事について想像する未来が遠いほど，その仕事を達成することがより容易に見える。どんなに遠くても，現実的な目標を設定するべきである。より現実的な方法は，来月又は来年に計画している課題を，明朝までに実行できるかどうか想像することである。

②　将来について過度に楽観的である

人は，自らの「平坦ではない」過去を振り返るものだが，将来はよりスムーズに進むと信じ込むような先入観に，無意識のうちに囚われる傾向がある。そのため，将来，障害や困難が常に起こり得ることを思い出させるために，しばしばマーフィーの法則が引用される[5]。しかし，計画を立てる際に，障害や困難に備えて準備していなければ，それらが起こった場合，簡単に失望し，やる気を失いやすくなる。

③　必要な時間，労力，リソースを過小に見積もる

計画を完了するためには，当初想定していたよりも多くの時間とエネルギーを必要とする。この心的傾向は，英語で「ホフスタッターの法則」と呼ばれる[6]。計画を立てるときは，少し多めのゆとりが必要である。

---

4) D. Kahneman and A. Tversky in "Intuitive Prediction: Biases and Corrective Procedures"; TIMS Studies in Management Science, 12 (1979). D. Kahneman, "Thinking, Fast and Slow"; Farrar, Straus and Giroux (2011).

5) マーフィーの法則 (Murphy's Law) は通常，「失敗する余地があるなら失敗する (Anything that can go wrong, will go wrong.)」といわれている。マーフィーが誰だったか不明だが，英語の文章では頻繁に引用される。

6) 1976年，認知科学のダグラス・ホフスタッター教授は，「ホフスタッターの法則」と呼ばれるものを発表した。「たとえホフスタッターの法則を考慮したとしても，常に予想より時間がかかるものだ (Hofstadter's Law: It always takes longer than you expect, even when you take Hofstadter's Law into account.)」。興味深いことに，この「法則」の第2項では，ホフスタッターは，仕事を完了するために必要な時間とリソースを過小評価するという傾向は，たとえそれらを過小評価する可能性があることを認識していたとしても，この傾向を克服することは不可能であることを明確に示唆している。

④ 方法に柔軟性がない

例えば現役の大学生だったころなど，過去に勉強していたときにうまくいったやり方は，様々な理由から，社会人となった今ではうまくいかない場合がある。しかし，われわれはこの点を追求するのを怠り，ベストな結果が達成できておらず，その一因が方法の選択にあることを自覚している時でさえ，過去の行動パターンを繰り返す。自分の進歩を現実に照らして客観的に評価すべきである。期待通りの成果が得られていない場合，期待値を再評価し（楽観的すぎたのかもしれない），方法論を再検討しよう。

⑤ 最終的な目標を見失っている

「全体像」に関する第2章のメンタル・ツールボックスを覚えているだろうか。最終的な目標は，生涯を通じての段階的な英語スキルの向上だということを忘れてはならない。全体像の展望を覚えておくことで，短期間で失望しないようになる。予定されている学習スケジュールを短期間中断しなければならない場合に，罪悪感を抱くことはない。できるだけ早く再開すればよいだけである。休憩を取る必要がある場合は，休めばよい。本当に集中できない場合は，学習しても意味がない。できるだけ早く新たな決意をもって新鮮な気持ちで学習に戻る努力をすればよい。

⑥ 生活の中で良好なバランスを取ることができない

最後に，長期的に取り組む必要のある重要な計画全般に言えることであるが，英語学習のための良好で長期的な計画を策定し，実施するためには，希望，期待，制限，職業的／私的ニーズなどの間でバランスをうまくとらなければならない。バランスを欠いた計画が長続きすることはほとんどなく，その結果失敗すれば，プロジェクト全体を放棄することになる。

残念ながら，読者1人ひとりにふさわしい英語の長期学習プログラムをここで具体的に提案することはできない。そのような計画を立てるには，英語学習方法そのものの効果検証に加え，その人の現在の語学力，学習に割ける時間，資金や英語圏の友人などのリソース，到達目標，やる気の度合い，雇用主からの支援の程度などを，総合的に考慮しなければならない。

上記をまとめると，挑戦のしがいがあるが現実的な目標を設定すべきであるといえる。計画を混乱させる事態の発生に備え，その事態に柔軟かつ

積極的に対応する。後退してやる気を削ぐことなく，根気強く続ける。常に全体像を念頭に置く。これらに加えて，効果的に学習するための動機付けが必要であり，これが次のトピックである。

⑷　モチベーションについて

　米国のロースクールでは，入学後の早い時期に，ほとんどの学生が「法律は嫉妬深い情婦である」(Law is a jealous mistress)[7] という言葉を痛感する。法律に関わる仕事には，膨大な時間と努力が必要となる。これに英語学習の時間を加えると，プライベートの時間はほとんど残らない。つまり，プロフェッショナルなレベルの英語を習得・維持する長期的な英語プログラムにコミットし，それを実行できるのは，英語力の向上に強いモチベーションを持つ法律専門家だけとなる。

　最近では「セルフモチベーション」(自らモチベーションを高めること)が「科学」として人気となっており，驚くほど様々なベストセラー本やセミナー，TED Talks等が，その最新の理論を説明している。こうした議論では，意欲，コミットメント，イニシアティブ，楽観主義などのキーワードに焦点を当てることが多い。ここでは，「内発的 (intrinsic)」モチベーションと「外発的 (extrinsic)」モチベーションとの区別について，記しておきたい。

　言葉が示すとおり，内発的モチベーションは私たちの内的な要因による動機付けであり，外発的モチベーションは外的な要因による動機付けである。

　内発的モチベーションの例には，夏休みをビーチで楽しむために，体重を落とし，体調を良くしたいといったものがある。内発的モチベーションは，より自己決定的であり，自分の興味，楽しみ，満足につながる何かを求めるときに生じる。

7）1811年から1845年にかけて米国最高裁陪席判事を務めたジョセフ・ストーリー裁判官は，ある判決文で次のように書いている ——「[法律] は嫉妬深い情婦であり，長く絶え間ない求愛を必要とする。わずかな好意ではなく，惜しみない忠誠の誓いによって獲得されるのである」。性別表現に対して非常に敏感になっている昨今では「情婦」を「恋人」に置き換えるべきかもしれないが，それでもこの発言は現在も弁護士の生活を正確に言い表している。

　外発的モチベーションとは，第三者からの称賛，報酬，処罰に関するものであり，例えば，会社で昇進するために必要だからTOEICで800点を取りたい，などがある。

　内発的モチベーションは質の高い学習と創造性をもたらし，人は内発的に動機付けられると，より複雑で認知的な課題にうまく対処できる可能性が高いことが分かっている[8]。外発的モチベーションも良い結果をもたらすことがあるが，（法律専門家が既に十分与えられている）ストレスとも関連していることが多い。

　学習計画を立てる際には，過去の動機のレベルと種類を振り返り，それがこれから立てる新しい学習計画に適しているかどうかを検討してほしい。これまでの研究によると，人の学習におけるモチベーションの多くは，少なくとも部分的には，外発的モチベーション（良い成績を残すこと，良い学校に合格すること）に関するものであった。今後は，自らを動機付ける他の方法について検討したいと思うかもしれない。言うまでもなく，効果的な学習方法と同じように，どのようなモチベーションが効果的かは，個人によって異なることが多い。

　上達することで得る満足感，英語自体への興味，仕事や人との関わり合いの中で英語を楽しむこと，などを通して，内発的モチベーションを高めてほしい。同時に，（TOEFLやTOEICなどの）公認テストのための勉強や，非公式なテストや課題（個人指導者によるテスト，英語でのプレゼンテーション，英語スピーチコンテストへの参加など）を通して，自分がどの程度上達したか確認するのもよいだろう。

3　学習テクニックに関する実践的提案

　ほとんどの人が学校で熱心に勉強し，長年にわたりテストや試験の準備に役立つ様々なテクニックを自分なりに開発してきたのではないだろうか。こうしたテクニックの多くは，長期的な知識の習得ではなく，おそらくは

---

8) R. M. Ryan and E. L. Deci, "Intrinsic and Extrinsic Motivations: Classic Definitions and New Directions"; Contemporary Educational Psychology 25, (2000).

目前の試験で良い点数を取ることを重視して身につけたものだろう。しかし，ここでは，英語を仕事で使う能力を向上させることが目的であり，また，学習に割ける時間も限られていることから，最善の実用的結果をもたらす学習テクニックが必要になってくる。

　新しい学習アイデアを考えるときは，先入観にとらわれないようにしてほしい。最終的には，自分にとって最も効果的なテクニックや方法を見つけることが重要である。私たちはみな異なる個人であり，他の人に効果的な方法が自分には効果的でないこともあり得る。自分の学習方法を最適化するために，実験的にいろいろ試してみてほしい。以下に，学習計画を立てて英語スキルを向上させる，いくつかのアイデアや提案を提供する。提案内容の全てに厳密に従う必要はない。自分にとって最適で効果的であると思われるアイデアを選び，それを自分の具体的なニーズや状況に合わせて調整してほしい。

(1)　自分の弱みと強みを理解する

　人生の常だが，先に進む前にまず，現在の自分の状況を確認しなければならない。英語のスキルを，読み書きに関するスキル（リーディングとライティング）と話し言葉に関するスキル（スピーキングとリスニング）に分けて評価することもできるが，一方で，「能動的に」発信するスキル（スピーキングとライティング）と，「受動的に」理解するスキル（リスニングとリーディング）という分類で評価することもできる。何が得意かは人によって異なり，例えば，読み書きを得意とする人もいれば，会話を得意とする人もいる。ほとんどの人は，発信することより理解することの方が得意であるようだ。あなたは，自分の英語スキルを上記のカテゴリーごとにどのように評価するだろうか。

　リーディング，ライティング，スピーキング，リスニング，それぞれのスキルについて，自分の強みと弱みが何か，できるだけ客観的に考える。あなたの英語スキルを知っている他者（特に英語のネイティブスピーカー）1人以上に，この4つのスキルそれぞれを評価してもらう。また，この4つのスキルに関する最近のテストスコアを参照するのもよいだろう。

　現在のスキルレベルと，必要と思われるスキルレベルのギャップを可視

化する１つの方法は，以下のような非常に簡単なレーダーチャート（又は
キビアート図表）を作成することである。評価結果をグラフに入力して図
にしてみよう（例えば，評価者別に異なる色の実線を用いて図にしてみる）。

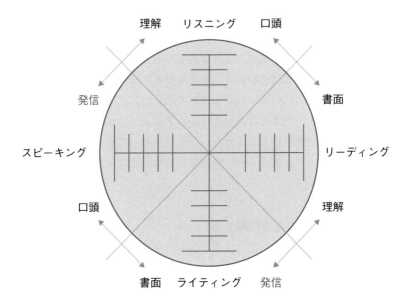

　また，仕事上で，最も長い／短い時間使用するのはどのスキルか，仕事
上最も重要なのはどれかについて，考える（仕事で，時間的には英語を読む
時間が多いものの，クライアントと直接契約する際の有用性を考えるとスピー
キングとリスニングのほうがより重要となることもあり得る）。

　次に，これをチャートに入力する（たとえば，費やす時間と重要性にそれ
ぞれ異なる色の線を用いて入力してみよう）。次のようなチャートができたの
ではないだろうか。

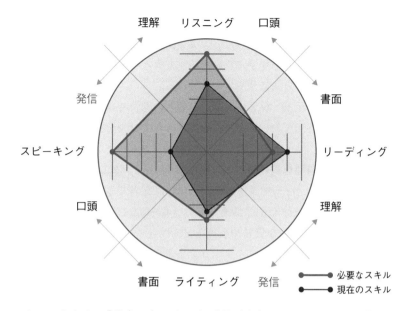

チャートから，「現在の」スキルと「必要な」スキルのギャップと，そのギャップの大きさを認識することができ，それを基に必要なスキルの習得に重点を置いた学習計画を作成することができる。

　更に詳しく評価したい場合には，「文法」，「専門用語」，「一般語彙力」，「契約書作成」，「電子メール作成」などの項目を追加したり，リーディング，ライティング，スピーキング，リスニングの各スキルで別々のレーダーチャートを作成したりしてもよいだろう。

　チャートに日付を記録し，ある一定の期間の後（例えば，6か月後）にチャートを再確認する。自分のスキルを再評価し，上達度に基づいて新しいチャートを作成する。この作業により，学習計画と学習方法が効果的か否かを，随時評価することができる。

⑵　英語のクロストレーニング

　クロストレーニングとは，スポーツの世界で用いられる概念だが，英語の学習計画を立てる際にも役立つ。これを取り入れることで，言語スキルの全体的なバランス向上，学習計画の立案（および関心を反映することによるモチベーション向上），異なる学習機会の幅広い活用，などの手助けとな

るだろう。

　本や辞書を持って机に向かうだけ，英会話の授業に出席するだけ，ある
いは毎週金曜日にビール片手に英語を話す友人と会うだけなど，学習時間
の全てを１つの学習方法に費やすのは避ける。

　１人での学習・記憶・練習の時間，他者との練習時間，読書・映画鑑賞
を通じた実践の時間など様々な方法を取り入れて計画を立てる。

　４つのスキル（リーディング，ライティング，スピーキング，リスニング）
全てを練習する時間を設けること。発信（スピーキングとライティング）と
理解（リスニングとリーディング）の両方に焦点を当てる。

　読書の時間を，法律や法律関連のもの（最終的な目標に直接関わるもの）
に限定しない。技術的な資料や新聞，ノンフィクション小説，様々なト
ピックを扱った記事，軽いフィクション小説なども英語で読むように心が
ける（後述の「(3)楽しみながら英語を学ぶ」も参照）。

　幅広い語彙力を段階的に身につける。法律用語だけでなく，それ以外の
テーマ（科学，論理学，経済学など）に関する単語や表現も学ぶ。こうした
単語や表現は，高度な議論でよく使用される（例えば，bottom line,
threshold, trigger, double standard, critical massなど）。そして，こうした
表現は，単なる記号としての言葉ではないことを忘れないこと —— 単語や
表現の背後にある概念を理解することは，より優れた思考者兼問題解決者
になるうえで役に立つ。

　米国や英国以外の出身の英語話者（ネイティブでない人も含む）と，でき
るだけ多くの時間を過ごす。英語には多くの方言があるが，その全てが有
効かつ重要である。母国語のアクセントを残した英語ネイティブではない
相手と，英語で仕事をする機会は少なくない。重要な依頼人に，何度も発
言を聞き返して困惑させたくはないだろう。方言やアクセントの理解には
慣れることが重要である[9]。オーストラリア，インド，シンガポールなどの
国の映画は，特に，聴覚障がい者向けなどの英語字幕も活用し，学習に役
立ててほしい。

---

9) 大多数の英語ネイティブでさえ理解しづらい方言やアクセントもある。

(3) 楽しみながら英語を学ぶ

楽しみながら英語を学ぶ方法を見つけると，内発的モチベーションが高まる。英語の学習は，学生時代には辛く退屈だったかもしれない。もしそうなら，向き合い方を見直さなければならない。学習に費やした時間と労力から最良の結果を得るためには，楽しみながら英語を学ぶことが必要となる。興味深く，チャレンジングな学習を心がけること！　内発的に動機付けられると，勉強時間を確保しやすくなり，より早く英語スキルが向上することはほぼ確実である。学習に対して情熱を持つこと。

① 会話を楽しむ（スピーキング・リスニング）

英語を第一言語とする同僚・友人，英語を勉強している日本人以外の同僚・友人，日本人の同僚・友人とできるだけ多くの時間を過ごす。一緒に出掛け，英語を使って仕事や生活について話す機会を持つ。1人で勉強する際には，次の会議で英語で話したい内容を考え，それを面白くしたり興味を引くようにする練習をする。

可能であれば，英語が母国語レベルで日本語も話せる人（弁護士やビジネスマンであることが望ましい）を見つける。定期的に会い，互いの第二言語のスキルの向上に協力し合うとよい。毎回トピックを決めて会い，1人が母国語でそのトピックについて話した後，もう1人が同じことを繰り返す。互いに質問をする。それぞれの言語におけるキーワードの意味の範囲を比較し，対応する単語の意味がどの程度微妙に異なるかを確認する。英語と日本語の両方を使って話すよう心がける。あるいは，マンツーマンで学べる個人指導者を探そう。

② 読書を楽しむ（リーディング）

英語で書かれた小説を，娯楽目的で辞書を使わずに読む。最初は苦労するだろうが，全ての単語やフレーズを理解できないからといって気にする必要はない[10]（理解しようとすると，読書が面白く楽しいものではなく仕事の

---

10) 文章を読み，使われている全ての単語を理解せずにその文章の基本的な意味を理解する能力は，重要である。人によっては，理解できない単語やフレーズ1つひとつにあまりに執着してしまうためこの能力を開発できない。その結果，そうした人は自分が知らない言葉に非常に気を取られるようになり，文脈から全体的な意味を捉えることができなくなる。プロフェッショナルなキャリアを積むうえで，全体的な意味を捉えるこの能力がまさに必要な場面は頻繁に訪れる。

ように感じてしまう！）。20〜30ページほど読んだ後，記憶はしているが理解できなかった単語やフレーズのみを辞書で調べる（この時記憶できれば，役に立つ可能性がある）。徐々に，基本レベル（最初は内容ニュアンスの30〜40％程度の理解度で十分だ）から，より高度なレベルまで理解を深めることができるようになる。法律関連の小説で人気のあるジョン・グリシャムなどの作品を推奨する。彼の作品は映画化されたものも多い。グリシャムの作品を2〜3冊まとめて読むとよい。彼のライティングスタイルに慣れる。本を読む前又は後で，あるいはその両方で，作品が原作となった映画を見る。

③　映画を楽しむ（リーディング・リスニング）

字幕に注意しながら外国語の映画を見る[11]。どのように翻訳されているか，あるいはどのように英語で表現されているか，考える。英語の字幕付きの日本の映画を見て，難しい日本語の表現などがどのように英語に翻訳されるかを学ぶ。テレビやパソコンのそばにノートを置き，役立つ単語や表現を書き留める。

④　日常的に触れる

英語で書かれた，興味を引く法律関連のブログ，ウェブサイト，ニュースを配信するサイトを見つけ，フォローする。

(4)　ビジネスミーティングを利用する

仕事の時間であることはもちろんだが，英語の会議は，英語を学ぶ素晴らしい機会でもある。

会議には，ほとんどの人が，ノートパソコンや筆記具を持参する。英語を学ぶ意欲のある人は，議論の内容をメモに取るだけでなく，会議後に辞書で調べられるように，単語やフレーズ，更には文章全体までも書き留めている。メモを取る際は，内容が理解できなかったことだけに限定しては

---

11)　映画やテレビ番組の中の会話は，限られた時間内でプロットを進める必要があるため，非常に早口で話されることが多い。そのため，リスニングスキルの習得には非常に強力な練習手段となる。映画やテレビ番組を利用してリスニングを鍛えるメリットは，（DVDや録画などであれば）再生して特定の部分を繰り返し聞くことができ，聴いた内容を字幕で確認することができる点である。リスニング強化のために，登場人物の会話（英語）を聴きながら，それを英語の字幕（しばしば聴覚障がい者向け）で確認することもできる。

ならない。役立つフレーズや，勉強したものの忘れていた単語，英語で説明するのが困難なテーマを思い出せるように，メモを取ること。日本語だけが使われる会議でも，英語への翻訳や通訳が難しそうなフレーズを書き留めておくことができる。こうしたメモは全て，会議後に勉強する際に非常に実用的なテーマとなる。

　復習メモは，通訳者が同席する会議に出席する際に，特に有用である。このような会議は，単語や表現を学ぶ貴重な機会であり，経験豊富な通訳者が，厄介な英語や日本語を，どのように適切な訳語に置き換えるか知ることができる貴重な機会でもある。特に，他の言語に全く同じ意味を持つ訳語や表現がない単語や表現を，通訳者がどのように訳すかに注意して聞いてみるとよい。

⑸　学習時間を賢く利用する

　学習計画の作成を，教師や語学学校に任せないこと。既に述べたように，自分のモチベーションと，自分にとって最も効果的で自分のニーズを最優先させた学習方法に基づいて，学習計画を立てよう。

　英語教室に参加する際は，教師の目標と優先順位が，自分の目標と優先順位と同じであり，時間が無駄にならないと確認できた場合にのみ参加する。いずれにしても，授業からできるだけ多くのものを得ることができるように積極的に参加しよう（教室参加が最も有効な時間の使い方でない場合は，別の学習方法を見つけること）。

　学習の優先順位を明確にし，最も優先順位の高いものに最大の時間とエネルギーを費やす。

　効率良く勉強する。理解できない単語や表現を全て調べたり，記憶したりしてはいけない。最も重要な言葉や表現をピックアップし，長期記憶に取り込み，自分の実践語彙に加える。重要度の低い単語には，後で（必要になった際に）対応する。

　勉強するときは集中する。疲れているときは勉強しないこと。単語を「学ぶ」意味は何か，必要なときに覚えられていなかったらどうなるか。１人で真面目な勉強（単語を調べる，記憶する，読むなど）をするときは，可能であれば，気が散らないようにすること。最高の学習環境を整える。

読みやすいメモやリストを作り，定期的に見直す。自分が書いた英語の電子メール，契約書ドラフトなどを直してくれる人が幸運にもいれば，修正された文書を「修正履歴」を付けて保存しておく。間違えた箇所やその傾向を探り，同じ間違いを繰り返さないよう努力すること。

(6)　「基本」に戻る

語学スキルは，最も基本的なテーマ（基本文法や単語学習など）の勉強や，最も基本的な学習方法（古典的な記憶など）によって最も上達することが多い。

学生時代に使用した英文法の教科書を探すか，基本的な英文法の参考書を購入して，必要に応じて復習する。その際，学習中の文法を使った例文を頭の中でいくつか作り，声に出して言ってみる。自分の文法上の弱点をネイティブスピーカーに特定してもらい，基本的な文法を使ってその弱点を復習する。

単語帳を作り，日本語から英語，英語から日本語の両方向でテストする。その後，正しく答えられなかった，答えるのに時間がかかった，確信が持てていない単語や表現があれば，新たに単語帳を作り，同じようにテストをする。1週間前，1か月前など，以前作成した単語帳に，新しい言葉や表現を追加していく。寝る前に単語帳を復習し，翌日起きた直後にまた復習する。1週間は，新しい言葉を全て使うように心がける。特に難しい言葉や表現は，繰り返しテストすると長期記憶に残る可能性が高くなる。

単語を勉強するときは，単語同士を関連付けてみる。内容に法則のない単語帳やアルファベット順の単語帳は作らないこと —— こうした単語帳では記憶力がうまく働かない。学習の際には，関連し合う単語をたくさんつなげて作った1つの文章をそのまま記憶する，又は，関連し合う単語をつなげる方法を見つけるとよい。単語を記憶する有用なもう1つの方法は，独自の頭字語を作ることである[13]。

(7)　上達しているか確認し，自分に報いる

自分の学習スケジュールや学習方法が効果的かどうかを確認するために，また，モチベーションを維持するために，学習計画がどの程度効果的に進

んでいるか確認することが重要である。どの程度上達しているか定期的に確認する方法を見つけよう。

　教師，指導者，同僚などからフィードバックを得る。ただし，フィードバックを行う人物が，フィードバックを提供する資格がある（あなたを評価する言語スキルを持っている，そして実際にあなたの上達度を確認できる）ことを確認すること。また，標準化されたテストを受けることもできるが，あなたがこれまで学習してきたことに絞ったテストではなく，上達度を確認する方法として万能ではない点に注意が必要である（テストで高得点を取るために勉強するのではなく，仕事で英語をより上手に使えるように勉強すべきであることを忘れないでほしい）。

　上達度を確認する良い方法が見つけられない場合，具体的な短期目標をいくつか設定し，その目標に到達したかどうかを判断することもできる。実際に上達したことを確認できたら，その成果を祝い，自分に報いよう。

　一方で，学習できなかった時間について過度に気にしないこと。十分なストレスの下で働いているのに，新たなストレスに自らを晒す必要はない。罪悪感を抱くのは，仕事を早めに切り上げて言語学習を開始するときだけで十分だ。

　他人と比較することで自分を評価しないこと（純粋に前向きなモチベーションとして競争を使う場合は除く）。私たちは全員，立場が異なる。究極的には，自分のライバルは自分である。

(8)　その他の提案

　以下のアイデアも参考にしてほしい。

　電車に乗っているときや1人でいるときに，声に出さずに英語で独り言

---

12) 私たち全員が，長期記憶における頭字語の有効性について，次の例を知っているだろう。また，その発展形として，頭の中に宮殿をイメージし，その中に多くの部屋を作り，部屋の中に棚やクローゼットを作ることで，驚くべき記憶力を発揮する人たちもいる。各部屋には特定のテーマが与えられ，その部屋の中にある棚はそれぞれ，部屋のテーマの特定の側面のために使用される。特定の事実（又は言葉）を記憶する際，こうした人たちは，その事実（又は言葉）を，関連する他の事実（新しい事実を覚えながら思い出す）と一緒に，特定の部屋や棚に置いていく。後でこの事実（又は言葉）を思い出すには，置いた部屋や棚に戻ることをイメージする。この技術は非常に古く，「記憶の宮殿（Memory Palace）」と呼ばれている。

を言う。自分が言ったこと，言いたかったこと，仕事での出来事などを思い出し，それを頭の中で英語にして自分に話してみる。電車の中で英語の本を読んでいるときは，1つひとつの単語を注意深く頭の中で発音する[13]。認知科学者は，こうしたイメージトレーニングを行うことによってイメージしている体のパーツの動きを制御する脳の領域が刺激されることを発見しており，現在では，イメージトレーニングは，スポーツやその他の分野で一般的に認められている[14]

　独り言でもいいので，英語を声に出して読み上げる。英語の映画やテレビ番組を見るときは，出演者が話していることを声に出して真似をする。彼らのイントネーションやアクセントなどを繰り返してみよう。楽しいだけでなく，非常に効果的だ。

　医療の専門家は，運動を継続することが健康の鍵であることを強調する。少しでも毎日運動をするほうが，週に1度たっぷりと運動するより健康に良い。語学学習も同様で，何らかの練習／学習を毎日，たとえ頭の中でだけでも続ける努力をしよう。

　これまで英語学習のためのアイデアを書いてきたが，英語（に限らず，第二言語全般）のスキル向上を目的とするプログラムを作成し実践する際，読者の勉強に役立ち，手掛かりになることを願っている。

---

13) 英語での多読を経験した日本人のある同僚は，自分の能力に非常に自信を持っていた。しかし，著者が英語の文章を読み上げるように頼んだとき，彼は，難しい文章の中の多くの単語を発音できないことに自ら気づいた。訊いてみると，英語を読んでいる最中に頭の中で発音したことはなかったということだった。理解する訓練はしていたが，発音は練習していなかった。その結果，話し言葉に関するスキルを強化できなかっただけでなく，言葉の意味を理解していても読んでいる単語の中に発音できないものがあることに気付かなかった。現在彼は反省し，頭の中で発音しながら読むことを習慣にしている。

14) Christopher Clarey, "Olympians Use Imagery as Mental Training"; The New York Times, (February 22, 2014), (available at: https://www.nytimes.com/2014/02/23/sports/olympics/Olympians-use-imagery-as-mental-training.html.)

Part 3

Takeaways

* Laws are uniquely and inseparably tied to a society and can only be created with (in the modern world, written) language.

　法律は，ユニークかつ分離不可能な形で特定の社会に結びついており，言語（現代においては，文書化された言語）によってのみ創造される。

* English-language contracts are drafted using various types of legal terminology, often with very long and complicated sentences, making them difficult to understand for those not trained in the law.

　英文契約は，様々な種類の法的語彙（および極めて長く複雑な文章）を用いて記されており，法学を修めていない人間には難解である。

* It is frequently difficult to find precise word equivalents between two languages. This is particularly true with respect to legal terms when the two languages are associated with legal systems based on differing legal principles.

　二言語間に，全く同義の語を見つけるのは困難である。特に，両言語が異なる法理を採用する別の法制度と結びついている場合，法律用語の翻訳・通訳は困難を極める。

* Be careful with the various myths involving translators and interpreters. Professional translating and interpreting involve two sets of skills that are quite different in many respects.

　翻訳者・通訳者にまつわる数多の神話には注意しなければならない。プロレベルでの通訳と翻訳には全く異なる種類のスキルが求められる。

* Understand and respect the important roles that translators and interpreters play in the project. Use experienced professionals and properly brief them on the project ahead of time. Work with them to determine the method and the type of service which is most appropriate for your needs.

　翻訳者・通訳者の果たす役割の，プロジェクト全体にとっての重要性を理解し尊重しなければならない。経験豊富なプロを採用し，事前にプ

ロジェクトについて十分説明しておくこと。ニーズに最適なサービスの提供方法・種類を彼らとともに探ることが重要である。

＊Stereotypes are not effective for evaluating individual members of a specific society. Avoid value judgments based on cultural differences.

　ステレオタイプは，ある社会の個別の構成員の特性を評価するのに役立たない。文化的差異に基づいた価値判断は避けなければならない。

＊Non-Japanese clients can be quite sophisticated and knowledgeable regarding legal services and may demand lower fees and greater use of technological tools.

　海外顧客は，法律サービスに対して経験および知識が豊富で，報酬の値下げやITツールの活用などを要求してくることがある。

＊Manage the expectations of non-Japanese clients by discussing the client's goals, etc., for the project and outlining your services and fees before beginning the project.

　事前に達成目標について協議し，サービス内容および報酬を提示して，海外顧客の期待値を管理することが重要である。

＊Avoid giving an easy 'no' answer to the client. Help them reach a satisfactory business answer to their problems and questions.

　クライアント企業に対し，簡単に「ノー」と返答してはならない。直面する問題および疑問に関して，クライアント企業が満足できるビジネスアンサーにたどり着く手助けをすることが重要である。

＊Use a consistent, long-term study program to improve your business English skills. Be opportunistic! Take advantage of the many different ways to improve. Enjoy your studies!

　継続的かつ長期的な学習方法を用い，ビジネス英語能力を磨かなければならない。（いかなる状況でも成果達成を狙う）オポチュニストたれ！能力向上のために複数の方法を活用すべきである。学ぶことを楽しもう！

おわりに～法とあなたの将来

The Future of Law and You

　われわれは，国際ビジネスにおける読者それぞれの役割（会社の法務担当者，会社が依頼する法律事務所の担当弁護士やパラリーガル等）に関して，実際の業務において役立つ実践的な助言を提供したいと願っている。

　この本で紹介したいくつもの助言は，国際取引における理想的な「ベスト・プラクティス」であって，忙しく慌ただしい毎日の業務環境において，必ずしも常に履践できるものではないことは，われわれも十分に理解している。

　しかし，真のプロフェッショナルは，自身のゴールと基準を最も高いレベルに設定し，自身のキャリアのどの段階においても，それらのゴールを達成するのに必要な考え方，仕事に対する姿勢等を身に着けるべく全力を尽くして努力すべきである，というのが著者の信念であり，この本を書いている理由である。

　この章では，主として国際ビジネスに関わる弁護士を念頭に，「プロフェッショナリズム」に対する考えや法がどのように変化してきたか，将来において法はどのように変わり得るか，そして，法の変化があなたとあなたの将来にどのような影響を与え得るかについて考える。

1 法曹に訪れる変化

⑴　保守的な専門職

　従来，弁護士業は，最も保守的な専門職のひとつであると世間に認知されてきた。法は，社会の価値観を反映しており，その価値観が変化すれば法も変わるべきであるにもかかわらず，多くの場合，法は緩やかなペースで変化すべきであると信じられている。社会の変化は頻繁に，不均等な振り子の揺れのように，又は株式市場の急激な株価変動のように生じる。し

かし法の改正は，新聞の見出しの「雑音」を見過ごし，世論の動向がはっきりと確立して社会に根付くまで待ってから，という長期的なアプローチをとるべきだと考えられている。

　あらゆる人間の基本的人権に対する認識，たとえばLGBTQの方々の人権はこの現象の好例であり，法の変化は緩やかに，関連する問題に対する強力なコンセンサスが十分にできて，社会が発展した後にのみ生じる。20世紀初頭の米国における禁酒法及び諸外国[1]での同様の運動は，これに対する良い反例である。アルコールの消費及び製造を違法化することは，権力を有する一部の人にとっては原則的に良い考えだと思われていた。しかし結局のところ，それらの国における多数意見を反映しておらず，法は最終的に廃止された。同様に，レストランでの喫煙も，50年前には禁止できなかったであろう[2]。

(2)　プロフェッショナリズムと法

　法のこのような保守的な傾向は，専門職としての法律家の伝統的な世界観に基づいている。「プロフェッション」又は「プロフェッショナル」の本来の意味は，特定分野における技術的なスキルや豊富な知識（プロフェッショナリズムにおいて確実に必要不可欠な部分であるが）だけを意味するのではなく，それ以上の意味，すなわち，高水準のパフォーマンス，誠実性および公的サービスについての公的な保証を意味する[3]。

　西洋においては伝統的に，弁護士，医師，聖職者などのほんのわずかな集団のみが真の「プロフェッショナル」であると考えられてきた。プロ

1）米国に加え，北欧諸国（フィンランド，アイスランドおよびノルウェー），ロシア／ソビエト連邦およびその他の国も，アルコール飲料の消費および製造を禁止した（明確に宗教的な理由以外で）。米国での禁酒は単に連邦法を通過しただけでなく，憲法修正（修正第18条）まで行い立法化された。そしてその廃止には2回目の憲法修正（第21条）が必要となった。

2）LGBTQの権利や移民などの問題に関して，今日多くの国で生じている国家主義的・保守的な反発に鑑み，人権に対してもっとリベラルなアプローチをとった場合でも，法で禁止したのと同じ運命に苦しむのだろうか（少なくとも一時的に苦しみが緩和されるのでは）と疑問に思う者もいるであろう。

3）ハーバード大学ロースクールのトップを務めたロスコー・パウンドは，「プロフェッショナル」を「公益奉仕の精神をもって専門性を磨き続ける者」と定義したことで知られる。"Standard Lawyer Behavior? Professionalism as an Essential Standard for ABA Accreditation," by Nicola A. Boothe-Perry, 42 New Mexico Law Review 33 (2012)。

フェッショナルはライセンスを与えられ，監督機関の指導の下，倫理規定に服してきた。プロフェッショナルは，原則的にその分野での独占権を与えられてきたが，それらは秩序ある社会の維持と支援を期待されることと引き換えに与えられたものであった。たとえば，医師は伝統的に，見知らぬ者の突然の医療的緊急事態に対して救急の支援を行うよう期待され[4]，法曹は，正義を擁護する義務を有する「法の番人」と考えられた。

今日の現代世界におけるほぼすべての社会が，急速で大幅な変化—人口統計学的，経済的，政治的，法的，および倫理／モラル的な変化—を遂げつつある中で，法サービス理論[5]の台頭などにより，「プロフェッショナル」という用語の意味や社会的位置付け，また究極的には今日における法律専門家の存在意義について問題を提起している。

(3) 急速かつ根本的な変化

変化に対する長い抵抗はあったものの，拡大しグローバル化する経済によって生じる圧力や，ビジネスの実践方法を変えた革新的なテクノロジーの発展に伴い，近年（20世紀後期）になって，弁護士をめぐる環境は大きく変動している。たとえば，重要度の高い世界規模の貿易が行われるようになったことで，多くの国が貿易に関して高度で複雑さを増した法的体制を定めるようになった（貿易規制や投資制限，そして域外適用に関する法（たとえば，独占禁止法や外国公務員に対する贈賄について規定する法）など）。これにより，法律事務所も法的専門性と国際性が求められるようになった。

このような環境の変化は，国際的な業務を行う海外の大規模法律事務所や弁護士業務に以下のような変化をもたらした。

● 世界中の法律事務所，特に米英の法律事務所の弁護士と職員の雇用人

4）これらのプロフェッショナルの「責務」は，残念なことに，病気や負傷した見知らぬ者を助けるべく介入した医師に対して数多くの訴訟が提起された結果，米国では何年も前にそのほとんどが廃止された。その対策として，ほぼすべての州が，誠実にかつ無償で医療的緊急事態を助ける者を保護することを定める法を可決した（「善きサマリア人」の法）。しかし今日でもなお，米国の多くの医師が，医療的緊急事態に介入することに抵抗を感じるようである。
5）1980年代に入り，「プロフェッション理論」を批判して登場したモデル。公的な役割を強調することを改め，消費者である依頼者にサービスを提供する職業として弁護士の社会的役割を再定義した。法律サービス市場の自由化を促進したといわれている。

数が著しく増加した。諸外国においても，従前は個人事務所が弁護士
の典型像であったが，近年は共同事務所化が顕著であり，その規模も
拡大傾向が続いている。ベーカー＆マッケンジーやDLAパイパーな
どの法律事務所は4000人以上の弁護士が所属しており，弁護士数では
これらを凌駕する中国の法律事務所も出現している。

● 企業や官公庁等に勤務する組織内弁護士（インハウス・ロイヤー）の
増加，会計士等の他業種との間で提携をする傾向も顕著となっている。

日本の弁護士数は欧米諸国に比べると遥かに少ないが，2001年に発表さ
れた司法制度改革審議会の意見書を嚆矢とする司法改革の影響により，諸
外国に似た変動が見られるようになった。司法試験合格者数が一時は年間
2000人となり，2010年末には，日本の弁護士数は3万人に達し，2018年に
は4万人を超えた。法律事務所も大規模化の傾向が進んでおり，今では
400人を超える法律事務所が5つある。外国法事務弁護士との共同事業事
務所の数も増え，組織内弁護士の数も2019年6月には2418人となり，[6] 弁護
士の業務形態は大きく変貌を遂げてきた。

また，新しいテクノロジーは，弁護士業務を以下のように変化させた。

● 著者も，最初期の新しいテクノロジーのいくつか—電動タイプライ
ターとファクシミリ—の利用に奮闘した経験がある。その後，パソコ
ン（初期はとても扱いにくかった），[7] インターネットと電子メールが登場
した。これらの技術革新により，法律事務所の弁護士がより迅速かつ
効率的に稼働することを可能にした。

● 各種の事務を支援する法務サービス産業が発達してきており，特に紛
争対応，不正調査対応等においては，コストを節約しつつ，新たな方
法を積極的に取り込んでいくことが必要になった。特に米国の訴訟で
は，e-Discoveryの対応に膨大な作業を要するところ，この対応を専

6）日本組織内弁護士協会（Japan In-house Lawyers Association）調べ（2019年6月）。

7）1980年代半ばに著者がニューヨークの大手法律事務所で働いていた時，弁護士にパソコ
ンを使わせてはならないという法律事務所のポリシーがあった。文書は手書きでなければな
らず，赤鉛筆で修正されるか，弁護士がテープレコーダーを使って口述していた。データを
コンピュータに入力し，その文書の電子ファイルを作成し，修正を加えるのは秘書の仕事で
あった。その理由は，当時はコンピュータの性能は現在と比べて低く，データファイルを丸
ごと永遠に失ってしまうことが頻繁にあったからである。そこで，大手法律事務所では，弁
護士は法の解釈・適用に専念し，秘書がコンピュータの取扱いを受け持つこととされていた。

門とするサービスプロバイダーを活用することによって大きなコスト削減につながることもあり，これらを有効に使いこなすことも課題となる。今後，これらのリーガルテック（Legaltech）[8]をいかに有効に活用するかが，さらに重要になってくる。

● Skypeなどを使ったテレビ会議システムが導入され，海外に行かずとも会議を開催することができるようになった（もちろん直接会って交渉をしなければならない場合もまだまだ多いが）。

　近時，弁護士業務は多様化しており，弁護士による法的支援のニーズは，国内法務から国際的な領域に広がってきている。これまで述べてきたとおり，国境を越えた法務は，国内の法務よりもリスクが高いことが多く，他国の弁護士と連携して対応しなければならないことが少なくない。国際取引をはじめとする国際的な法務では，それぞれの領域に特有の問題に対応できる専門的なスキルが求められ，そのすべてを企業内部で対応することには困難を伴うことが多いからである。また，発生し得る諸問題の予測の評価が国内に比べて困難かつ複雑なため，国際的な法務においては，日常的な予防法務を超えた戦略法務の視点からの検討が求められる。

　しかも，弁護士が携わる領域が拡大するにつれて，そうした業務に対応する能力がさらに求められ，その能力が高い弁護士ほど，依頼の範囲がさらに広がる傾向が顕著になっている。このため，日々の研鑽を怠ると，不十分な能力で依頼者の法的ニーズに応えざるを得ないことになり，会社経営上の問題を惹起する危険もある。さらに，業務の多様化に伴い，弁護士報酬のあり方も多様化し，経済的な利益の分配や利益相反の問題等，新たな倫理上の課題も発生している。

　このように弁護士業務は，元来知られてきた意味の「プロフェッション」から離れ，ビジネスにより近い形に変化し始めている。しかし，どんなに業務が多様化し，拡大しても，弁護士は，企業社会の健全な運営に向けた活動を通じた権利の擁護・社会正義の実現という本来の使命を忘れてはならない。

おわりに

　8）「リーガル（legal）」と「テクノロジー（technology）」を組み合わせた造語で，情報技術（IT）を活用した法律関連サービスやシステムの総称。

209

(4)　将来の変化の萌芽

　社会構造の変化，国際化の進展は，法律事務所のより根本的な構造・規模の改革や，弁護士業務を世界中で行う方法の改革を促す可能性さえある。以下では，将来に起こり得る変化（改革）や要請を予想させる海外における変化の兆しを紹介する。

　①　Vereins

　この10年の間に，スイスのVereinsの組織形態にすることで飛躍的に成長した法律事務所が，国際的な法律サービス市場を支配するようになった。世界における5大法律事務所（合計で約12,000人の弁護士を雇用）は，このVereinsという組織形態を採用し，真の国際的「巨大法律事務所」を作り上げた。

　Vereinsの構造は，世界各国にある法律事務所に，共通の事務所名，事務的支援（支援に係る必要経費を含む）とひとつの意志決定機関を共有することを可能にする一方で，各事務所が構造的な独立を保持することや，それぞれの現地法に従った弁護士業務の遂行を認めるものである。Vereinsのメンバーは，その他のメンバーの商業上又は職務上の義務に関する責任は一切負わず，また収益や利益の共有もしない（これは，大規模な合併において最も問題を引き起こしうる2つの側面を回避している）。

　スイスのVereinsは，メンバーとなった法律事務所同士の連携により，その規模を真に世界中に届くまで巨大化することで，グローバル企業に対するブランド認知度を高めている（たとえば，中国西部の小さな田舎町でスターバックスを見つけるように）。世界中の多くの法律事務所が，数多のグローバルな業界ネットワークや提携の1つに加入することで同様の試みをしているが，しかしそのいずれも，Vereinsほどのまとまりや成果はない。最大規模のVereinsの成功は，多くの大規模事務所に対し，組織構造を見直すよう，そうしないと世界的なポジション争いに負けることになるというプレッシャーをかけている。

　②　会計事務所

　これに対して，世界4大会計事務所もまた，複合的なアプローチをとってグローバルな大規模法律事務所に挑戦してきた。これは，同一ブランドの下で監査，コンサルティング，そして法律サービスを統合するものであ

る。この試みは，米国内においてはエンロン事件のために多少つまずいた
ものの，その他の国における法律サービスの市場，とりわけ新興国市場に
おいては，法律事務所の手ごわい敵となっている。また英国市場の規制緩
和にともない認められるようになったAlternative Business Structures
（後述）の背景にも4大会計事務所の動きがあった。

② 弁護士による独占の終焉

　これまで，多くの国において，弁護士資格を持たない者が法律事務市場
の開放を求めてドアをたたき続けてきた。これに対して多くの国において，
前向きな対応が検討されてきた。「弁護士資格を持たない者は，法律事務
所に投資できるか」「法律事務所は，非法律業務を行う営利事業に従事で
きるか」「弁護士資格を持たない者は，法律に関連する助言を提供できる
のか」といった問題に対して，肯定的な回答が各国で増え始めている。
　英大手法律事務所アーウィン・ミッチェルは，2010年にLegal
Disciplinary Partnershipとなった最初の法律事務所の1つである。これは，
弁護士資格を持たない者（英国資格のソリシターではない者）が法律事務所
のエクイティ（持ち分）パートナーになるというものである。同事務所は
2012年にはさらに，英国事務弁護士規制局から認可を取得し，
Alternative Business Structuresを採用した最初の法律事務所の1つにも
なった。このライセンスに基づいて，共同持ち株会社を設立し，グループ
会社を通じて債権回収業，保険請求を取り扱う業務，受託者業務等を行う
ライセンスを受けた。その他の国々でも，法律事務とその他の事業を融合
させることを認める仕組みが試みられている。
　本書を書いている時点において米国カリフォルニア州では，弁護士資格
を持たない者がカリフォルニア州の法律事務所に対して持分権を有するこ
とや，法的助言を提供することを認めるか否かが検討されている。後者は
少なくとも，民事訴訟において本人訴訟を行う当事者（弁護士費用を賄え
ないことを一般的理由として民事裁判で弁護士を訴訟代理人としない当事者）
の問題に対する部分的な対応である。米国の一部の州では，本人訴訟を行
う当事者が全体の80％〜90％を占める。弁護士資格を持たないアドバイ

ザーを導入することによって，競争を生み出し，訴訟代理人の費用を抑制すべきとの声が背景にある。カリフォルニア州の弁護士会はまた，ベンチャーキャピタリストがウェブサイトを開設し，そこでAI技術を利用して，法的助言やカスタマイズ可能な法的文書を提供することの是非についても検討している。

　これからの弁護士業務について懸念されるのは，法律事務所や弁護士が，投資家に対する責任を負ったり，弁護士資格を持たない者やAI技術とも競争したりしなければならなくなることによって，専門職としての倫理観や正義を促進する責任を伴う「プロフェッション」としての法律家の伝統的なモデルからおのず遠ざかりやすくなり，ひいては単に営利目的のビジネス・ベンチャーへと姿を変えてしまわないかということである。

❸ 第三者による訴訟資金の提供

　第三者による訴訟資金の提供（third-party litigation funding）は，ヘッジファンドなどの投資家が，民事訴訟で賠償請求をする原告の訴訟費用の全部又は一部を引き受ける代わりに，かかる訴訟の和解又は判決によって得る金額のいくらかの割合を受け取る合意をすることによって，訴訟資金を調達する仕組みである。通常，この手段が使われるのは，原告が大規模訴訟の高額な費用の支払いに不安があり（もしくは支払えず），費用の全部もしくは一部のリスク回避をしたいと希望した場合である。

　しかし，第三当事者である投資家（通常弁護士資格を持たない者である）にとっては，自らの投資を保護するために訴訟に対する一定程度の支配を求める結果，ほとんどの場合で和解が難しくなり，費用がかさみ，さらには弁護士・クライアント間の関係を妨害する可能性もある。現在，第三者による訴訟資金の提供は複数の法域において認められており，現在のところこの調達手段によって1000億米ドルもの資金が調達されているという。

　この第三当事者である投資家がもつ和解および訴訟手続に対する支配力が，根本的な弁護士・クライアント間の関係や，元来の弁護士の助言能力（クライアントのニーズに合わせて個別に検討し提供する法的助言）をいかに妨げているかという問題が，ここにはある。

4 新しいテクノロジー

　この50年間は，とりわけ英語を使って働く法律専門家[9]の作業を支援するためにソフトウェアの開発が進み，その量と種類において爆発的な増加をみた。今や，弁護士と法律事務所のために設計されたソフトウェアが，文書の管理，弁護士の業務時間の計算と報酬請求，事件・事案・期日の管理，財務管理，訴訟事件表作成やオンラインでの裁判所への書類提出[10]など，あらゆる業務を執り行っている。これらのソフトウェアは驚くほど高度化しており，たとえばAIの自然言語処理ソフトウェアは，デスクトップ・コンピュータだけでなくモバイル機器でも使用でき，受信したすべての電子メールの適切な保存先を判断して，その電子メールを法律事務所の文書管理システムに安全に保存するのと同時に，その電子メールを読んで返事をする時間を捕捉して，請求可能な業務時間として計上することさえできる。

　AI技術は今後，M&Aのデューデリジェンス，コンプライアンスや契約管理にも応用されることが見込まれる。機械学習を利用すれば，契約書の審査と比較のスピードを速めたり，標準的な契約書を顧客に合わせてオンラインでカスタマイズしたりできるのである。AIは，システムにアップロードされた準備書面を分析することで，関連する先例を検索する段階でそれらの差を特定し（コモン・ローの法域ではとても重要），その準備書面で展開された主張の長所と短所を評価する。コモン・ローの法域において，特に米国では，民事訴訟の証拠開示手続（ディスカバリー）の段階は非常に長期にわたり，そして大量の文書が関わるが，AIの継続能動学習プログラムならば，大量のデータや文書を要約し，データ分析を行って，法務レビューを行う人に関連する文書を提供することができる。

おわりに

9）世界的に見て弁護士業務で最もよく使われる言語である英語が，高い言語依存性を有する高度なソフトウェアやAIツールの開発において，先行して恩恵にあずかることができたのは，当然のことである。本書で論じたソフトウェアとAIツールは，現時点では日本語に未対応のものも多い。さらに，これらのツールのいくつかは，コモン・ローの法体系を採る法域のために設計されている。

10）日本でも2018年6月15日の閣議決定「未来投資戦略2018」が「司法府による自律的判断を尊重しつつ，民事訴訟に関する裁判手続等の全面IT化の実現を目指す」としたことを受け，最高裁判所，法務省，日弁連が，民事裁判IT化に向けて取り組んでいる。

　クライアントの秘密を保持することの重要性に加え，クライアント本人とその事案に関わる個人情報の保護は今，世界各国の厳しい規制の対象となっており，それは法律専門家にとっても大きな関心事となっている。現在，AIは，サイバーセキュリティにも適用されており，不正アクセスや悪質なソフトウェアを検知し迅速かつ正確に対応する。

　電子タイプライターやファクシミリが登場した日々は，今日から数世紀も昔のことのようであり，今や，われわれは全く新しい技術用語（たとえばブロックチェーン，Eディスカバリー，電子請求，インタラクティブなEラーニング，継続能動学習，プラットフォームやアプリなど）を学ばなければならないだけでなく，技術をどうやって使うかを習い，更新された最新技術にも遅れずに精通し，絶えず目の前に現れる新しい技術ツールを評価できるようにもならなければならない。

⑤ 外部委託と将来のウーバー法律事務所

　2000年初頭には早くも，多くの企業が電話相談窓口やコールセンターを海外に移転したのと同じように，多くの法律事務所が，ルーティンに種類分けされる弁護士業務を，コストが相対的に低く抑えられているが英語能力が高い，インドやフィリピンなどの外国で働く弁護士に委託し始めていた。法律事務所の場合，外部委託される業務は，フロント・オフィスの機能（通常は弁護士が行う業務で，デューデリジェンスなど），ミドル・オフィスの機能（通常はパラリーガルが行う業務で，基本的な調査など），バック・オフィスの機能（法律事務所における庶務で，請求など），すべてに及ぶ可能性がある。外部委託は，費用を抑制しようと試みる大規模事務所にとっては，1つの効果的な手段である。

　同様に，各国の法律事務所の多くが，第三のカテゴリの弁護士を雇用する構造へと移行した。つまり，事務所のパートナー弁護士にもパートナー・トラック弁護士（将来的に事務所のパートナーを目指す新人弁護士で，一定期間事務所で勤務しながらパートナー昇格の機会を待つが，パートナーへのオファーがなかった場合には事務所を去ることになる）にも当てはまらない，新たなカテゴリの弁護士である。

　ここで疑問に思うのは，法律事務所が将来，もっと事務所に友好的な手法でこれらのノン・パートナーを活用して，アマゾンの配達人やウーバー運転手を活用するのと似たモデルに近づいていくのか否かである。

　アマゾンやウーバーのモデルでは，各配達人や運転手は基本的にフルタイムで指示が受けられるよう待機状態でありながら，実際には雇用主に依頼すべき仕事があるときにのみ，仕事を受注する形であり，発注量についていかなる保証も受けられない。さらに，雇用主（法律事務所のパートナー）は医療給付，年金給付やその他のリスクに対する一切の責任を負わないし，報酬も作業に対する所定の料率を使用して支払われることが多く，たとえ様々な理由で作業の実行が困難になったとしても，それに見合った額が常に支払われるわけではない。

　一部の弁護士は，このシステムの柔軟性と自由をありがたく感じるかもしれない。しかし，このようなシステムは，多大なリスクと不確実性を，法律事務所から個々の弁護士に移転させていることに疑いの余地はなく，それにより，当該弁護士の立場と経済的立場をより危ういものとするだろう。

　テクノロジー，外部委託，そして出来高払いの仕事を引き受けるノン・パートナー弁護士の活用に多くを依存をすることは，結果的に，法律事務所の構造を，傾斜したピラミッド型に変形させてしまう可能性を高めるのではないだろうか。つまり，潜在的に，収益の増加部分のほとんどを手にすることができるより限られた上層階の弁護士にのみ地位とお金が集まり，それ以外の多くの弁護士たちは，かえって下層の地位に押しやられ，少ない収入に甘んじることになる格差構造を持っているのではないか。

　100年前は，人々がテクノロジーが進んだ未来を思い描くとき，それは膨大な仕事量は削減（圧縮）しつつも確かな成果を生み出してくれることで，1週間の労働時間の合計は20時間程度になり，上がった収益は皆でシェアできるような社会であった。しかし，昨今の現実は，そのような富の配分に対する楽観をわれわれに許さない。

おわりに

6 ブラック・スワン

　過去35年間の技術的進歩 —— たとえば電子メールとインターネット —— は，今日の世界における大多数の人々の私生活およびプロフェッショナルとしての生活を，根本から変えた。これは，40年前の多くの人たちには思いもよらないことであったに違いない。これから先の20年においても，間違いなく，今現在のわれわれの常識（やり方）を混乱させるような，強い衝撃を与える新しいテクノロジーや出来事が起こってくるだろう。これらは，**第8章**で述べた「未知の未知」であり，歴史を変える出来事であるが本質的に予測できないものであり，このような現象は「ブラック・スワン（black swans）」とも呼ばれる。そもそも存在し得ないと思われていた黒い白鳥を誰かが1羽発見することによって，白鳥に対する概念が一瞬で永遠に変わってしまうのである。

　ここで，われわれの将来には，どんなブラック・スワンが待ち受けているか，又は，このブラック・スワンがあなたの法律専門家としてのキャリアにいかなる影響を与え得るかを述べることは，不可能である。しかしわれわれは，何らかの種類のブラック・スワン，又は複数のブラック・スワンが現れること，そして将来のあなたの生活や仕事の局面を著しく変える可能性が高いことは分かっている。あなたが，自らを取り巻くあらゆる変化に対して，柔軟で，注意深く，そして広い心を持っていれば，あなたが成功し，それを維持する可能性が高くなる。同時に，たとえあなたを取り巻く世界が変わったとしても，あなたがリーガル・プロフェッショナルとしての判断力を失うことなく，伝統的な意味での「プロフェッショナリズム」に忠実であり続けることができるよう，心から願っている。

7 あなたと法の将来

　リーガル・プロフェッショナルとしてのあなたの将来についての様々な助言をまとめてこの本を締めくくりたい。仕事を始めたばかりの頃は，特にプロフェッショナルとしての仕事やプライベートな生活に対する良い習慣と生活態度を身に着けることが重要である。

⑴　すべての若手リーガル・プロフェッショナルに向けて

　仕事を始めたばかりの頃というのは，将来に向けたキャリアの基礎固めの時期である。この大切なステージの渦中にある若手読者に対し，人生の「全体像（big picture）」の観点から，以下のとおり助言を贈りたい。

①　常に自己研鑽すること

　弁護士業務は概して，しかも国際ビジネスに関わる法律専門家ならば特に，絶えず研鑽を積む必要がある。専門分野の法の発展や，自身の業務に影響を与え得る一般的な法や倫理規則の発展，業務効率化を図るために頼りにするソフトウェアや技術ツールの更新に，遅れずについていくことである。これだけでも大変なのに，国際ビジネスに関わるにはさらに，異なる法制度や言語を学ぶほか，海外のクライアントや弁護士と効率的に働く方法などその他色々なことを学ばなければならない。

　しばらくの間は，幅広い視点で法を学ぶ時間を持つようにし，その後，より選択的に何を学ぶかを決め始めるべきである。英語力を向上させることについて論じた**第11章**で示したように，勉強に時間をかけるときは，何を学んでいるかにかかわらず，主題に集中することがとても重要であり，無駄な時間を省き，効率的に学ぶ機会を有効活用する。そして，おそらく何より大事なのは，優れたプロフェッショナルになるために必要な知識が集積していく過程を「楽しむ」ことである。

②　お金が最も大切なものではない

　法律専門家としてのキャリアのスタートから間もない頃は，お金を主な根拠として決断を下すことを避けるべきである。もしあなたがプロフェッショナルで，知識豊富な勤勉家なら，長期にわたって必要なお金を稼ぐことは，十中八九，可能である。だからこそ新人の頃は，自分に向いていることが何であるか，自分の才能やスキルが示す方向性，そしてどんな種類の仕事が本当に自分を満足させるかを明らかにできる環境で働くことの方が，より重要である。そのためには，異なる種類の法律業務に挑戦してみることが効果的である。一旦，どの方向に進みたいかが分かったなら，その道のキャリアの基礎を築くために必要な時間を割けばよい。

③　多様な経験を積むこと

　もしあなたが弁護士なら，初めの2〜3年間は優れた弁護士になるため

の訓練の時間として費やすべきである。できれば，多様なプロジェクトで
働く機会と指導を与えてくれるような法律事務所で働くのがベストである。
最初の2〜3年は，異なる種類の取引や法律業務などで可能な限り多様な
経験を積むよう努力してほしい。あなたはおそらく，これらの経験が有益
であったと，特定の領域を専門としてキャリアを積んだ後に悟ることであ
ろう。

④ チャンスに対してオープンであること

キャリア形成の途中でも，キャリアの方向性を決めた後であっても，い
つでも常に身の回りのチャンスに気が付けるよう意識するべきである。他
の進路を覗いてみたり，他の領域を専門として働く同僚や，法に関連する
業務を別の方法で行っている同僚と話したりすることで，何かを失うわけ
ではない。あなたの法的資格，経歴，経験は，たくさんの別の種類の仕事
で働くことを可能にする。たとえば，組織内弁護士として働いたり，会社
の社外役員（取締役や監査役）に就任したり，第三者委員会委員，政府職員，
法科大学院実務家教員など多様な職に就くことがある。法律ジャーナリズ
ムや法律コンサルティングの領域で働いたり，第三者による訴訟資金提供
を行う企業とともに働くことや，法律事務所向け商品に着目しているIT
やAIのスタートアップ企業とともに働くことも可能である。5〜10年前
には存在さえしていなかった新しいチャンスが，今日では多く開放されて
おり，そして今この時も，さらに新しいチャンスが作られている。

⑤ 自己の心身のケアをすること

この最後の助言はとても重要であるので，次の節で詳細に論じたい。

(2) ストレスと燃え尽き症候群[11]

ストレスは，ほとんどの仕事で不可避な側面を持ち，それは普段の生活
でも同様である。そして法律専門家は，通常，大抵の人よりも多くストレ
スを抱えている。メンタルヘルスに関する研究によれば，弁護士や医者な

---

11) WHO『国際疾病分類』第11回改訂版において，燃え尽き症候群（Burn-out）は，疾患では
ないが，職業上の現象として加えられており，医学的診断名となった。現在では，「上手く
処理されていない慢性的な職場でのストレス」（"chronic workplace stress that has not
been successfully managed"）に起因する症候群であると公認されている。

どの専門職は，それ以外の者に比べて高い確率でストレスを受け，燃え尽き症候群を発症するリスクにさらされている。そしてこれらはうつ病や薬物乱用を引き起こし，さらには自殺に至ることさえある。[12]

世界保健機関（WHO）によると，燃え尽き症候群は，以下の３つの側面により特徴づけられる。

● 意欲低下と疲労の感覚
● 仕事に対する心理上の隔絶感，否定的あるいは冷笑的な感情の増大
● 業務効率の低下

とてつもなく疲れ，仕事に憂鬱（否定的あるいは冷笑的感覚）を感じ，これにより仕事を行う能力に障害が生じる，ということである。

ストレスの一般的な症状にも，頻繁に起こる悲しみやうつ症状，行動の変化，物に対する興味の喪失，食欲の増加又は減退，睡眠障害又は入眠障害が含まれる。当然ながら，われわれは皆，このように感じることが時折ある。しかしながら，このように感じることが１〜２週間継続する場合や，強く感じる場合，又は仕事に対して目立った影響が出た場合は，適切な支援を求めるべき時が来たといえるであろう。

そして実は，ストレスは確実に対処することが可能である。次の２つに自覚的に取り組んでもらいたい。

ステップ１：誰にでも起こり得ると理解し，症状を知ること。

ステップ２：健康的なライフスタイルの構築を早期のうちに始めること。

ありがたいことに，国際的にも日本国内でも，燃え尽き症候群やストレスは最早，不名誉に感じるものではなくなっており，誰にでも起こり得る，対処すべき重要な問題として認識されている。ここでの一番の助言は，その可能性を意識し，「予防こそが最高の治療である」という有名なことわざを守ることである。

おわりに

12）https://www.law.com/2019/07/07/the-well-being-spectrum-theres-more-than-in-crisis-or-perfectly-fine。なお2019年4月21日，世界的に有力な法律事務所であるベーカー＆マッケンジーの前グローバル・チェアマンのポール・ローリンソン氏が悲劇的な死を遂げた。死亡時56歳であり，自身の医者に勧められて「極度の疲労に起因する医学的な問題」のために一時的に休職していた。ローリンソン氏の早すぎる死は，法律専門家のメンタルヘルスに対する既に高まっていた関心をはっきりと示すものとなった。https://www.law.com/2019/04/15/baker-mckenzie-chairman-helped-erode-taboos-about-attorney-health。

(3) 健康的で成功する未来に向けて

　細菌がつく可能性を最小限にし，かつ免疫システムを強化する冬の風邪の予防と同じように，燃え尽き症候群の予防には，ストレスを最小化して効果的に対処する必要があり，また同時に，心身ともに健康であり続けることも必要となる。

【仕事で自身が潰れてしまわないよう最善を尽くす】

　以下のすべてが常にあなたに当てはまらないかもしれないが，可能性のある選択肢として頭に入れておいてほしい。

●上手にスケジューリングして仕事を管理すること

　Tips：最も難しい作業を最初にやっつける。「ホフスタッターの法則[13)]」を思い出して，楽観的すぎるスケジューリングは行わないように。可能であれば，取引の重要な段階に来たら，物事を進めるペースを落とす。

●あなたの負担が限界を超えないようにすること

　Tips：自分の実力を超える量のプロジェクトを引き受けない。そして「大げさな約束」はしない。現実的なゴールを設定する。問題を予見したなら，できるだけ早期のうちに，あなたを監督する弁護士又は上司に話をすること（これは真実だが，上司は，デッドラインに無理して間に合わせるよりも「期日を守るのが難しいかもしれない」ことを早く知ることの方がベターだと思っている）。おそらく，あなたは普段の自分よりも少しばかり大きく自分を見せなければならないこともあるだろうが，全関係者にとって，あなたが自身の限界を知っていること，そしてそれをあなたの上の立場にある人々に伝えることが何より最善である。

●それができる立場になったなら，任務を人に任せること

　Tips：どのように任せるかを学ぶことは簡単ではなく，多くの弁護士が人に任せることを好まない。しかし，最良の弁護士は，いつ，どのように人に任せれば良いかを知っている。また，およそ同じレ

---

13)「作業にはいつでも予測以上の時間がかかるものである」というもの。

ベルの同僚に，手伝いや支援を求めてみるべきである。彼らとの間に相互に助け合うネットワークを築くことは，そのグループ内の全員がストレスと上手く付き合って，より良い仕事を行う助けとなる。

●マルチタスキングは効率的ではない──シングルタスキングで進めた方が良い

Tips：複数の任務の間を行きつ戻りつするのは，実のところ非効率的で，ミスにつながる可能性も高まる。1つの時間に，1つのことに集中しよう（もちろん，電話に出るなどの些細な例外を作るのは構わない）。一方で，類似の任務については，いくつかを行きつ戻りつ行うようにスケジュールを立てることは，有効で効率的である。

●短い休憩をとること

Tips：一見，非効率的に見えるかもしれないが，短い休憩（たとえば，カフェラテを買いに外出することや，近所の1区画を散歩するなど）をするだけでも，活力や集中力を取り戻すのに役立つだろう。長い文書を起案している時に，1時間ごとに立ち上がってストレッチをすることですら，結果として肩こりや後年になってから発症し得るもっと重篤な問題（たとえば，反復性運動異常症など）からあなたを救うかもしれない。

【心身の健康を維持すること】

身体の健康なくして仕事をすることは絶対に無理であることを忘れないこと。また，プロフェッショナルとしての人生とは関係のない，プライベートな時間を作る方法を見つけることも大切だ。

●十分な睡眠をとること

Tips：眠る30分〜1時間前にはスマートフォンとコンピュータのスイッチをオフにしよう。より良い睡眠を得られるように，刺激ではなく，自身がリラックスする方法を見つけよう。そして，毎晩，少なくとも7時間は睡眠をとること。これは平均で7時間という意味ではなく（たとえば，平日の睡眠時間は少なく，日曜日は終日眠る……これは良くない），毎晩，少なくとも7時間は実際に眠るとい

う意味である。

● **短時間の運動を，定期的にすること**

Tips：健康でいるために，長時間の運動をしたり，とても激しい運動をしたりする必要はない。あなたが楽しむことができ，一定の時間に心拍数を上げる効果を得られる何かを，毎週3～4回以上はしよう。

● **時々「マインドフルネス」[14]を実践すること**

Tips：ただリラックスして呼吸を意識し，ゆっくり鼻から息を吸って，口から吐く。あなたがどのように感じているか，そして体のどこに力が入っているかを自覚するようになる。深呼吸を行って緊張がある部分をリラックスさせるようにして，意識を集中し，軽いストレッチをする。これはオフィスや家で行うことができるうえに，終えるまでたった数分しかかからない。

● **アルコールの摂取は厳しく管理すること**

Tips：アルコールは，ストレスを開放する良い方法になり得るが，それに頼りすぎればストレスの原因ともなり得る。飲酒習慣は日常的に管理すべきである。たとえば，毎晩は飲酒しない，泥酔する量の飲酒をしない，などである。もし疑わしい状況や心配があるならば，まる1か月禁酒してみよう。そこで，禁酒するのが難しいと感じるならば，それは何らかの問題の兆候かもしれない。さらに，アルコールの摂取が良い睡眠を妨げることや，体重増加（これは良い種類の体重増加ではない）の原因となることにも留意してほしい。同様に，カフェインやエナジードリンクの過剰摂取も避けること。

● **仕事から解放される人間関係や趣味を作ること**

Tips：事務所の同僚（仕事仲間）と飲んだり，仕事の話をするのにプライベートな時間を使いすぎないこと。仕事は執務中に限ること。プライベートな時間には，脳の残りの半分を使う方法─好奇心や

---

14) マインドフルネスは，今現在において起こっている経験に注意を向ける心理的な過程であり，瞑想およびその他の訓練を通じて発達させる手法である。

想像力を刺激すること―を見つけよう。仕事のミスや将来のプロ
ジェクトについて悩むことに，プライベートな時間を使いすぎな
いこと。

●支えてくれるパートナーから遠ざかりすぎないこと

Tips：弁護士は「最も孤独な職業」[15] である。仕事のために，パート
　　　ナーとの健康的な関係を犠牲にする法律専門家は多すぎるほどい
　　　るが，これは将来，仕事に関する問題を引き起こす可能性がある。
　　　良きパートナーがいることは，全体像に注意を向けることや，心
　　　の健康を保つことを助けてくれるだろう。愛情のある素晴らしい
　　　関係を築くために必要な時間を確保し，関係を築くことができた
　　　なら，決して失わないよう気を付けるべきである。

---

15) Shawn Achor, Gabriella Rosen, Kellerman, Andrew Reece and Alexi Robichaux,
　"America's Loneliest Workers, According to Research"; Harvard Business Review (March
　19, 2018), (accessed October 7, 2019 at: https://hbr.org/2018/03/americas-loneliest-
　workers-according-to-research), Debra Cassens Weiss, "Lawyers Rank Highest on
　'Loneliness Scale,' Study Finds"; ABA Journal (April 3, 2018), (accessed October 7, 2019
　at: http://www.abajournal.com/news/article/lawyers_rank_highest_on_loneliness_scale_
　study_finds).

Best of Luck of Our Readers!

　あなたの前には，わくわくするたくさんのチャレンジが待っている。法律家は，誇り高き栄誉ある職業である。それによってあなたは，興味深くて社会的にも重要な仕事に携わることができるのだ。そしてまた，この専門職に対する大きな変化の波は，今後も継続するであろう。著者は既に，いくつも経験済みである。しかし，これらの変化は，大いなるチャンスとともに到来する。この本で提供したアイデアのいくつかが，あなたの旅路に役に立つことを心から願っている。

　リーガル・プロフェッショナルの業務は苛酷であるが，やりがいや満足感を得られる可能性を秘めている，数少ない専門職である。

　あなたの幸運を祈る！

付　録

付録 **I** ：契約チェックリスト

2020年●月●日

契約チェックリスト

契約の種類：　販売店契約書

パラメータ：　二者間，非代理店/独立販売店，契約地域内の製品の独
　　　　　　　占権

顧客：　　　　売主

最新情報：　　＿＿＿＿＿＿による＿＿＿＿＿＿

契約チェックリスト─続き─省略編

項目	チェック事項
II．売買手順	
A．販売予測	販売店は，販売予測の提出を要求されているか。報告の頻度はどの程度か（たとえば，月次，四半期等）。販売予測は定期的な予測か。販売店は，販売予測に変更があった場合に更新又は通知することを要求されているか。販売予測は販売店に対する拘束力を有するか。拘束力を有する場合，予測を満たさなかった場合の罰則は何か。それとも，販売予測は最善努力の見積もりに過ぎないか。
B．発注／確認手順	販売店からのPO（Purchase Order）は拘束力を有するか。販売店が一定の期間に注文することができる製品の最小数量又は最大数量は存在するか。一定の納品リードタイムは存在するか（例：POは，要求された納品日の●日前までに提出されなければならない）。POは，固定の時期に発行されなければならないか（たとえば，毎月初めに1回限り），又は複数のPOの発行が可能か。売主によるPOの承諾／確認は必要か。売主は，納期又は製品数量などのPO条件を変更することができるか。POは販売店／売主／両当事者に対し，いつ拘束力を生じるか。販売店は，POが提出／承諾された後，納品日を変更することができるか。
C．梱包／出荷／引渡	販売店は，特別な梱包を利用することができるか。両当事

し／インコタームズ，所有権／危険負担	者は，出荷／引渡しのためにインコタームズを使用するか。インコタームズは正しく使用されているか。誰が運送業者を選択するか。いつ所有権は販売店に移転するか。出荷費用は，製品価格に含まれているか。インコタームズが使用されていない場合：いつ危険負担は販売店に移転するか。誰が運送業者を決定するか。いつ引渡しが完了するか。importer of record（輸入物を持ち込む際に現地の法令に則り税金を払う輸入者）は誰か。出荷保険の詳細はどのようなものか。
D．受領検査	受領時にどの程度の検査が必要か（たとえば，合理的に発見可能な瑕疵／数量の不足など）。検査のための仕様があるか，又は所定の検査手順があるか。検査期限はいつか。いつ，どのような報告が必要か。報告を行わない場合，どのような結果をもたらすか。
E．価格	価格は添付書類に記載されているか。価格は契約期間中に変更されることがあるか。価格はどのように変更することができるか。為替変動に関するリスクは存在するか。存在する場合，リスクはどのように配分されるか。通貨リスク，インフレ等を反映した価格調整が自動的に行われるか。
F．請求／支払	請求書はいつ送付されるか。請求額には何が含まれているか。請求書送付後，支払期限はいつか。支払遅延はどのような結果をもたらすか。遅延利息が請求されるか。
G．その他の販売条件	個別に「売買条件」が定められているか。契約と当該個別条件との違いは何か。齟齬はどのように解決されるか（たとえば，いずれの条件が優先されるか）。
Ⅲ．法的取引条件	
A．保証	どのような明示的な保証が提供されているか。仕様書等により保証の範囲が特定されているか。どのような保証が明示的に排除されているか。黙示の保証はどのように取り扱われているか。欠陥品に対する具体的な改善策は何か。保証請求の手順はどのようなものか。欠陥品に関連する雑費（たとえば，欠陥品の返送，リコール，エンドユーザーの対応費用等）は，誰が責任を負うのか。責任の制限はあるのか。
B．知的財産権／商標／著作権	取引に関連する特許，商標，著作権等の知的財産権は誰に帰属するか。知的財産権の使用のためのライセンスは販売店に付与されているか。ライセンスを許諾された知的財産権の使用に関し，どのような制限及び規制があるか。契約地域において誰が知的財産権を登録するのか。共同で行為する当事者によって（たとえば，製品仕様の改善によって），特許又はその他の知的財産権を創出することができるか。新しい知的財産権は誰に帰属するか。終了時に知的

財産権はどうなるのか。

C．補償	一方当事者が他方当事者に補償するのか，又は両当事者が互いに補償するのか。補償の対象は何か。補償に関してどのような制限があるか（たとえば，重大な過失又は故意の場合に限り補償するなど）。補償に関連する法的請求を防御する責任は誰にあるのか。防御義務に関する条件は存在するか（たとえば，適時の通知）。
D．支払保証	売主は，請求書に関する支払保証（親会社保証，信用状又はその他の保証など）を要求しているか。
E．売主の担保権	製品の所有権が販売店に移転する時期に応じて，販売店に出荷され，かつ，販売店により保有される製品に対する担保権の設定を検討する必要があるか。担保権は現地の法律に基づき設定可能か。担保権は実行可能か。
Ⅳ．販売店の義務	
A．最善努力	準拠法，現地の強行法規等を考慮した状況下で，どのような種類の「最善の努力」の文言が有効か。
B．最低販売数量	販売店は，最低数量の製品の購入を要求されているか。最低数量はどのように計算されるか。最低購入数量を満たさない場合の罰則は何か。
C．競業避止	販売店は，競合製品の取扱いを許可されているか。販売店は，契約満了／終了後の一定期間，競合品の取扱い／元顧客との取引を禁止されているか。
D．その他の制限的な条項	その他，販売店による製品の販売について制限はあるか（たとえば，特定の顧客への販売，契約地域外での販売，第三者からの製品の購入，再販売価格の維持等）。
E．マーケティング／広告／展示会	販売店は，製品のマーケティング又は広告を提供する義務を負っているか。販売店の努力はどのように評価されるか（たとえば，一定程度の金銭支出，相互に合意した「最善の努力」等）。販売店は，展示会等に出席する義務を負っているか。経費はどのように割り当てられるか。
F．現地在庫	販売店は，本製品／予備部品／修理部品の現地在庫を維持することを要求されているか。在庫水準はどのように決定されるか。要求される在庫レベルを維持しない場合の罰則は何か。在庫製品／予備部品／修理部品は，契約の満了／終了後，どのように取り扱われるか（たとえば，条件に基づく売主による買戻し等）。
G．保管要件	販売店は，販売に先立って，特定の条件下で製品を保管することを要求されているか。その保管条件は何か。製品を適切に保管しなかった場合の罰則は何か。

H. ラベル表示／パンフレット等	誰が現地の法律等に基づいて製品のラベル表示を行う責任を負っているか。誰がパンフレットを現地の言語に翻訳する責任を負っているか。誰がラベル表示を行うのか。誰がパンフレットを印刷するのか。ラベル表示及びパンフレット印刷の関連費用は誰が負担するか。
Ⅰ. アフターサービス	誰がアフターサービスを提供するのか。アフターサービスプログラムの維持費用は誰が負担するのか。予備部品／修理部品はどのように取り扱われるのか。
J. 人材／人員	販売店は，販売店の人材／人員に関して，資格，訓練等の義務を売主に対して負っているか。誰が訓練を提供する責任を負うのか。費用はどのように配分されているか。売主は，特定の人材又は人員を「拒否」することができるか。
K. 二次販売店	販売店は，二次販売店を使用することができるか。販売店は，二次販売店を自由に選択することができるか。販売店は，二次販売店の資格，訓練等について売主に対する義務を負っているか。
L. 現地の許可，ライセンス等	現地での輸入／販売／流通に必要な現地の許可，ライセンス等を取得する責任者は誰か。商標等の知的財産権の登録責任者は誰か。関連費用はどのように割り当てられるか。
M. 現地法令の遵守	関連する現地法の下で，コンプライアンス問題を判断する責任者は誰か。販売店は，現地のコンプライアンス問題を売主に報告する義務を負っているか。手順／製品の変更は，現地の法律で要求される場合，どのように処理されるか。
N. 報告／監査	販売店は，売主にどのような報告書を提出しなければならないか（たとえば，顧客リスト，競合他社の活動，市場価格の動向等）。販売店は，どのくらいの頻度で報告書を提出しなければならないか。売主は，販売店を監査することができるか。また，どの程度の範囲まで監査することができるか。
O. 保険	販売店は，PL保険等の販売契約に関連して特別な保険を付保することを要求されているか。

Ⅴ．売主の義務

A. 権利許諾	売主は，販売店に対し，どのような限定的権利（たとえば，契約地域内で製品を販売し，商標等の知的財産権を使用するための独占的な権利）を付与しているか。許諾された権利にはどのような制限があるか。契約の満了又は終了時に，権利はどうなるか。
B. 製品の供給	売主は，販売店に対し，（たとえば，拘束力のあるPOを通じて）製品を供給することを要求されているか。売主が製品の供給を要求されていない場合，売主は，どの程度，ど

229

	のような条件のもとで，製品を販売店に販売する義務を負っているか。売主は，特定の製品の製造／販売を自由に中止することができるか。売主は，特定の製品の仕様を自由に変更することができるか。
C．製品情報／資料	売主は，製品に関する仕様，構成及びその他の情報を，どの程度開示することを要求されているか。売主は，販売店に対し，製品に関するパンフレット，説明書等の資料を提供する義務を負っているか。売主は，資料を現地の言語に翻訳しなければならないか。売主は，印刷等の費用を負担するのか。契約の満了又は終了時に，資料はどうなるか。
D．通知	売主は，販売店に対し，製品の価格，仕様，材料若しくは製造方法の変更，製品の製造中止，又は製品の技術上の問題など，製品に関する通知を行う義務を負っているか。
E．研修	売主は，製品，又は製品の修理／保守／アフターサービスに関し，販売店の人員に研修を行う義務を負っているか。その場合，研修費用はどのように分担されるか。売主は，研修をどの程度の頻度で，また，どこで実施しなければならないか。研修には，他にどのような条件が適用されるか。
F．技術サポート	売主は，製品に関する技術サポートを提供する義務を負っているか。その場合，売主は，販売店に対し，又は販売店の顧客に対して直接，サポートを提供しなければならないか。費用はどのように分担されるか。
Ⅵ．契約終了／準拠法／紛争解決	
A．契約終了	いずれの当事者も，（当初の）期間の満了より前に，正当な理由なく契約を解除することができるか。可能な場合，最低限の事前通知などの解除条件があるか。当該解除は，現地の法／契約の準拠法に基づき許可されているか。正当な理由による解除の条件はなにか。重大さは要求されているか。解除を希望する当事者は，通知書を送付し，是正のための時間を認めなければならないか。正当な理由による解除の条件はなにか／違反当事者はどのような罰則を受けるか。（理由の有無にかかわらず）契約終了はどのような結果をもたらすか。期間が満了する場合，両当事者はどのように取引を終了させるか。
B．準拠法	契約の準拠法はどの国の法律になるか。当該法律は，両当事者が決定し，契約に定める様々な選択（たとえば，正当な理由のない解除，責任の制限など）を認めているか。
C．紛争解決	両当事者は，裁判若しくは仲裁の選択肢，又はいずれかの指定を希望するか。裁判の場合，裁判管轄，（適用される場合）陪審の使用などを明確にする。仲裁の場合，仲裁機関，適用される仲裁規則，場所，言語，仲裁人の人数など

	を明確にする。
Ⅶ. 国際的な法令遵守問題	
A. 倫理／贈賄防止	取引は，政府機関又は公務員への製品の販売が含まれるか，又は販売店に対し公務員との取引を要求するものか。契約に基づく取引に贈賄防止法が適用される可能性があるか。
B. データ保護	顧客又はエンドユーザーの非公開データ／秘密データなどの個人データは，両当事者間で収集，保管若しくは交換されるか，又は製品の流通，販売若しくは使用に関連して使用されるか。
C. 独占禁止法問題	独占権は，契約地域の国又は売主の本国の法律に基づき，公正な競争又は独占禁止の問題を引き起こすか。売主が販売店に対し，一定の価格水準の維持を要求する場合，これは上記の問題を引き起こすか。
D. 反ダンピング問題	製品の価格設定は，製品が契約に基づき販売される国のダンピング防止法に基づき，何らかの問題を引き起こすか。
E. マネーロンダリング	契約に基づく資金の支払を行うために，報告を行い，又は許可を受ける必要があるか。
F. 輸出規制	契約に基づき販売される製品は，該当する輸出管理の対象か。
Ⅷ. 一般条項	
A. 譲渡／委譲	売主又は販売店は，自らの権利を第三者に譲渡し，又は自らの義務を第三者に委譲することができるか。できる場合，当該当事者は，当該譲渡又は委譲を事前に開示する義務があるか。当該当事者は，相手方当事者の同意を得る必要があるか。
B. 承継人／譲受人	契約に基づく当事者の権利の承継人又は譲受人が存在する場合，当該承継人及び譲受人は，契約の全ての規定に拘束されるか。
C. 第三者／受益者	契約の特定の条項に基づく権利の利益を享受し／権利を許諾される第三者は存在するか。当該当事者は，当該権利を単独で行使することができるか。
D. 救済手段	派生的若しくは付随的な損害賠償，衡平法上の救済又は差止命令等の救済手段に制限があるか。
E. 不可抗力	どのような条件下で，当事者の履行が一時的に免除されるか。免除は，最長期間に限定されるべきか。金銭の支払について不可抗力が適用されるべきか。
F. 秘密保持	両当事者は，秘密性の保護に関する規定を定める必要があるか。

G．通知	各当事者に対する通知が効力を生じる送付方法とはどのようなものか。また，どの宛先に送付しなければならないか。
H．変更及び権利放棄	契約の修正は，両当事者が署名する書面により行わなければならないか。ある場合に，いずれかの当事者が，契約に基づいて自らが有する権利を放棄するか，又は権利を行使しない場合，それは，将来における当該権利の完全な放棄とみなされるべきか。
I．完全合意	契約は，契約に定める主題に関する両当事者の完全な合意を表すものか。契約は，当該主題に関する両当事者間のすべての従前の合意事項及び了解事項に優先するか。
J．分離	契約の一部が執行不能とみなされる場合，契約全体が執行不能か，又は当該部分が契約から分離されたもの（当該部分以外は執行可能）とみなすことができるか。
K．副本	両当事者は，契約書の個別の原本に署名することができるか。

付録 Ⅱ ：交渉の事例〜交渉の達人から学ぶ教訓〜

　交渉の詳細な内容は，一般的に部外者には見えないものであり，特に，最高水準の交渉担当者間で何が起きているかを見る機会はほとんどない。こうした理由から，米国司法省が公開した，世界で最も手強いネゴシエーターの１人として名高い，アップルの創始者，スティーブ・ジョブズ氏（Steve Jobs）（以下，「ジョブズ」という）とジェームズ・マードック氏（James Murdoch）（メディア王，ルパート・マードック（Rupert Murdoch）の息子。以下，「マードック」という）との電子メールのやり取りは，最高の交渉方法を見ることのできる，稀有な機会である。当時，マードックは，米国の出版会社ハーパーコリンズの親会社であるニューズ・コーポレーションの会長兼CEOであった。これらの電子メールは，アップルの独占禁止法に反する価格操作に関する調査の証拠となり，最終的には，アップルが４億5000万ドルを支払うなどの和解合意に至った。

1　ステージの設定

　アップルは2010年１月末に，最新デバイス「iPad」を発表する予定であった（実際に発売されたのは同年４月）。新しいiPadの魅力の一部は，ユーザーがiPad Bookや他の出版物をすぐに購入し，ダウンロードし，読むことができるようになることであり，それはアマゾンのKindleと競合するものであった。ジョブズは，米国の主要出版社の６社全社又はその大半がアップルと契約を結び，アップルを通じたデジタル・フォーマットでの書籍の販売を確約することを熱望していた。ジョブズ（この時には，がんにより体調が悪化していた。翌年10月逝去）は，出版社との交渉に，iTunes およびApp Storeの責任者エディー・キュー（Eddie Cue）を任命した。６社の出版社のうち４社とアップルの標準契約を締結後，彼は，発売予定日のわずか５日前に，ハーパーコリンズの代表者と彼等のオフィスで会談した。

2　論　点

　2010年１月時点で，アマゾンは，大幅な損失を出しつつ，電子書籍市場を実質的に支配していた。出版社に13ドルを支払い，消費者に9.99ドルで販売していたのである。アップルは，iPadの電子書籍を12.99ドルで販売し，30％の手数料を維持することを提案した。このため，消費者にとっては電子書籍の価格

が高くなり，出版社が得る金額は，アマゾンが出版社に支払った額よりはるかに低くなった。4社の出版社はすでにアップルの条件に同意していたが，ハーパーコリンズは，この手数料の値上げと金額に不満を抱いていた。さらに，ハーパーコリンズは，アップルが電子書籍の価格を設定することに反対し，価格設定に合意できない場合，アップル以外の代理店を通じて書籍を販売することを希望していた。

　一方，アップルは，iPadの発売前に，ハーパーコリンズを出版社リストに追加することに必死になっていた。しかし，アップルはハーパーコリンズに対し，当初の提案のいかなる条件についても妥協することはできなかった。アップルによるいかなる妥協も，ただちに他の出版社の知るところとなり，彼等が同じ条件を要求することになるためである。

3　レバレッジの問題

　交渉において，誰がより強力なレバレッジを持っていたのだろうか。

- 　ハーパーコリンズは，アップルが提示した金額よりもはるかに高い金額を，アマゾンからすでに受け取っていた。
- 　アップルは，消費者向け電子書籍の価格を引き上げ，販売数量を減少させる恐れがある。
- 　アップルは，iPad発売日の直前（5日前）にハーパーコリンズとの契約を結ぶという強大なプレッシャーを抱えており，マードックはアップルが直面していたデッドラインを認識していた。
- 　アップルによるいかなる妥協も，他の4社の既存出版社および将来の出版社との契約に悪影響を及ぼすことになる。

　通常の状況では，アップルが発売前に契約を結ぶために，大幅な妥協をすることなく契約を成立させることができるとは考えにくい。しかし，ジョブズがチーフ・ネゴシエーターであれば，状況が異なった。**第6章**では，レバレッジは交渉相手を動かすことができるものであり，プラスとマイナスの両方の価値を含んでいると述べた。プラスとマイナスの価値は，口語英語の「ニンジンとスティック」（the carrot and the stick）というフレーズで表現され，強情なロバが荷車を引くことを拒むイメージを想起させる。ロバの前に差し出されるニンジンは，ロバを前方に引っ張るプラスの価値またはゲインである。ロバの背中を鞭打つために使われるスティックは，ロバを前方に押し出す，マイナスの価値もしくは損失を表す。ジョブズは，交渉相手を動かすためにプラスとマイナスの両方の価値を創り出し，利用する方法を知っていた。

4　交渉準備

　マードックは，十分に準備していた。彼の戦略は，同僚のブライアン・マレー（Brian Murray）が最初の電子メールに記載した代案を合理的に弁護し，最後の電子メールで，彼の最も重要な目標を達成するため，最終的な「大局的」妥協をすることだった。

　ジョブズは当初，より難しい立場にあったので，準備を整えなければならなかった。彼の準備の重要な側面は，自分の立場の限界値を理解し，自身のBATNA（最も望ましい代替案）を「兵器として使用する」ことだった。妥協を必要とした取引よりも取引をしない方がよい場合がある。ジョブズは，以下で示すように，これを彼のアドバンテージに変えた。

5　電子メールのやり取り

　実際の電子メールは，米国司法省によってオンラインで公開されている。[1]
　以下は 5 通の電子メールの要約である。

電子メールNo. 1：1 月22日金曜日，ブライアン・マレーがエディー・キュー
（後掲249頁）　　に電子メールを送った。マレーは，アップルの契約提案に対する，ハーパーコリンズの反論を箇条書きで示している（上記の「2　論点」に記載）。

電子メールNo. 2：同日中にマードックは，マレーの電子メールをジョブズに
（後掲247頁）　　転送した。マードックは，ジョブズと金曜日の朝，電話で話していた。彼は，ハーパーコリンズの立場を追加のロジックで主張し，プラスとマイナスの両方の価値を提供する，独自のメッセージを追加した。

電子メールNo. 3：ジョブズは同日，マードックに返信し，マードックの主張
（後掲243頁）　　に巧みに反論し，市場の大局的な見解を提示した。ジョブズは，初めに将来のアップルのイメージを与え，アマゾンが18か月間でKindleを販売したのに比べ，アップルは最初の数週間でより多くのiPadを販売するであろう，そして，同社には「1億2000万枚のクレジットカードが登録済である」と誇らしげに語った。彼は，妥協に向けて何の動きも起こさなかった。

---

1 ）https://www.documentcloud.org/documents/702951-email-exchange-between-steve-jobs-and-james.html

電子メールNo.4：マードックは，翌日の土曜日にジョブズに返信した。彼は，
（後掲241頁）　　2つの妥協点を提示し，プラス／マイナス・バリュー・ア
　　　　　　　　プローチを繰り返した。すなわち，同社は「アップルに
　　　　　　　　もっと関与すべきだ」と考えているが，「それで嫌なら，
　　　　　　　　勝手にしろ」(take it or leave it) という条件は，パート
　　　　　　　　ナーシップを構築する良い方法ではないと指摘した。

電子メールNo.5：ジョブズは，発売日のわずか2日前の日曜日に，マードッ
（後掲239頁）　　クに最終的な返信を送った。彼は「大局的」な見地から，
　　　　　　　　マードックに3つの選択肢を示し，唯一の合理的な選択肢
　　　　　　　　はアップルを選択することであると説いた。ジョブズは，
　　　　　　　　最後通牒や絶望（ultimatums or desperation）というより
　　　　　　　　はむしろ，「もしかしたら，私は何かを見落としているか
　　　　　　　　もしれないが，他の選択肢は見当たらない。あなたは？」
　　　　　　　　(Maybe I'm missing something, but I don't see any other
　　　　　　　　alternatives. Do you?) と，確信を持って電子メールを終
　　　　　　　　えた。

6　ジョブズの成功から学ぶべき教訓

　ジョブズとマードックが使用した言語，ロジック，感情的なアピールを完全に理解するために，5通の電子メールのオリジナルを読むことを強くお勧めする。最後の電子メールで，ジョブズは，アップルの当初の提案を変更なく受け入れるよう，マードックを説得することに成功した。マードックはiPadの発売前日に同意したのだ。アップルは，米国の6大出版社のうち5社が契約したと発表した。

　ジョブズは，このような困難な状況下でどのように成功を収めたのだろうか。

　ジョブズはマードックに比べ，市場と交渉相手の立場に，より優れた理解を示した。マードックの反論に論理的かつ効果的に答えることができていた。たとえば，消費者への低価格での提供は「書籍の価値に対する認識を損なう」ため，必ずしも良いものではないこと，アマゾンとの取り決めは，アマゾンが損失を出し続けているため，永遠に続くものではないことを主張する。彼は，詳細な議論と「大局的」な分析の間をスムーズかつ効果的に移動し，自分の主張を展開した。

　ジョブズはまた，彼のBATNAを武器に変えている。彼は，他の出版社との関係を損なうことなく妥協することはできないことを知っており，謝罪や言い

訳をしない。ジョブズは基本的に，マードックに，「これが唯一実行可能な，アップルとの取引である」と語っている。しかし，彼は，マードックに，それが電子書籍の確固たる未来を築くためにマードックがとれる最善の選択肢であると納得させることに成功している。

　アップルの歴史の中で最も重要な製品の1つが発売されるまで，たとえ数日しか残っていなくても，ジョブズは感情的にもパニックにもならない。両当事者は，双方の相手側が発売の重要性を知っていることを理解するに足る，十分な知性を持っている。しかし同時に，ジョブズは，タイミングの重要性と即時の行動の必要性を十分に理解している。彼は金曜日にマードックに電話で連絡することで交渉に介入し，マードックの各電子メールに適切な回答を迅速に送っている。

　双方から脅威／マイナスの価値がほのめかされているが，どちらの当事者もそれを明示したり過剰に反応していない。たとえば，マードックは次のように書いている。「もし，今でなく，そして，貴社の発売に間に合わなくても，将来，方法を考え出せることを希望する」（I hope we can figure out a way, if not now and in time for this launch of yours, then maybe in the future.）。これに対し，ジョブズは，「われわれが，中堅の出版社を開拓すれば，大量の本を提供できるようになる」（Once we open things up for the second tier of publishers, we will have plenty of books to offer.）と応じた。しかし，両者はマイナスの価値をプラスの価値で軟化させ，どちらも本質的には，「しかし，われわれは，あなたと一緒に仕事ができるようになれば良いのだが」（but we'd rather work with you）と他方に示唆している。

　最も重要なことは，ジョブズが，交渉の「感情的」な側面（"emotional" aspect of negotiating）と言われるものについて，真の理解を示していることである。ジョブズは，数字（iPadの売上，アップルに登録されたクレジットカードの数）と，自らのカリスマとアップルへの揺るぎない信念の両方を使って，アップルが電子書籍の未来を支配する力への自信を示し，マードックの説得を試みている。ジョブズの自信と信念は，1983年，ジョン・スカリー（John Sculley）にペプシ・コーラの社長を辞め，アップルのCEOになることを説得した有名なくだりを思い出させる。

　　　「このまま一生砂糖水を売り続けたいのか？　それとも私と世界を変
　　　　　　　　　　　　えたいのか？」
　　　… Do you want to sell sugared water for the rest of your life?
　　　　Or do you want to come with me and change the world? …

　これらの電子メールについて書かれた多くの記事は，オンラインで読むことができる。[2]

2）・「実践的な交渉を勝ち取る方法を示す，スティーブ・ジョブズの電子メール」
　　https://www.theatlantic.com/business/archive/2013/05/the-steve-jobs-emails-that-
　　show-how-to-win-a-hard-nosed-negotiation/276136/
　　・「スティーブ・ジョブズ・ウェイ—交渉の技法を学ぶ」
　　https://www.industryleadersmagazine.com/learn-art-negotiation-steve-jobs-way/
　　・「デジタル・ビジネス・ネゴシエーションの分析」
　　https://digitopoly.org/2013/05/23/the-anatomy-of-a-digital-business-negotiation/
　　・「スティーブ・ジョブズ，ルパート・マードック，スティーブン・キングは，どのよう
　　に電子書籍の価格設定に尽力したか？」
　　・スティーブ・ジョブズの電子メールが，プロの交渉方法を明らかにする
　　https://www.popsugarmoney.com/Steve-Jobs-Negotiation-Tactics-30593939
　　・「スティーブ・ジョブズの交渉方式：“冷酷が唯一の策”」
　　https://www.elitedaily.com/money/steve-jobs-guide-to-ruthless-negotiating
　　・「スティーブ・ジョブズの交渉戦略：“嫌ならけっこう”（My Way or the Highway）」
　　https://www.cheatsheet.com/technology/apple/the-steve-jobs-negotiating-strategy-
　　my-way-or-the-highway.html/

付録 Ⅱ：交渉の事例〜ジョブズ氏のe-mail〜

ATTACHMENT B
[Redactions[Filed Under Seal.]
Case 1:11-md-02293-DLC Document 295-2 Filed 03/01/13 Page 2 of 12

From: Steve Jobs
To: Eddy Cue
Subject: Fwd: HarperCollins
Received(Date): Sun, 24 Jan 2010 22:31:31 -0800

My last email to James Murbock.

Sent from my iPhone
Begin forwarded message:

(※メールNo.5)

From: Steve Jobs
Date: January 24, 2010 11:31:24 AM PST
To: James Murdoch [REDACTED]
Cc: Steve Jobs
Subject: Re: HarperCollins

James,

Our proposal does set the upper limit for ebook retail pricing based on the hardcover price of each book. The reason we are doing this is that, with our experience selling a lot of content online, we simply don't think the ebook market can be successful with pricing higher than $12.99 or $14.99. Heck, Amazon is selling these books at $9.99, and who knows, maybe they are right and we will fail even at $12.99. But we're willing to try at the prices we've proposed. We are not willing to try at higher prices because we are pretty sure we'll all fail.

As I see it, HC has the following choices:

1. Throw in with Apple and see if we can all make a go of this to create a real mainstream ebooks market at $12.99 and $14.99.

2. Keep going with Amazon at $9.99. You will make a bit more money in the short term, but in the medium term Amazon will tell you they will be paying you 70% of $9.99. They have shareholders too.

3. Hold back your books from Amazon. Without a way for customers to buy your ebooks, they will steal them. This will be the start of piracy and once started there will be no stopping it. Trust me, I've seen this happen with my own eyes.

Maybe I'm missing something, but I don't see any other alternatives. Do you?

Regards,
Steve

（※メール№.5の翻訳）

ジェイムス，
当社の提案では，各書籍のハードカバーの価格に基づいて，電子書籍の小売価格の
上限を設定している。こうしている理由は，単に，これまで多くのコンテンツをオン
ラインで販売した経験から，＄12.99又は＄14.99を超える価格設定では，電子書
籍市場が成功しないと思っているからだ。ほら，アマゾン社はこれらの書籍を＄9.99
で売っているし，もしかしたら彼らは正しいかもしれない，＄12.99でさえ，当社は
失敗することになる。しかし，当社は，当社が提案した価格で挑戦する用意がある。
失敗すると確信しているので，当社はこれ以上の値上げを試みるつもりはない。
私の見たところでは，貴社には以下の選択肢がある:
　1．当社と身を投じて，＄12.99と＄14.99で，真のメインストリームとなる電子書籍
　　市場を作りだすことができるかどうかを見届けること。
　2．このまま＄9.99でアマゾン社と［のビジネスを］続けること。短期的にはもう少
　　し儲かるが，中期的には，アマゾン社は＄9.99の70％を支払うことを貴社に言う
　　ようになる。彼らにも株主はいる。
　3．アマゾン社から貴社の書籍をホールドバック［アマゾン社に売らないことを］す
　　る。顧客が貴社の電子書籍を購入する方法がなければ，彼らはそれ［電子書籍］
　　を盗むことになる。これが海賊行為の始まりとなり，いったんそれが始まれば，
　　止まることはない。私を信じてほしい，自分の目でそれが起こるのを見たのだ。
もしかしたら，私は何かを見落としているかもしれないが，私には他の選択肢は見当
たらない。あなたはどう？
よろしく，
スティーブ

（※メール№.4）

On Jan 23, 2010, at 1:56 PM, James Murdoch wrote:

Steve,

I think the crux of this is our flexibility to offer product elsewhere at price-points you don't like.

If we could offer to you that a certain percentage of re-leases (>50%) would be available within your pricing struc-ture (< or = 14.99), does that give you enough comfort?

I think we are worried more about the absolute holdback of product elsewhere, and our ceding of pricing to Apple, than we are about the actual haggle over what the price will be.

I haven't shared this with HC directly -- so this is only hypothetical. But if you were willing to accept that a supplier can exploit other avenues (at prices not disadvantageous to you), with a guarantee of substantial volume through Apple—maybe I could work with HC to get to some common ground.

Please let me know.

A different question: we have four areas of discussion (related to our product) between our teams right now: Books, US Video, Int'l Video, and newspapers. All at different stages of maturity, these discussions are all centered, for us, around the desire to make our product widely available, and to make yours and our products more attractive for our customers. It seems though that we in each one we largely encounter a "take it or leave it" set of terms, and predictably we've so far failed to really strike the kind of partnerships that could move things forward.

Is it worth considering in the round, over the next few months or weeks, whether or not some of these loose ends can be tidied up? It's clear that Apple is already becoming an attractive platform for so many of our customers -- all over the world. As a creative company at our core, NWS [News Corp.] should be more engaged with Apple, and I think Apple could be more engaged with NWS, globally, than either of us are today.

Best,

JRM

（※メールNo.4の翻訳）

スティーブ，
私は，本件の核心は，貴社が好まないプライス・ポイントで，当社がよそで製品を
提供する柔軟性にあると思う。
貴社の価格構成内（<or＝14.99）で一定の割合の新刊書（>50%）が提供可能で
あることを貴社にオファーできたら，それで十分に満足になるか？
当社は，実際の価格に関してもめるより，商品の完全なホールドバック［ができない］
ということ，又は，価格決定権をアップルに譲り渡してしまうことを懸念していると
思う。
私はこれをHCと直接共有していない――だから仮定にすぎない。しかし，もし，貴
社を通じた大量の書籍の流通を保証する代わりに，供給者側が他の手段を利用でき
る（貴社にとって不利でない価格で）ことを貴社が受け入れるならば……私はHCに
働きかけ，何らかの共通点に到達することができるかもしれない。
教えてください。
違う質問：現在，両社のチーム間で（当社の商品に関連した）4つの領域で議論を
している：書籍，U.S.ビデオ，国際ビデオ，および新聞。［このそれぞれの議論の］
全部は，異なった成熟段階で，当社の商品を広く利用できるようにし，貴社と当社
商品を顧客にとってより魅力的なものにしたいという当社の願いに主眼を置いてい
る。しかしながら，当社は，各々［の領域］で，概して「［提案した条件をそのまま］
受けるか，［交渉を］やめるか，決めて」という条件に直面し，予想されるように，
これまでのところ，物事を前進させることのできるようなパートナーシップに本当に
達することができていないようだ。
これは，あらゆる面で，今後数か月あるいは数週間にわたって，いくらかの細かい
事柄を整理できるかについて，検討する価値があるか？　貴社が，当社の多くの顧
客にとって，すでに魅力的なプラットフォームになっていることは明らかだ――全世
界に。私たちの世界的な交流の現在の程度よりも，核心では，クリエイティブな企
業であるNWS［ニューズ・コーポレーション］はアップルとより［強く］交流するべ
きだし，思うに，アップル［も］NWSと［強く］交流することができる。
よろしく，
JRM

（※メールNo.3）

James,

A few thoughts to consider (I'd appreciate it if we can
keep this between you and me):

1. The current business model of companies like Amazon dis-
tributing ebooks below cost or without making a reasonable
profit isn't sustainable for long. As ebooks become a larger
business, distributors will need to make at least a small

付　録

profit, and you will want this too so that they invest in the future of the business with infrastructure, marketing, etc.

2. All the major publishers tell us that Amazon's $9.99 price for new releases is eroding the value perception of their products in customers['] minds, and they do not want this practice to continue for new releases.

3. Apple is proposing to give the cost benefits of a book without raw materials, distribution, remaindering, cost of capital, bad debt, etc., to the customer, not Apple. This is why a new release would be priced at $12.99, say, instead of $16.99 or even higher. Apple doesn't want to make more than the slim profit margin it makes distributing music, movies, etc.

4. $9 per new release should represent a gross margin neu-tral business model for the publishers. We are not asking them to make any less money. As for the artists, giving them the same amount of royalty as they make today, leaving the publisher with the same profits, is as easy as sending them all a letter telling them that you are paying them a higher percentage for ebooks. They won't be sad.

5. Analysts estimate that Amazon has sold more than one million Kindles in 18+ months (Amazon has never said). We will sell more of our new devices than all of the Kindles ever sold during the first few weeks they are on sale. If you stick with just Amazon, B&N, Sony, etc., you will likely

be sitting on the sidelines of the mainstream ebook revolution.

6. Customers will demand an end-to-end solution, meaning an online bookstore that carries the books, handles the transactions with their credit cards, and delivers the books seamlessly to their device. So far, there are only two companies who have demonstrated online stores with significant transaction volume—Apple and Amazon. Apple's iTunes Store and App Store have over 120 million customers with credit cards on file and have downloaded over 12 billion products. This is the type of online assets that will be required to scale the ebook business into something that matters to the publishers.

So, yes, getting around $9 per new release is less than the $12.50 or so that Amazon is currently paying. But the current situation is not sustainable and not a strong foundation upon which to build an ebook business.   [REDACTED]

[REDACTED]

Apple is the only other company currently capable of making a serious impact, and we have 4 of the 6 big publishers signed up already. Once we open things up for the second tier of publishers, we will have plenty of books to offer. We'd love to have HC among them.

Thanks for listening.

Steve

（※メールNo.3の翻訳）

ジェームズ，
いくつかの［貴社が］検討する［べき，］［私の］考え（これは二人の間だけの話にしてもらえるとありがたい）：

1. コスト以下で，または，合理的な利益を上げずに，電子書籍を流通させる，アマゾンのような企業の現在のビジネスモデルには，長期的な持続性はない。電子書籍がより大規模なビジネスになるにつれて，流通業者は少なくとも多少の利益を必要とするし，貴社もまた，インフラストラクチャー，マーケティング等を含めたビジネスの将来に投資するよう，同様に希望する。

2. 大手出版社はすべて，アマゾンの新刊の価格＄9.99が，顧客心理における彼等の商品の価値に対する認識を損なっていると当社に語り，新刊について，この慣行が続くことを望んでいない。

3. アップルは，原材料，流通，売れ残りによる安売り，資本コスト，貸倒れ等なしの，書籍のコスト［削減］の利益を，アップル自身に対してではなく，顧客に対して提供することを提案している。これが，なぜ新刊が，例えば＄16.99もしくはそれ以上ではなく，＄12.99という値段に設定されるのか，という理由だ。アップルは，当社が配信する音楽や映画などと同様の，わずかな利益率以上の利益を上げることを望んでいない。

4. 新刊1冊当たり＄9は，出版社にとって，利益率に関して中立的なビジネスモデルになるはずだ。当社は彼らに，それ以上少ない金額を得ることを要求していない。アーティストについては，出版社に同額の利益を残しつつ，アーティストに現在と同額のロイヤルティを与えるには，彼ら全員に「電子書籍のためにより高い手数料を支払っている」という手紙を送ればいいだけだ。彼等は嘆かない。

5. アナリストは，アマゾンがこの18か月あまりで100万台以上のKindleを販売したと推計している（アマゾンは一度も公表していない）。当社は，当社の新しいデバイスを，発売から数週間で，これまで販売されたすべてのKindleよりも多く売り上げる。もし貴社がアマゾン，B&N，ソニー等のみにこだわっていれば，貴社は，電子書籍革命のメインストリームから外れた傍観者になるだろう。

6. 顧客は，エンド・ツー・エンドのソリューションを求めるだろう。それは，書籍を扱い，クレジットカードで取引を処理し，書籍を顧客のデバイスにシームレスに届けるオンライン書店を意味する。これまで，際立った取引量を有するオンラインストアを実証している企業は，2社しかない―アップルとアマゾンだ。アップルのiTunes Store と App Storeは，クレジットカードを登録済の1億2000万人以上の顧客を抱え，又は120億以上の商品がダウンロードされている。これは，電子書籍ビジネスを出版社にとって重要なものに拡大するために必要なオンライン・アセットだ。

そのため，確かに，新刊1冊当たり＄9を取得するのは，アマゾンが［出版社に］現在支払っている約＄12.50よりも少ない。しかし，現在の状況は持続可能ではなく，電子書籍ビジネスを構築するための強固な基盤ではない。［当局により一部削除］

［当局により一部削除］

アップルは現在，重大な影響力を行使できる，他の唯一の企業であり，すでに6社の大手出版社のうち4社が契約書に署名している。一旦セカンド・ティアの出版社に門戸を開けば，当社は多数の書籍を提供することになる。当社はHCに，ぜひその中に加わってほしい。

聞いてくれてありがとう。

スティーブ

（※メールNo.2）

On Jan 22, 2010, at 3:54 PM, James Murdoch wrote:

Steve,

Thanks for your call earlier today, and for the time last week.

I spoke to Brian Murray and Jon Miller tonight -- and Brian is sending a note to Eddy today. I thin[k] I have a handle on this now. In short -- we would like to be able to get something done with Apple -- but there are legitimate concerns.

The economics are simple enough. [Amazon] Kindle pays us a wholesale price of $13 and sells it for 9.99. An author gets $4.20 on the sale of a hardcover and $3.30 on the sale of the e-book on the Kindle. [REDACTED]

[REDACTED]
[REDACTED]
        [REDACTED]

Basically -- the entire hypothetical benefit of a book without raw materials and distribution cost accrues to Apple, not to the publisher or to the creator of the work.

The other big issue is one of holdbacks. If we can't agree on the fair price for a book, your team's proposal restricts us from making that book available elsewhere, even at a higher price. This is just a bridge too far for us.

Also, we are worried about setting prices to[o] high --
lots of ebooks are $9.99. A new release window with a lower
commission (say 10[%]) for the first six months would enable
us to proce[ed] much more ke[e?]nly for Apple customers.
We'd like to d[o] that.
More on this below in Brian's note to Eddy. We outline a
deal we can do.

Feel free to call or write anytime over the weekend to dis-
cuss if you like.

I am in the UK (so eight hours ahead of CA). My home number
is [REDACTED].

　[REDACTED]
　[REDACTED]
I check the email regularly.

Steve, make no mistake that across the board (TV, Studios,
Books, and Newspapers) we would much rather be working with
[A]pple than not. But we, and our partners who produce,
write, edit, and otherwise make all this with us, have
views on fair pricing, and care a lot about our future
flexibility. I hope we can figure out a way, if not now and
in time for this launch of yours, then maybe in the future.

Best,

JRM

(※メールNo.2の翻訳)

スティーブ，
本日の電話と先週には時間を［頂き］，ありがとう。
私は今夜，ブライアン・マレーとジョン・ミラーと話した —— そして，ブライアンは
今日エディにメモを送っている。私は，本件について把握していると思う。要するに
—— 当社はアップルと何かを成し遂げることができるようにしたいと思っている ——
しかし，何点かもっともな懸念がある。
経済面についてはいたってシンプルだ。Kindleは，当社に卸売価格＄13を支払い，
＄9.99で販売する。著者は，1冊のハードカバーの販売時に＄4.20，Kindleの電
子書籍の販売時に＄3.30を得る。［当局により一部削除］
［当局により一部削除］
［当局により一部削除］
　　　　　　　　　［当局により一部削除］
基本的に……原材料や流通コストなしの書籍の仮定上の全体の利益は，出版社や作
品のクリエイターではなく，アップルに行く。
もう一つの大きな問題はホールドバックス［Appleに書籍を提供しない権利］という
ことだ。書籍の公平な価格に両社が合意できない場合，貴社のチームの提案は，当
社がよそで，より高い金額でであっても，その書籍を販売することを制限する。こ
れは当社にとって受け入れ難い。
また，高すぎる価格設定についても懸念している……多くの電子書籍は＄9.99だ。
より低い手数料（例えば10［％]）で最初の6か月間のニューリリース・ウィンドウ
［new release window］であれば，アップルの顧客に向けて，当社はさらに積極
的［?］に物事を進めていけるだろう。
当社はこれを行いたい。
本件の詳細は，ブライアンのエディへのメモにある。当社は，当社が実行可能な取
引をまとめている。
もしよければ，週末のいつでも協議のため，電話でもメールでも遠慮なく連絡してく
ださい。
私はイギリスにいる（そのため，カリフォルニアより8時間早い時間になる）。私の自
宅の電話番号は［当局により一部削除］。
［当局により一部削除］
［当局により一部削除］
私は定期的に電子メールをチェックしている。
スティーブ，誤解のないように，当社は，全面的に（テレビ，スタジオ，書籍，およ
び新聞を通じて）［アップルと仕事をしないより］，むしろ，遥かに，アップルと仕事
をしたい。しかし，当社とともに制作し，書き，編集し，その他すべてを当社と一
緒に行うパートナーたちは，公正な価格設定についての見解を持ち，将来における
柔軟性をとても気にかけている。私は，もし，貴社の［Apple iPadの］ローンチに
間に合わず，今でなくても，将来でも，［上手く一緒にやって行ける］方法を考え出
せることを希望している。
よろしく，
JRM

(※メールNo.1)

From: Murray, Brian (HarperCollins US)

Sent: Friday, January 22, 2010 6:16 PM
To: Eddy Cue
Subject: Apple / HarperCollins

Eddy,

Thanks for coming in again this morning. We've talked over the proposal and I want to make sure that you have a summary of the deal that HarperCollins would be willing to do in your timeframe.

1. Pricing: We need flexibility to price on a title by title basis outside the prescribed tiers in the contract. We will use our best efforts to meet the tiers we discussed.

2. MFN ["most favored nation" status]: In the event that HarperCollins and Apple disagree on a consumer price for a title, HarperCollins needs t[he] ability to make that title available through other agents who support the higher price.

3. Commissions: We need a lower commission (10%) on new releases for the economics to work for us and our authors. We believe a 30% commission will lead to more authors asking for ebooks to be delayed [-] a result that will not work for Apple or HarperCollins.

4. The new release window: We need to have flexibility on the agency window. We believe this window should be 6 months rather than 12 months in the event that one or more

large retailers do not move to an agency model.

Leslie will be sending Kevin a contract that reflects these points in the event you wish to move forward on these terms.

Thanks
Brian

（※メールNo.1の翻訳）

エディ，
今朝は，再度来てくれてありがとう。私たちはこの提案について話したけれど，ハーパーコリンズが貴社の時間枠の中で行ってもよいと考えている取引のサマリーをあなたが持っている［把握している］ことを確認したい。
1．価格設定：当社は，契約で定められた階層［Tiers］の外で，出版物ごとに価格を設定できる柔軟性を必要とする。当社は，議論した階層を満たすために最善の努力を尽くす。
2．MFN［「最恵国」待遇］：ハーパーコリンズとアップルが出版物の小売価格で合意に達しない場合，ハーパーコリンズは，より高い価格で対応してくれる他の代理店を通じて出版物を販売できる権利を必要とする。
3．手数料：当社は，当社および当社の著者にとってエコノミクスを実現するために，新刊にはより低い手数料（10%）を必要とする。30%の手数料になれば，より多くの著者が電子書籍化を遅らせようとすることになる［—］このような結果は，アップルやハーパーコリンズにとってうまくいかない。
4．ニューリリース・ウィンドウ：当社は，エージェンシー・ウィンドウについて柔軟性を持つ必要がある。1社もしくはそれ以上の大規模小売業者がエージェンシー・モデルに移行しない場合，このウィンドウは12か月ではなく6か月にするべきだと考える。
貴社が上記の条件で進めることを希望すれば，レスリーが，上記を反映した契約書をケヴィンに送る。
ありがとう。
ブライアン

251

執筆者紹介

David WALSH（デービッド　ワルシュ）

岩田合同法律事務所　コンサルタント

1985年6月	ワシントン大学ロースクール卒業（Juris Doctor）
1985年9月	ニューヨーク州司法試験合格
1985年-1987年	クデール・ブラザーズ法律事務所（ニューヨーク）
1987年-1988年	ミルバンク・ツイード・ハドリー＆マックロイ法律事務所（ニューヨーク）
1989年-1995年	フリーランス・コンサルタント（ニューヨーク） フォーチュン500企業，日系企業を対象にしたクロスボーダー取引に関する多数のビジネス・セミナーの主催，国際ビジネス法務案件に関する通訳・翻訳業務を行う。
1995年-2017年	フリーランス・コンサルタント（東京） ビジネス・セミナー，法務案件に関する通訳・翻訳業務を継続し，フリーランスとして岩田合同法律事務所の契約書関連作成また交渉のサポートを行う。
2017年9月～	岩田合同法律事務所入所（コンサルタントとして）

監修代表

田子　真也 (TAGO Shinya)

岩田合同法律事務所　弁護士／ニューヨーク州弁護士

1990年3月	一橋大学法学部卒業
1993年4月	岩田合同法律事務所入所
2001年5月	コーネル大学ロースクール卒業（LL.M.）
2001年-2002年	クデール・ブラザーズ法律事務所（ニューヨーク）勤務
2019年4月～	一橋大学法科大学院特任教授

監　修

別府　文弥 (BEPPU Fumiya)

岩田合同法律事務所　弁護士／カリフォルニア州弁護士

2008年3月	東京大学法学部第一類卒業
2010年3月	東京大学法科大学院修了
2013年3月	岩田合同法律事務所入所
2017年5月	カリフォルニア大学バークレー校ロースクール卒業（LL.M.）
2017年-2018年	ジェナー＆ブロック法律事務所（シカゴ）勤務
2018年12月	カリフォルニア州弁護士登録
2019年4月～	外務省出向

監　修

岩田　圭祐 (IWATA　Keisuke)

岩田合同法律事務所　シンガポール共和国弁護士

2003年3月	琉球大学法文学部卒業
2013年11月	香港大学大学院国際公共関係学修士課程修了
2017年5月	シンガポール経営大学ロースクール卒業（Juris Doctor）
2018年9月	岩田合同法律事務所入所
2019年7月	シンガポール共和国弁護士登録

〔岩田合同法律事務所〕

　1902（明治35）年に，故岩田宙造弁護士（後に司法大臣，日本弁護士連合会会長等を歴任）により創設された日本における企業法務を専門に扱う法律事務所の草分け的存在。

　創設以来118年にわたり，常に企業に寄り添い，豊富な経験・実績を活かして，時代の変化とともに専門化・複雑化・国際化する企業活動のニーズに対応したサポートを提供し続けています。

　アクセス：〒100-6315
　　　　　　東京都千代田区丸の内2-4-1　丸の内ビルディング15階
　　　　　　https://www.iwatagodo.com/
　　　　　　TEL:03-3214-6205（代表）

国際ビジネス法務のベストプラクティス
―法律英語習得から契約・交渉までの実践スキル―

2020年1月9日　初版発行

著　　者	David　WALSH
監修代表	田　子　真　也
監　　修	別　府　文　弥 岩　田　圭　祐
発 行 者	和　田　　　裕

発行所　日 本 加 除 出 版 株 式 会 社

本　　　社　郵便番号 171-8516
　　　　　　東京都豊島区南長崎3丁目16番6号
　　　　　　T E L （03）3953 - 5757 ^(代表)
　　　　　　　　　　（03）3952 - 5759 ^(編集)
　　　　　　F A X （03）3953 - 5772
　　　　　　U R L　www.kajo.co.jp

営 業 部　郵便番号 171-8516
　　　　　　東京都豊島区南長崎3丁目16番6号
　　　　　　T E L （03）3953 - 5642
　　　　　　F A X （03）3953 - 2061

組版・印刷 ㈱ 郁文 ／ 製本 牧製本印刷 ㈱

落丁本・乱丁本は本社でお取替えいたします。
★定価はカバー等に表示してあります。
© 2020
Printed in Japan
ISBN978-4-8178-4619-8

JCOPY 〈出版者著作権管理機構 委託出版物〉
　本書を無断で複写複製（電子化を含む）することは、著作権法上の例外を除き、禁じられています。複写される場合は、そのつど事前に出版者著作権管理機構（JCOPY）の許諾を得てください。
　また本書を代行業者等の第三者に依頼してスキャンやデジタル化することは、たとえ個人や家庭内での利用であっても一切認められておりません。

〈JCOPY〉 H P：https://www.jcopy.or.jp, e-mail：info@jcopy.or.jp
　　　　　　電話：03-5244-5088, FAX：03-5244-5089

時効・期間制限の理論と実務

岩田合同法律事務所 編

田子真也 編集代表

佐藤修二・村上雅哉・大櫛健一・飯田浩司 編著

2018年7月刊 A5判 484頁 本体4,500円+税 978-4-8178-4492-7

商品番号：40725
略　　号：時効理

- 民事事件から金融・税務、国際取引まで、様々な「期間」管理を網羅。時効・期間制限についての体系的実務書。
- 分野別に整理された詳細な122のQ&Aを収録。
- 改正民法〈債権法〉完全対応。

Q&A 社外取締役・社外監査役ハンドブック

商品番号：40580
略　　号：取監

岩田合同法律事務所 編　田子真也 編著

2015年3月刊 A5判 456頁 本体4,000円+税 978-4-8178-4217-6

- 社外取締役・社外監査役が実務において遭遇し得る場面を具体的・網羅的に設定した全146問を収録。
- 岩田合同法律事務所の弁護士23名が実務的・具体的に回答。
- 改正会社法の成立による機関設計の変更にも対応。

日本加除出版

〒171-8516 東京都豊島区南長崎3丁目16番6号
TEL（03）3953-5642 FAX（03）3953-2061（営業部）
www.kajo.co.jp